MINERVA
はじめて学ぶ教科教育
10

吉田武男
監修

初等生活科教育

片平克弘/唐木清志
編著

ミネルヴァ書房

監修者のことば

　本書を手に取られた多くのみなさんは，おそらく学校の教師，とくに小学校の教師になること を考えて，教職課程を履修している方ではないでしょうか。それ以外にも，中等教育の教師の免 許状とともに，小学校教師の免許状も取っておこうとする方，あるいは教育学の一つの教養とし て本書を読もうとしている方も，わずかながらおられるかもしれません。

　どのようなきっかけであれ，本シリーズ「MINERVA はじめて学ぶ教科教育」は，小学校段階を 中心にした各教科教育について，はじめて学問として学ぶ方に向けて，教科教育の初歩的で基礎 的・基本的な内容を学んでもらおうとして編まれた，教職課程の教科教育向けのテキスト選集です。

　教職課程において，「教職に関する科目と教科に関する専門科目があればよいのであって，教 科教育は必要ない」という声も，教育学者や教育関係者から時々聞かれることがあります。しか し，その見解は間違いです。教科の基礎としての学問だけを研究した者が，あるいは教育の目的 論や内容論や方法論だけを学んだ者が，小学校の教科を1年間にわたって授業を通して学力の向 上と人格の形成を図れるのか，と少し考えれば，それが容易でないことはおのずとわかるでしょ う。学校において学問と教科と子どもとをつなぐ学問領域は必要不可欠なのです。

　本シリーズの全巻によって，小学校教師に必要なすべての教科教育に関する知識内容を包含し ています。その意味では，少し大げさにいうなら，本シリーズは，「教職の視点から教科教育学 全体を体系的にわかりやすく整理した選集」となり，このシリーズの各巻は，「教職の視点から 各教科教育学の専門分野を体系的にわかりやすく整理したテキスト」となっています。もちろ ん，各巻は，各教科教育学の専門分野の特徴と編者・執筆者の意図によって，それぞれ個性的で 特徴的なものになっています。しかし，各巻に共通する本シリーズの特徴は，多面的・多角的な 視点から教職に必要な知識や知見を，従来のテキストより大きい版で見やすく，「用語解説」「法 令」「人物」「出典」などの豊富な側注によってわかりやすさを重視しながら解説されていること です。また教科教育学を「はじめて学ぶ」人が，「見方・考え方」の資質・能力を養うために， 各章の最後に「Exercise」と「次への一冊」を設けています。なお，別巻は，教科教育学全体と その関連領域から現代の学力論の検討を通して，現在の学校教育の特徴と今後の改革の方向性を 探ります。

　この難しい時代に子どもとかかわる仕事を志すみなさんにとって，本シリーズのテキストが各 教科教育の大きな一つの道標になることを，先輩の教育関係者のわれわれは心から願っています。

2018年

吉 田 武 男

はじめに

　生活科は小学校第1学年と第2学年が学ぶ教科であり，児童を，身近な生活にかかわる活動や体験をとおして自立した生活ができるようにし，かつ，その生活を豊かにさせることを目指した教科である。2016年に出された中央教育審議会「幼稚園，小学校，中学校，高等学校及び特別支援学校の学習指導要領等の改善及び必要な方策等について（答申）」および新学習指導要領をもとにその特徴を概観してみよう。

　生活科の目標は，「具体的な活動や体験を通して，……自立し生活を豊かにしていくための資質・能力」を育成することである。生活科では，小学校に入学した児童が安心して授業に臨むことができ，自信をもって授業に向かい，一人一人の児童が自立への基礎を育むことが期待されている。児童は，体験的かつ総合的な活動をとおして，少しずつ系統的な学習へと移行し，2年間の学習の成果として学校・家庭・地域の生活で必要とされる知識や技能を習得すると考えられている。

　このような特徴をもつ生活科で育成したい資質・能力は，次の3点である。

　(1)活動や体験の過程において，自分自身，身近な人々，社会及び自然の特徴やよさ，それらの関わり等に気付くとともに，生活上必要な習慣や技能を身に付けるようにする。

　(2)身近な人々，社会及び自然を自分との関わりで捉え，自分自身や自分の生活について考え，表現することができるようにする。

　(3)身近な人々，社会及び自然に自ら働きかけ，意欲や自信をもって学んだり生活を豊かにしたりしようとする態度を養う。

　新学習指導要領では，上述した資質・能力の育成を具体的に示せるよう，各内容項目が見直された。新学習指導要領の改訂のポイントは，「教育課程の示し方の改善」「具体的な教育内容の改善・充実」「学習指導の改善・充実や教育環境の充実等」の3点である。

教育課程の示し方の改善

　生活科の教科の目標や指導内容の示し方は，現行の2年間をとおした設定を前提としつつ，第1学年と第2学年の児童の発達の違い，経験の違いなどを考慮した示し方を工夫することが求められている。

　新学習指導要領では，(1)伸ばしたい思考力，判断力，表現力等が発揮され，認識を広げ，期待する態度を育成していくという点を重視することと，(2)思考力，判断力，表現力等を育成するための学習対象について，児童の実態や学習環境の変化，社会的要請などを踏まえることがとりわけ強調されている。

　なお，思考力に関しては，これまでの目標のなかで必ずしも明確に示されていないことから，できるだけ具体的に示すよう求められた。さらに，教育課程のなかでも，スタートカリキュラム（幼児期の教育と小学校教育との円滑な接続を目指して，小学校入学時に実施されるカリキュラム）の充実という観点で，幼児教育における遊びを通じた総合的な学びから，各教科等における，より自覚的な学びに移行できるよ

うな指導を入学当初から行うことが求められている。

具体的な教育内容の改善・充実

新学習指導要領の教育内容は,「学校,家庭及び地域の生活に関する内容」「身近な人々,社会及び自然と関わる活動に関する内容」「自分自身の生活や成長に関する内容」の三つに整理されており,これらの教育内容はすべて,資質・能力の三つの柱（「知識及び技能の基礎」「思考力,判断力,表現力等の基礎」「学びに向かう力,人間性等」）で再整理されている。

ところで,生活科のなかでは,活動や体験をとおして気付いたことなどを多様に表現し,考えることによって,「見付ける」「比べる」「たとえる」「試す」「見通す」「工夫する」などの活動や学習を行い,気付いたことをもとに考えさせ,気付きを確かなものとすることが重視されている。とくに,「試す」「見通す」「工夫する」ことなどをとおして,新たな気付きを生み出し,伝え合う学習活動を行い,それをもとにした学びを振り返ることによって,気付きの質をいっそう高めることが求められている。

さらに,身近な自然の観察,動物の飼育や植物の栽培などの活動に関しては,新学習指導要領でも,引き続き重視されている。飼育動物や栽培植物といった生きた教材は,第1学年～第2学年の児童の直接体験の機会が減っていることを踏まえ,大きな意義をもつものと捉えられており,引き続き充実を図ることが求められている。

学習指導の改善・充実や教育環境の充実等

新学習指導要領では,アクティブ・ラーニングの視点から導かれる「主体的・対話的で深い学び」に基づいた生活科の授業改善が求められている。そこでは,児童の思いや願いを実現する体験活動と表現活動の両者を往還する相互作用が欠かせない。

① 学習指導の改善・充実

(1)主体的な学び

「主体的な学び」を簡潔に言えば,学習課題について問いをもち,その解決や実現に向けて,計画や解決方法を自ら考え取り組み,結論を得る学びである。

生活科では,これまでどおり体験的な活動を行い,児童の興味や関心を喚起し,自発的な取り組みなどを行わせれば,アクティブ・ラーニングをしているように見えるかもしれないが,決してそうではない。アクティブ・ラーニングの導入に際しては,「アクティブ」という用語が何を意味しているのかを考える必要がある。ここでの導入の要は,それが,児童の意識や態度をともなう「主体的な学び」かどうかにあり,単に活動的であることや,その方法自体が目的となることはないのである。

(2)対話的な学び

「対話的な学び」とは,一人で学ぶだけでなく,他者と協働する語りや話し合いなどの対話をとおした学びである。

身の回りのさまざまな人々とかかわりながら双方向の活動に取り組むことや,交流することがより大切となる。交流をとおして,いろいろなことを伝え合ったりすることにより,児童一人一人の発見が共有され,そのことをきっかけに,新たな発見が生まれる。他者との伝え合い活動や協働作業などの活動

は，一人一人の児童の学びの質の高まりの前提となっている。対話的な学びのなかでも，一人一人の納得が重視され，さらに，見出した結果をみんなで振り返り，「やはりこうなんだ」「そうなのか」と納得し，理解を深めることが大切となる。

(3)深い学び

「深い学び」とは，教科の本質に迫る学びであり，習得した学習内容を活用したり，探究のプロセスを踏まえたりする学びである。

気付いたことをもとに考えさせ，新たな気付きを生み出させ，関係的な気付きを導く学習活動を充実させることによって，深い学びが実現される。個別の気付きを関係的な気付きとして捉えることにより，児童の認識は広がり，その質は深まっていく。ところで，関係的な気付きをよりいっそう深めるためには，一人一人の知識の定着（「まとめ」「振り返り」活動）や知識を活用する場の設定が欠かせないのは言うまでもない。

なお，ここでは，主体的・対話的な学びがあっても，「深い学び」がない学習は，アクティブ・ラーニングとは言えない点について，しっかりと押さえておく必要がある。

② 教育環境の充実

すでに述べたスタートカリキュラムに関しては，入学当初の児童の生活面を支援する人的サポート，教育活動に必要な物的資源，地域の外部資源の活用などを目指したカリキュラム・マネジメント（カリキュラム・マネジメントには三つの柱がある。一つ目は，教科横断的な視点をもって教育内容を組み立てること。二つ目は，学校教育における PDCA（Plan・Do・Check・Action）サイクルを確立すること。三つ目は，教育活動に必要な条件整備をすること）が重要となるだろう。また，校区内の公立私立の幼稚園・保育所，教育委員会とは，子どもの育ちの現状や育成を目指す資質・能力についてのイメージを共有することが大切となる。

さらに，学習環境や健康で安全な生活を営むことについての内容の取り扱いは，生活科の指導全般にわたっており，防災を含む安全教育を通じて育成を目指す資質・能力を明確化したり，健康・安全の視点からの学習内容の系統化が求められている。

新学習指導要領では，生活科は，各教科などとの関連を積極的に図ることが求められており，小学校第1学年〜第2学年の教育の充実，第3学年以降の教育への円滑な移行が課題となってくるだろう。

また，従来生活科では，身近な幼児や高齢者，障害のある児童など多様な人々と触れ合うことを行ってきたが，新学習指導要領では，多様性（近年では，多様性を示す「ダイバーシティー」という用語がいたる所で使われている）をより尊重する社会づくりという視点から，彼／彼女らとのいっそうの触れ合いが重視されなければならないだろう。本書の内容を繰り返しひもとき，生活科の特徴やそこでの授業の実際を学んでほしい。

2018年8月

編著者を代表して　片平克弘

目　次

監修者のことば

はじめに

第Ⅰ部　初等生活科教育の基盤

第1章　初等生活科教育の意義と目標 …………………………………………… 3
　1　「教科の目標」に見る生活科の意義と特質 ………………………………… 3
　2　生活科で育てる資質・能力とは …………………………………………… 7
　3　「学年の目標」として目指すもの ………………………………………… 9

第2章　初等生活科教育の変遷 ………………………………………………… 13
　1　生活科新設の背景と経緯 …………………………………………………… 13
　2　「生活科」の新設 …………………………………………………………… 15
　3　学習指導要領改訂における課題と改善の方策 …………………………… 16
　4　これからの生活科の方向性と期待されること …………………………… 18

第3章　初等生活科教育の内容と学習指導 …………………………………… 21
　1　生活科の内容の構成と階層性 ……………………………………………… 21
　2　生活科の学習指導の特質 …………………………………………………… 23
　3　学習指導の実際 ……………………………………………………………… 25
　4　評価と振り返り ……………………………………………………………… 27
　5　気付きの質を高める ………………………………………………………… 28

第4章　初等生活科教育の指導計画 …………………………………………… 31
　1　生活科指導計画作成における留意点 ……………………………………… 31
　2　年間指導計画作成の手順 …………………………………………………… 34
　3　単元指導計画作成の手順 …………………………………………………… 38
　4　「主体的・対話的で深い学び」の実現を目指した指導計画
　　　──アクティブ・ラーニングの視点 …………………………………… 40

第5章　初等生活科教育の評価 ………………………………………………… 45
　1　学習指導要領等における生活科教育の評価の考え方 …………………… 45
　2　生活科教育における評価規準の作成について …………………………… 48
　3　生活科教育の評価方法について──実践事例をもとに …………………… 49

ⅴ

4 生活科教育の評価の課題と留意点 ………………………………………… 53

第Ⅱ部　初等生活科教育の実践

第6章　初等生活科教育の実践①――学校と生活 ………………… 57
1 生活科における単元の位置づけ ……………………………………… 57
2 単元の構成 …………………………………………………………………… 59
3 児童の学びに見られる実践の意義 ………………………………… 65
4 実践上の留意点と今後の課題 ………………………………………… 68

第7章　初等生活科教育の実践②――家庭と生活 ………………… 71
1 生活科における単元の位置づけ ……………………………………… 71
2 単元の構成 …………………………………………………………………… 73
3 児童の学びに見られる実践の意義 ………………………………… 79
4 実践上の留意点と今後の課題 ………………………………………… 82

第8章　初等生活科教育の実践③――地域と生活 ………………… 85
1 生活科における単元の位置づけ ……………………………………… 85
2 単元の構成 …………………………………………………………………… 87
3 児童の学びに見られる実践の意義 ………………………………… 94
4 実践上の留意点と今後の課題 ………………………………………… 94

第9章　初等生活科教育の実践④――公共物や公共施設の利用 ……… 97
1 生活科における単元の位置づけ ……………………………………… 97
2 単元の構成 …………………………………………………………………… 100
3 児童の学びに見られる実践の意義 ………………………………… 103
4 実践上の留意点と今後の課題 ………………………………………… 107

第10章　初等生活科教育の実践⑤――季節の変化と生活 ……… 111
1 生活科における単元の位置づけ ……………………………………… 111
2 単元の構成 …………………………………………………………………… 112
3 児童の学びに見られる実践の意義 ………………………………… 118
4 実践上の留意点と今後の課題 ………………………………………… 119

第11章　初等生活科教育の実践⑥――自然や物を使った遊び ……… 123
1 生活科における単元の位置づけ ……………………………………… 123
2 単元の構成 …………………………………………………………………… 125

3　児童の学びに見られる実践の意義 …………………………………………… 131
　　4　実践上の留意点と今後の課題 ………………………………………………… 134

第12章　初等生活科教育の実践⑦──動植物の飼育・栽培 ……………… 137
　　1　生活科における単元の位置づけ ……………………………………………… 137
　　2　単元の構成 ……………………………………………………………………… 140
　　3　児童の学びに見られる実践の意義 …………………………………………… 144
　　4　実践上の留意点と今後の課題 ………………………………………………… 146

第13章　初等生活科教育の実践⑧──生活や出来事の伝え合い …………… 149
　　1　生活科における単元の位置づけ ……………………………………………… 149
　　2　単元の構成 ……………………………………………………………………… 151
　　3　児童の学びに見られる実践の意義 …………………………………………… 156
　　4　実践上の留意点と今後の課題 ………………………………………………… 160

第14章　初等生活科教育の実践⑨──自分の成長 …………………………… 163
　　1　生活科における単元の位置づけ ……………………………………………… 163
　　2　単元の構成 ……………………………………………………………………… 166
　　3　児童の学びに見られる実践の意義 …………………………………………… 168
　　4　実践上の留意点と今後の課題 ………………………………………………… 172

終　章　初等生活科教育の課題と展望 ……………………………………………… 177
　　1　生活科に求められる役割 ……………………………………………………… 177
　　2　生活科教育の課題と解決の視点 ……………………………………………… 178
　　3　生活科教育の展望 ……………………………………………………………… 182

　小学校学習指導要領　生活
　索　　引

第 I 部

初等生活科教育の基盤

第1章
初等生活科教育の意義と目標

〈この章のポイント〉
　生活科の意義と特質とはどのようなものか。本章では，新学習指導要領に生活科の目標として提示されているところから，他教科とは異なる生活科の意義と特質について要点をあげて解説する。次に，生活科で育てようとする資質・能力について，目標に示された記述にそって，その特質を解説する。最後に，「学年の目標」から，どのような学習活動をとおして，どのような資質・能力を児童に育てようとしているのかについて考える。

1　「教科の目標」に見る生活科の意義と特質

1　生活科の目標

　2017年3月に示された新学習指導要領に記載されている生活科の目標は以下のとおりである。

> 　<u>A具体的な活動や体験を通して</u>，<u>B身近な生活に関わる見方・考え方を生かし</u>，<u>C自立し生活を豊かにしていくための資質・能力</u>を次のとおり育成することを目指す。
> 　(1)　活動や体験の過程において，自分自身，身近な人々，社会及び自然の特徴やよさ，それらの関わり等に気付くとともに，生活上必要な習慣や技能を身に付けるようにする。
> 　(2)　身近な人々，社会及び自然を自分との関わりで捉え，自分自身や自分の生活について考え，表現することができるようにする。
> 　(3)　身近な人々，社会及び自然に自ら働きかけ，意欲や自信をもって学んだり生活を豊かにしたりしようとする態度を養う。
> 　　　　　　　　　　　　　　　　　　　　　　　　　（A～Cと下線は筆者）

　はじめに目標の趣旨を記した柱書きがあり，次に(1)～(3)として，教科で育成する資質・能力について説明するという構造になっている。柱書きには，A教科の特質，B教科の見方・考え方，C育成を目指す資質・能力が記載されている。このような目標記述の構造や要素は他教科とほぼ共通のものである。

2　A「具体的な活動や体験を通す」ことが生活科の特質

　生活科の学びの基本は，「具体的な活動や体験を通す」ことである。ここで

いう具体的な活動とは，『小学校学習指導要領解説生活編』（以下，『解説』）によると，「見る，聞く，触れる，作る，探す，育てる，遊ぶなどして対象に直接働きかける学習活動であり，また，そうした活動の楽しさやそこで気付いたことなどを言葉，絵，動作，劇化などの多様な方法によって表現する学習活動」と例示されている（文部科学省，2018，10ページ）。「具体的な活動や体験を通す」ことは，この教科が創設された時から強調されている生活科の特質である。座学によって知識技能を教授され，受動的に習得していくことが中心だった従来の教科学習とは異なり，生活科では，児童が身近な事物に対して興味をもち，主体的に直接働きかけてかかわりを深めることが求められている。さらに，そこで得られた活動の楽しさや気付きをさまざまな形式で表現する活動が重視されている。

　近年の社会的要因によって児童の生活環境が激変し，事物に直接かかわる体験の機会が乏しくなってきた。このことで生じる児童の成長発達の困難を指摘する声が高まってきたことが，生活科創設の要因となった。生活科発足当時は，児童が興味関心をもち，五官を使って体ごと「ひと・もの・できごと」に直接かかわることで得られる学びのよさが失われていく時代であった。さらに，第1学年〜第2学年の発達段階に着目すると，具体的な活動をとおしてさまざまな資質・能力を一体的に伸ばしていくところにその特徴がある。これらを踏まえ，生活科は児童の興味関心を尊重し，かつ第1学年〜第2学年の発達段階に即した教科を目指すところに，教育上の意義があるとされた。

　生活科において体験の表現活動を重視するのは，その表現の出来映えを評価するためだけではない。自身の活動や体験を振り返ってさまざまな思考を働かせ，その体験のよさに自分で気付き自覚するためである。原田らは，「実体験はことばを豊かにし，逆にことばを表出することで体験がその子にとって意味あるものへと価値づけられていく。そのことが自分の生活や自分自身について考えさせることにつながる」として，「体験の充実」と「ことばの重視」の表裏一体の関係，双方向性を重視すべきとしている（原田ほか，2011，34〜36ページ）。

　体験の表現には，児童の生活実感や個性が表れる。活動のよさの気づきが次のよりよい活動の意欲につながり，自分のよさの自覚が自信となってよりよく生活しようとする意欲となると考えられている。直接体験したことの価値を，実感をもちながら自覚することが豊かな表現を生み，その表現のうちに発揮される思考や感性は，その価値を他者に伝えたいという思いによって，さらに鍛えられていくことが期待されている。

　「体験と表現」を重視するこのような生活科の特質に影響を与えたのは，20世紀初頭より世界的に展開された新教育運動を支えた教育理念である経験主義

▷1　生活科は「具体的な活動や体験を通す」ことをその特質とするが，一方で「活動あって学びなし」といった指摘のように，学習成果が明確でないという批判が見られた。しかし，充実した体験活動から生まれるさまざまな表現は多様な学びに通じるものであり，これを引き出して適切な指導を行うことは，生活科教育の実践の要である。

教育の考え方である。生活経験と学習の結合によって児童の生きる力を育てることは，今や生活科だけでなく，ほかの教科領域，さらに学校教育全体で必要とされている。そのなかで，生活科がその実現のための土台となり中核となることは言うまでもない。

3 B「身近な生活に関わる見方・考え方」を生かすとは

　新学習指導要領では，すべての教科領域で「教科等を学ぶ本質的な意義」を明確にすることになった。「どのような視点で物事を捉え，どのような考え方で思考していくのか」という「見方・考え方」を育むことが求められ，その前提として教科それぞれの特質に応じた物事を捉える視点や考え方を示すことになった。教科の枠や各学校段階を越え，初等中等教育全体で育てるべきとされる汎用的な資質・能力の三つの柱の提示と合わせて，各教科独自の特質も同時に示す必要が出てきたのである。

　生活科で提示されている教科特有の見方・考え方は「身近な生活に関わる見方・考え方」である。ここで言う「身近な生活」のなかで出会う具体的な対象とは，身近な人々，社会および自然である。それらと自分とのかかわりを深めてよりよい生活を送るなかで，さらに自分の思いや願いを実現しようとするなかで，この生活科特有の見方・考え方が鍛えられていく。児童がかかわろうとする身近な事象とは，児童の生活にあり，児童が直接繰り返しかかわることができる範囲の事柄である。生活科では，児童自身が身近な生活とかかわるなかで生まれる気付きを重視する。生活科の活動が展開していくなか，身近な生活に向けられ自身でかかわろうとすることで発揮される「見方・考え方」を生かしながらさまざまな気付きを得る。そこに教師が適切な指導を加えることで，児童は思考力，判断力，表現力を発揮させ，気付きの質がさらに高まり，深い学びが実現していくと考えられる。教師は，生活科の活動のなかで，児童にこのような見方・考え方をもって身近な生活に豊かにかかわろうとするように促す働きかけを行う必要がある。

　このような見方・考え方は，各教科の学習のなかで働くだけでなく，「大人になって生活していく」にあたって重要な働きをするものとされている。従来の教科の学習が，知識技能の習得にその重きを置いていたことをより発展させ，習得したことを自分の生活のさまざまな局面で活用しながら，これからの豊かな人生を構築していくことが学校教育の目指すところとなる。生活科における見方・考え方は，第1学年～第2学年段階でそのような学校教育の土台となるところを育てることにその特質がある。

　他教科の目標の見方・考え方は「働かせる」という表現で提示されているが，生活科では「生かす」ものとされているのは，「幼児期の未分化な学習と

▷2　**経験主義教育**
子どもの興味関心や自発性，活動や体験を重視する教育思想。学習の過程は「経験の再構成」であるとするアメリカの教育学者デューイ（J. Dewey, 1859～1952）の立場が代表的なものである。新教育運動と呼ばれる20世紀初頭の世界各地の教育改革運動に大きな影響を与えた。

▷3　これまでの学習指導要領でもこれらの考え方は断片的に示されていたが，新学習指導要領では各教科共通して明示され構造化が図られた。「資質・能力の三つの柱」は，学習の成果として身につけたい資質・能力であるが，「見方・考え方」は，活動や学習の過程で生かされたり働かせたりすることで深い学びが実現されるものと考えられている。

第Ⅰ部　初等生活科教育の基盤

の接続」を意識したものであり，これも第1学年〜第2学年を対象とした生活科の特質を示すところである。

4　C「自立し生活を豊かにしていくための資質・能力」の育成に向けて

　これまでの学習指導要領の生活科の目標には「自立への基礎を養う」ことが生活科の究極の目標として提示されていたが，2017年に提示された新学習指導要領の生活科の目標では，「基礎」の部分が削除された。ここでいう自立は，従来から「学習の自立」「生活上の自立」「精神の自立」の三つが示されていたが，これらは今回の改訂でも継承されている。学習活動のなかで自己を貫くことができるか，生活するうえで環境や他者に適切なかかわりができるか，精神的に自分自身のよさを支えにして意欲や自信をもって生活ができるかなど，児童が自立への課題を一つひとつ克服しながら生活主体として育つことは，生活科教育の究極の目標であると言える。

　ここで「基礎」の部分が削除されたのは，今回の学習指導要領の改訂に際し，幼児教育との接続がより強調されたことが要因であると考えられる。2017年に日本の幼児教育・保育の基準となる「幼稚園教育要領」「保育所保育指針」「幼保連携型認定こども園・保育要領」の改訂が行われたことにともない，小学校就学前の姿を想定した「幼児期の終わりまでに育ってほしい姿（10の姿）」が示された。この姿を幼児教育のゴールとするのではなく，むしろ小学校教育の基礎として位置づけ，小学校入学直後に実施される生活科を中心とした「スタートカリキュラム」を経て，小学校での学びによって育つ資質・能力と円滑につなげて発展させていくことが，これまで以上に求められている。

　一方，今回新たに目標に登場したのは「生活を豊かにしていく」という文言である。改訂の議論のなかで，どの教科領域においても，授業改善には「主体的・対話的で深い学び」を実現させることが重要であるとされた。生活科の授業では，児童の気付きの表現を起点として，身近な他者と対話し交流を深めていくなかに得られるさらなる気付きの豊かさを価値づけてきた。このような学習活動は，児童が「自立し生活を豊かにしていく」資質・能力を育てるために行われるものである。生活科で展開される深い学びは，生活のなかで出会うさまざまな事象や他者と自分自身とのかかわりを深め，そのつながりを豊かにしていくことであり，生活をよりよくしていく主体として育つことにその意義がある。

　そして新学習指導要領の基本方針として，各教科領域において「育成を目指す資質・能力の明確化」が求められた。生活科においても，(1)「知識及び技能の基礎」，(2)「思考力，判断力，表現力等の基礎」，(3)「学びに向かう力，人間

▷4　幼児期の終わりまでに育ってほしい姿（10の姿）
「(1)健康な心と体，(2)自立心，(3)協同性，(4)道徳性・規範意識の芽生え，(5)社会生活との関わり，(6)思考力の芽生え，(7)自然との関わり・生命尊重，(8)数量・図形，文字等への関心・感覚，(9)言葉による伝え合い，(10)豊かな感性と表現」の10の姿が就学前に育っているのが望ましいとされる。

▷5　スタートカリキュラム
幼児期の教育と小学校教育との円滑な接続を目指して，小学校入学時に実施されるカリキュラム。幼児教育段階の「学びの芽生え」から小学校教育段階の「自覚的な学び」へと連続させるべく，生活科を中心とした教科横断的な学習内容を各学校で編成する。

第 1 章　初等生活科教育の意義と目標

性等」の三つの柱に即して，それぞれの資質・能力が目標に示されている。次節では，それぞれの項目に沿ってその特質と意義について述べる。

2　生活科で育てる資質・能力とは

1　「気付く」ことと「身に付ける」こと

　生活科で育成すべき資質・能力の(1)「知識及び技能の基礎」として示されているのは，「活動や体験の過程において，自分自身，身近な人々，社会及び自然の特徴やよさ，それらの関わり等に気付くとともに，生活上必要な習慣や技能を身に付けるようにする」ということである。

　一般に知識技能は，あらかじめ概念化された事柄を体系化し，教師によって効率的に教えられ授けられるものとして考えられてきた。一方で，すでに述べたように，生活科では児童が主体的能動的に事象にかかわろうとする学習活動を重視する。活動や体験の過程で児童が出会う事象は，地域の環境や生活の文脈の違いによって実に多様であり，一般化できない固有の具体を含んでいる。それらにかかわるなかで生じる気付きや発見は，第 1 学年〜第 2 学年の児童ならではの豊かな感性をくぐりぬけた認識の基礎となり，児童のこだわりや個性によって，それぞれに多様に意味づけられるものとなる。豊かさに気付かせるためには，児童の心がより動くような事象や事柄に出会わせたいものである。児童の興味関心を十分生かしながら身近な事象に繰り返しかかわらせ，五官を駆使することで得られる豊かな認識をもたらすような体験活動をより充実させなければならない。事象に直接かかわるなかで得られた気付きは，児童自身で獲得したという実感やリアリティをともなった認識となり，将来，教科学習の概念化された知識技能の習得の土台として生きて働くことが期待できる。

　生活科における気付きの対象は，「自分自身，身近な人々，社会及び自然の特徴やよさ，それらの関わり等」とされている。さらに「自分自身への気付き」として『解説』に示されている児童の気付きの例は，まず「集団の中の自分の存在」である。次に，「自分のよさや得意としていること，また，興味・関心をもっていること」に気付くことである（文部科学省，2018，13ページ）。また，「自分の心身の成長」の気付きも重視される。集団のなかでの自分の存在やよさに気付くことと同時に，他者の存在やよさにも気付かせることが望ましい。

　最後に，「身に付けること」として示されているのは，「生活上必要な習慣や技能」である。ここでは，知識ではなく習慣とされているところに注目すべきである。習慣とは日常生活のなかで繰り返されるきまりや行為である。具体的

▷6　気付き
他教科では「知識・理解」とされてきた評価の観点は，生活科では「気付き」として示されている。このような観点をもつ教科は生活科のみであり，教科の新設以来一貫している。教えられて受動的にわかるものではなく，自ら主体的に環境に働きかけるなかに生じる認識を大切にする意図があるとされている。

第Ⅰ部　初等生活科教育の基盤

には，「健康や安全に関わること，みんなで生活するためのきまりに関わること，言葉遣いや身体の振る舞いに関わること」などが考えられる。これらの生活上必要な習慣や技能を，実際の生活場面や生活科の活動のなかで機会を捉えて身につけさせていくことで生きて働くようにしていくこと，それらを身につける必要やよさを実感しながら学ぶようにすることが求められる。

2　「自分との関わり」で捉え「自分自身や自分の生活」を表現すること

　生活科で育成すべき資質・能力の(2)「思考力，判断力，表現力等の基礎」として示されているのは，「身近な人々，社会及び自然を自分との関わりで捉え，自分自身や自分の生活について考え，表現することができるようにする」ということである。生活科の活動や生活経験で生じた気付きは，出会った事象や事柄の個別にとどまらず，それらのつながりや関連，自分とそれらとのかかわりをも対象としている。つまり，気付きをバラバラにそのままにしておくのではなく，自分にとってどんな意味や価値をもつのかを考え判断したり，振り返って表現したりするなかでつなげていくことが気付きの質の高まりということであるのである。

　ここでいう「考える」とは，まず「見付ける，比べる，たとえるなどの学習活動により，分析的に考えること」とされている。加えて「試す，見通す，工夫するなどの学習活動により，創造的に考えること」という側面も必要とされる。一方「表現する」とは，「気付いたことや考えたこと，楽しかったことなどについて，言葉，絵，動作，劇化などの多様な方法によって，他者と伝え合ったり，振り返ったりすること」である（文部科学省，2018，15ページ）。一人一人の気付きなどは，表現されることによって確かになり，交流することで共有され，そのことをきっかけとして新たな気付きが生まれたり，さまざまな気付きが関連づけられたりする。生活科では活動のなかで「思考と表現」が一体的に行われたり，繰り返されたりすることが大切で，そのなかで児童は自分自身や自分の生活についての思いや愛着を深くしていくことになるのである。

　このように生活科では，活動や体験で得られた気付きの質をさらに高めるための手立てを講じる。活動を自分で振り返って表現することや，その表現を出会った人々や友達と共有していくことなどである。いずれも児童自身が得た気付きを起点にして，多様な思考や表現を生み出す学習活動を行う。とくに，活動を共有している他者との対話や伝え合いでは，自分の活動や気付きをわかりやすく伝えるために，相手の立場を考えて表現方法を選択したり工夫したりするなど，さまざまな思考をめぐらしていく。そのような学習活動を充実させるために，児童の思考や願いを確かめ可視化していくワークシートの活用や，機

▷7　「身近な人々，社会及び自然」として生活圏に存在するさまざまな事象の存在に気付くだけでなく，生活科ではそれらと「自分との関わり」についても考えさせたいものである。自分にとって意味があるものとしてそれらを捉えることができれば，愛着をもちながら深くかかわろうとする意欲につながると考えられる。

▷8　気付きの質を高めることについて『解説』で示されたのは，(1)無自覚なものから自覚された気付きへ，(2)一つ一つの気付きから関連された気付きへ，(3)対象への気付きから自分にとっての意味や自分自身への気付きへ，(4)多様な他者のよさの気付きをとおして自分の独自のよさの気付きへの4点である。また，そのための学習指導の進め方としては，「試行錯誤や繰り返す活動を設定する」こと，「伝え合い交流する場を工夫する」こと，「振り返り表現する機会を設ける」こと，「児童の多様性を生かし，学びをより豊かにする」ことが示された。

会を捉えた対話の時間の設定など，適切な働きかけを行っていくことが必要である。このことを通じて，出会った人や事柄と自分とのかかわりが深まってその価値を実感したり，友達の表現に友達のよさを認め自分のよさを自覚したりするなど，気付きの質をより高めるようにすべきである。

　生活科は具体的な活動や体験を重視するが，そこで終わってしまうことで学びの成果があいまいとなり，「活動あって学びなし」と言われるような状況に陥ることがないようにしたい。児童が目的意識をもって思考し判断する学習活動，相手意識をもって表現し交流する学習活動を重ねるなかに，目指すべき資質・能力の育成を実現していきたい。

③　「自ら働きかける」ことと学びや生活に向かう態度

　生活科で育成すべき資質・能力の(3)「学びに向かう力，人間性等」として示されているのは，「身近な人々，社会及び自然に自ら働きかけ，意欲や自信をもって学んだり生活を豊かにしたりしようとする態度を養う」である。

　一般に「学びに向かう力，人間性等」について，「よりよい生活や社会の創造に向けて，自他を尊重すること，自ら取り組んだり異なる他者と力を合わせたりすること，社会に寄与し貢献することなどの適正かつ好ましい態度として『知識及び技能』が駆動できること」と説明されている（田村，2017，12ページ）。とくに生活科における「学びに向かう力，人間性等」については，「身近な人々や地域に関わり，自然を大切にしたり，遊びや生活を豊かにしたりしようとする態度，自分のよさや可能性を生かして，意欲と自信を持って学んだり生活しようとする態度など」とされる（田村，2017，13ページ）。児童の興味関心を尊重し，児童の思いや願いを実現させる生活科の学習活動が展開されれば，そこには児童が自ら身近な人々，社会および自然に働きかける姿が見られるであろう。

3　「学年の目標」として目指すもの

　学年の目標は，新学習指導要領では次の三つの項目で構成されている。(1)は「学校，家庭及び地域の生活に関わること」に関するもの，(2)は「身近な人々，社会及び自然と触れ合ったり関わったりすること」に関するもの，(3)は「自分自身を見つめること」に関するものである。

　なお，学年の目標(1)～(3)それぞれには，冒頭にどんな活動を行うのかについての記載があり，続いて育成すべき資質・能力の三つの柱に対応する内容が含まれた記述となっている。つまり，内容ありきではなく，目指している資質・能力の育成にふさわしい学習対象や内容が整理されて学年の目標として構成さ

第Ⅰ部　初等生活科教育の基盤

れているのである。以下，各項目の内容に即してその特質を述べる。

　学年の目標(1)は「学校，家庭及び地域の生活に関わること」に関するもので，「学校，家庭及び地域の生活に関わることを通して，自分と身近な人々，社会及び自然との関わりについて考えることができ，それらのよさやすばらしさ，自分との関わりに気付き，地域に愛着をもち自然を大切にしたり，集団や社会の一員として安全で適切な行動をしたりするようにする」とある。「学校，家庭及び地域の生活に関わること」が，「具体的な活動や体験」である。続いて資質・能力の三つの柱に即して言えば，「自分と身近な人々，社会及び自然との関わりについて考える」ことは「思考力，判断力，表現力等の基礎」に対応するものである。「それらのよさやすばらしさ，自分との関わりに気付」くことは「知識及び技能の基礎」になっていく気付きの内容の説明である。「地域に愛着をもち自然を大切にしたり，集団や社会の一員として安全で適切な行動をしたりするようにする」という部分は，「学びに向かう力，人間性等」の内容として示されている。活動と思考，体験と表現の行き来のなかで，次の活動へと発展的に展開していくことが，将来の生活をよりよくしていく意欲へとつながるのである。

　学年の目標(2)は「身近な人々，社会及び自然と触れ合ったり関わったりすること」に関するもので，「身近な人々，社会及び自然と触れ合ったり関わったりすることを通して，それらを工夫したり楽しんだりすることができ，活動のよさや大切さに気付き，自分たちの遊びや生活をよりよくするようにする」とある。「身近な人々，社会及び自然と触れ合ったり関わったりすること」が，「具体的な活動や体験」のさすところである。資質・能力の三つの柱に即して言えば，「それらを工夫したり楽しんだりする」なかに，「思考力，判断力，表現力等」を発揮していく局面が見られる。「活動のよさや大切さに気付」くとは，「知識及び技能の基礎」となっていく気付きである。「自分たちの遊びや生活をよりよくするようにする」という部分は，「学びに向かう力，人間性等」の内容として示されている。

　学年の目標(3)は「自分自身を見つめること」に関するもので，「自分自身を見つめることを通して，自分の生活や成長，身近な人々の支えについて考えることができ，自分のよさや可能性に気付き，意欲と自信をもって生活するようにする」とある。「自分自身を見つめること」が，「具体的な活動や体験」である。資質・能力の三つの柱に即して言えば，「自分の生活や成長，身近な人々の支えについて考える」が「思考力，判断力，表現力等」の説明である。「自分のよさや可能性に気付」くことは「知識及び技能の基礎」となっていく気付きである。「意欲と自信をもって生活するようにする」という部分は，「学びに向かう力，人間性等」に対応したものである。

▷9　生活科の活動のなかでは，「学校，家庭及び地域の生活」「身近な人々，社会及び自然」といった自分自身を取り巻く環境やそこに存在する事象にかかわることだけでなく，「自分自身を見つめる」といった自己の内面や自分の生活そのものを考えることもあわせて求められている。第1学年〜第2学年の児童なりの自己認識を形成させ，そこに自尊感情や自己肯定感をもたせることが，生活や成長への意欲につながると考えられている。

さらに，これらの学年の目標(1)〜(3)は，生活科の内容(1)〜(9)を以下のように含んで想定されている（内容については本書の第3章を参照）。

学年の目標(1)	(1)「学校と生活」(2)「家庭と生活」(3)「地域と生活」
学年の目標(2)	(4)「公共物や公共施設の利用」(5)「季節の変化と生活」(6)「自然や物を使った遊び」(7)「動植物の飼育・栽培」(8)「生活や出来事の伝え合い」
学年の目標(3)	(9)「自分の成長」

「学年の目標」は，教科の目標の理念を内容につなげていく重要な役割を担っている。学年の目標(1)〜(3)は内容(1)〜(9)の階層性と対応しているが，例えば内容(8)「生活の出来事の伝え合い」や内容(9)「自分の成長」については，実際の学習展開においては他の内容と合わせて扱われることもある。教科の目標や理念が適切に第1学年〜第2学年の2年間にわたる生活科の学習活動で実現するように，教師は指導性を発揮していくことが求められる。

▷10 生活科の単元計画を作成する際，一つの内容で一つの単元を構成する場合もあるが（内容単元），複数の内容を含んで一つの単元を構成することがある。それは，第1学年〜第2学年の児童の発達段階や学習への意識を重視した活動を設定するからである（活動単元）。身近な人々，社会および自然が一体的に存在する環境において，その特性を生かして生活し活動するなか，限られた学習対象を取り出して学習を進めることは第1学年〜第2学年の児童には困難であると考えられている。

Exercise

① 生活科の教科の目標を構成する次の要素について説明してみよう。
  (1)生活科の特質
  (2)生活科の見方・考え方
  (3)生活科で育成する三つの資質・能力
② 生活科で「体験」や「気付き」を表現する意義について説明してみよう。
③ 学年の目標の役割について説明してみよう。

📖次への一冊

原田信之・須本良夫・友田靖雄編著『気付きの質を高める生活科指導法』東洋館出版社，2011年。
　学習指導要領［平成20年改訂］で充実が求められた「気付きの質を高める」生活科指導のあり方に重点を置いて論じられている。
關浩和『生活科授業デザイン論』ふくろう出版，2015年。
　生活科授業をデザインするうえで必要な理論と実践について解説されている。実践事例は，著者自身の広島大学附属小学校での実践をベースにしている。
田村学編著『カリキュラム・マネジメント入門』東洋館出版社，2017年。
　カリキュラム・マネジメントのねらいとともに，その実践事例として生活科や総合的な学習の時間の事例を中核とした具体例が記載されている。
久野弘幸編著『平成29年版 小学校新学習指導要領ポイント総整理 生活』東洋館出版社，2017年。

第Ⅰ部　初等生活科教育の基盤

　　新学習指導要領で示された授業改善の視点ごとに，今回変更されたところを解説していて改訂のポイントがわかりやすくまとまっている。

田村学編著『平成29年版 小学校新学習指導要領の展開　生活編』明治図書出版，2017年。

　　新学習指導要領改訂のポイントにそって解説するのとあわせて，その趣旨を生かした新しい指導案を提案している。

引用・参考文献

田村学編著『平成29年版 小学校新学習指導要領の展開　生活編』明治図書出版，2017年。

原田信之・須本良夫・友田靖雄編著『気付きの質を高める生活科指導法』東洋館出版社，2011年。

文部科学省『小学校学習指導要領（平成29年告示）解説生活編』東洋館出版社，2018年。

第2章
初等生活科教育の変遷

〈この章のポイント〉

　生活科は学習指導要領［平成元年改訂］にて，戦後教育40年にして，小学校で初めて新設された教科である。本章では，第1学年～第2学年の社会科と理科が廃止され生活科となった背景や経緯について学ぶ。1992（平成4）年度から実施された生活科は，その後，3回の学習指導要領の改訂において，それぞれの時期の課題や改善の方策等が示され，現在に至っている。これらの課題や改善の方策等を整理し，今後の生活科教育のあり方についても解説する。

1　生活科新設の背景と経緯

［1］　教科構成のあり方の検討

　第1学年～第2学年の教科構成のあり方は，昭和40年代から課題とされており，およそ20年の検討を経て，1989（平成元）年に生活科が新設された。

　1967（昭和42）年10月教育課程審議会答申では，第1学年～第2学年の社会科については，具体性に欠け，教師の説明が中心になっていること，理科では自ら事象に働きかけることや経験を豊富にするように内容を改善することなどが課題とされた。そこで，学習指導要領［昭和43年改訂］では，第1学年～第2学年の社会科と理科について，遊びなどをとおして事象に直接働きかけるなどの改善が図られた。

　次いで，1971（昭和46）年中央教育審議会答申「今後における学校教育の総合的な拡充整備のための基本的施策について（四六答申）」にて，「基礎能力を養う国語教育と，論理的思考力の根底をつちかう数学教育の役割はいっそう重視されなければならない。とくにその低学年においては，知性・情操・意志および身体の総合的な教育訓練により生活および学習の基本的な態度・能力を育てることがたいせつである」とされ，教科の区分にとらわれず，児童の発達段階に即した教育課程の構成の仕方を再検討する必要があることが示された。

　1975（昭和50）年中央教育審議会「中間まとめ」では，「社会科及び理科の内容を中心として，例えば，児童が自分たちをとりまいている社会的及び自然的な環境について学習することを共通のねらいとするような目標と内容をもった

▷1　四六答申と言われている1971（昭和46）年の中央教育審議会答申では，今後の教育のあり方についてさまざまな提言がなされている。第1学年～第2学年の教科構成についての提言もなされている。

第Ⅰ部　初等生活科教育の基盤

▷2　研究開発学校制度とは，教育実践のなかから提起されてくる課題や社会の変化等にともなって生じた学校教育に対する多様な要請に対応するため研究開発を行おうとする学校を文部科学省が指定するものである。その学校には，現行の教育課程の基準に拠らない教育課程の編成・実施を認め，新しい教育課程・指導方法の開発が目指されている。

新しい教科を設けることについても研究してみる必要がある」と生活科新設につながる内容が示された。そこで，文部省は，第1学年～第2学年の総合学習について研究する学校を研究開発学校に指定するとともに，新教科について研究する協力者会議を設けて検討した。

しかし，1976（昭和51）年教育課程審議会「審議のまとめ」では，指導の効果や学校における教育等も十分考慮しなければならないことから，ただちに教科の編成を変えることには，なお研究と試行の積み重ねが必要という考え方が強く，教科の構成は現行どおりとし，学習指導要領上の措置を含めて第1学年～第2学年における合科的な指導を従来以上に推進することが望ましいとされ，新教科の設置は見送られた。

翌年，学習指導要領［昭和52年改訂］では，総則に「低学年においては，合科的な指導が十分できるようにすること」が示されるとともに，社会科や理科の「指導計画の作成と内容の取扱い」のなかで，第1学年～第2学年の指導については合科的な指導によって指導の効果を高めるための配慮が必要であることを指摘している。さらに合科的な指導を推進するために全国に教育課程研究指定校を設け，実践的な研究を委嘱した。

2　生活科の誕生

1983（昭和58）年中央教育審議会教育内容等小委員会は，「審議経過報告」にて「国語，算数を中心としながら既存の教科の改廃を含む再構成を行う必要がある」と指摘し，これを受けて1984（昭和59）年に「小学校低学年の教育に関する調査研究協力者会議」を発足させ，教科再構成の検討を進めた。

1986（昭和61）年臨時教育審議会「教育改革に関する第2次答申」は，「『読・書・算』の基礎の修得を重視するとともに，社会・理科を中心として，教科の総合化を進め，児童の具体的な活動・体験を通じて総合的に指導することができるよう検討する必要がある」と第1学年～第2学年の教科の再構成を促した。

1986年7月の「小学校低学年の教育に関する調査研究協力者会議　審議のまとめ」では，「低学年の教科構成等を改善するに当たっては，読み・書き・算の能力の育成を重視するとともに，生活上必要な習慣や技能の指導を充実すること，また，具体的な活動や体験を重視することなどの観点から教科を集約し，再構成することが適当である」こと，「生活科（仮称）という新しい教科を設定して，従前の低学年の社会科及び理科はその中に統合する」ことが示された。

同年10月，教育課程審議会「中間まとめ」において低学年に新教科「生活科（仮称）」を設定することが適当であるとされた。1987（昭和62）年12月教育課

程審議会答申にて生活科の設置が提言され，1989（平成元）年3月学校教育法
施行規則の一部改正および新しい学習指導要領により，生活科が正式に位置づ
けられた。[3]

このようにして，生活科が誕生した。1992（平成4）年度から第1学年〜第
2学年の児童の時間割に「生活科」が位置づけられ，検定教科書を使用しての
授業が開始されたのである。

2 「生活科」の新設

1 1989年度に告示された生活科

1987年12月に出された「幼稚園，小学校，中学校及び高等学校の教育課程の
基準の改善について」（答申）に示された生活科の趣旨に基づいて，1989年6
月「小学校指導書生活編」[4]が発行された。そこでは生活科の目標を四つの視点
から，(1)具体的な活動や体験をとおすこと，(2)自分と身近な社会や自然とのかか
わりに関心をもつこと，(3)自分自身や自分の生活について考えること，(4)生
活上必要な習慣や技能を身につけること，とした。そして，これらの視点を押
さえることによって「自立への基礎を養う」という究極的な目標を達成すると
している。学年の目標については，2学年共通の3項目が示され，内容構成の
考え方としては，基本的な視点を(1)自分と社会（人々，物）とのかかわり，(2)
自分と自然とのかかわり，(3)自分自身，としている。これをさらに詳しく示し
たものが，次の10項目の具体的な視点である。

①健康で安全な生活　②身近な人々との接し方　③公共物の利用　④生活と消費
⑤情報の伝達　⑥身近な自然とのふれあい　⑦季節の変化と生活とのかかわり
⑧物の製作　⑨自分の成長　⑩基本的な生活習慣や生活技能

さらに児童が見る，調べる，作る，探す，育てる，遊ぶなどの具体的な活動
や体験を行ったり，それを言葉，絵，動作，劇化などにより表現したりするこ
となどを取り上げるとされている。また，各学年の内容はそれぞれ6項目示さ
れた。

なお，1991（平成3）年3月には小学校等の指導要録を改訂する通知が出さ
れ，生活科については，「生活への関心・意欲・態度」「活動や体験についての
思考・表現」「身近な環境や自分についての気付き」の3観点で評価すること[5]
が示された。

1989年の告示以降，各地で生活科に関する研究が盛んに行われた。

▷3　各教科の変遷については，国立教育政策研究所2005（平成17）年3月の研究資料「これからの学校教育に求められる児童生徒の資質・能力に関する研究」「教育課程の改善の方針，各教科等の目標，評価の観点等の変遷〜教育課程審議会答申，学習指導要領，指導要録（昭和22年〜平成15年）〜」に詳しい。

▷4　生活科の目標や具体的な内容項目などが記されている。生活科が新設された当時の内容は，現在にもつながっている基本的なものとなっている。

▷5　「小学校児童指導要録，中学校生徒指導要録並びに盲学校，聾学校及び養護学校の商学部児童指導要録及び中学部生徒指導要録の改訂について（通知）」（1991年3月20日付け）により各教科の評価の観点が示された。

第 I 部　初等生活科教育の基盤

2　指導資料等の発行

　1990（平成2）年1月に文部省から「小学校生活指導資料——指導計画の作成と学習指導」が発行された。ここには，生活科の実施にあたり，生活科の指導計画の作成および学習指導の基本的な考え方が述べられている。さらに，生活科の意義としての役割，特質が明記され，指導計画の作成における基本的なポイントや具体的な指導計画の例および学習指導と評価についてのポイント6点が示されている。

　続いて1993（平成5）年9月には，指導資料「新しい学力観に立つ生活科の学習指導の創造」が発行されている。1989年に改訂された学習指導要領に基づく教育は，児童が心豊かに，主体的，創造的に生きていくことができる資質や能力を育成することを目指している。このことからこの指導資料においても，授業への教師のかかわり方の見直しや個を生かす配慮，体験的な活動の組み入れ，学習の場や対象の見直しなどについて解説された。また，新しい学力観を育成するための授業づくりのポイントとして，(1)環境構成のあり方　(2)教師の支援のあり方，(3)幼・小の関連を図ること，(4)第3学年以上への発展，(5)生活科評価の特色と方法が示され，さらには学習指導の実際としていくつかの実践例が収められている。

　1994（平成6）年4月には文部省から「生活科のための施設・環境づくり」が発行された。この資料では，生活科の導入に対応するための施設整備上の基本的な考え方，方策等について具体的に提示されており，さらには実践事例が写真とともに示され，各学校の施設整備に活用することができる資料となっている。

3　学習指導要領改訂における課題と改善の方策

1　学習指導要領［平成11年改訂］における生活科

　1989年に新設された生活科は，1992年度の実施から数年を経て，いくつかの課題があげられた。学習指導要領［平成11年改訂］では，「一部に画一的な教育活動が行われていること，活動だけにとどまり知的な気付きを深めることが十分でない」という点がとりわけ強調された。そこで，対象に直接かかわる活動や体験をいっそう重視し，こうした活動や体験のなかで生まれる知的な気付きを大切にすることと，地域の環境や児童の実態に応じて創意工夫を生かした教育活動や重点的・弾力的な指導がいっそう活発に展開できるよう内容の改善を図ること，が述べられた。大きな変更点は，第1学年と第2学年に分けて示していた内容を2学年まとめて示し，学年ごとに6項目あった内容を2学年で8

▷6　「新しい学力観」は，学習指導要領［平成元年改訂］において強調された。新しい学力観においては児童が心豊かに，主体的，創造的に生きていくことができる資質や能力を重視する。また児童が主体となる学習活動をとおして，関心や意欲・態度，思考力や判断力，技能などが新たな学習や生活に生きて働くことが目指された。

▷7　1999（平成11）年5月のこの改訂から，前回「指導書」とされていたものが，「解説」となっている。読み比べてみると生活科の実施にともなう課題や改善事項を捉えることができる。

項目としたことである。

　基本方針や具体的な事項のなかで重点とされたのが人々とのかかわりである。児童を取り巻く人間関係の希薄化が問題視されていたことからとくに多様な人々とのかかわりが重視された。また，他教科等と合科的・関連的な指導をいっそう推進することが示され，生活科教育の充実が目指された。

［2］　学習指導要領［平成20年改訂］における生活科

　学習指導要領［平成20年改訂］では次の課題があげられた。(1)学習活動が体験だけに終わっていること，(2)活動や体験をとおして得られた気付きを質的に高める指導が十分に行われていないこと，(3)思考と表現の一体化という低学年の特性を生かした指導が行われていないこと，(4)知的好奇心を高め科学的な見方・考え方の基礎を養うための指導の充実を図る必要があること，(5)安全教育を充実させ自然事象について体験的に学習することを重視すること，(6)小１プロブレムなどの実情を踏まえて幼児教育と小学校教育との具体的な連携を図ること，である。

　そこで，具体的な活動や体験をとおして，自分自身への理解などを深めることとして，学年の目標に「第3　自分自身に関するもの」が加えられ目標が四つとなった。また，育てようとする認識を「地域のよさ，自然のすばらしさ，自分のよさや可能性」をあげて明確化し気付きの質を高めようとしている。さらに，安全教育や生命に関する教育の充実や幼児教育および他教科との接続についても改善することが示された。内容構成は，前回の8項目から「(8)生活や出来事の交流」が加えられ9項目となった。

　学習指導要領の解説には，生活科の内容の階層性や全体構成も示され，学習対象・学習活動等，思考・認識等，能力・態度等に整理された表により生活科の全体構造がわかりやすく提示された。

［3］　新学習指導要領における生活科

　新学習指導要領では，「主体的・対話的で深い学び」をすべての教科等で実現させることが示されている。また，すべての教科等においてその教科独自の見方・考え方が示されている。生活科では「身近な生活に関わる見方・考え方」を生かし，「身近な人々，社会及び自然を自分との関わりで捉え，よりよい生活に向けて思いや願いを実現しようとすること」であると記されている。あわせて，「カリキュラム・マネジメントの推進」も重視されている。生活科は他教科との関連，就学前教育との関連など教科等横断的な視点を欠くことができない教科である。幼児期に育成された資質・能力を十分に発揮させ，第1学年〜第2学年教育に滑らかに接続・発展させるようにする「スタートカリ

▷8　「カリキュラム・マネジメント」は，2016（平成28）年12月の中央教育審議会「幼稚園，小学校，中学校，高等学校及び特別支援学校の学習指導要領等の改善及び必要な方策等について（答申）」に示され，学習指導要領の改訂のポイントとしても述べられている。学校全体として教育内容や時間の適切な配分，必要な人的・物的体制の確保，実施状況に基づく改善などをとおして，教育の質の向上を図るものである。

第Ⅰ部　初等生活科教育の基盤

キュラム」に学校全体で取り組むこと，第3学年〜第4学年以降の各教科への接続を明確にすることなどがあげられている。

　また，学習内容を整理し，「学校，家庭及び地域の生活に関する内容」「身近な人々，社会及び自然と関わる活動に関する内容」「自分自身の生活や成長に関する内容」の3点にした。各内容項目についてもどのような「思考力，判断力，表現力等」の育成を目指すのかが具体的になるよう見直している。

4　これからの生活科の方向性と期待されること

　生活科は第1学年〜第2学年の教科であることから教科研究の蓄積や継続性が難しい状況にある。校内研究においては，社会科や理科，あるいは総合的な学習の時間と組み合わせて研究されている。また，地区の教科等研究会においても総合的な学習の時間と組み合わせた部会が主流であり，生活科単独の研究部会は成立しにくい状況がある。

　とは言うものの入学時には，就学前教育（幼稚園や保育所等）と密接にかかわるスタートカリキュラムの充実が重要とされていることから，生活科を中核として各教科等で実施するとともに全教職員がかかわることが求められている。

　まず，生活科の充実を考えるうえではこの教科が問題解決の連続であるという点に着目する必要がある。第1学年〜第2学年であっても疑問をもち，それを何とか解決したい，という思いや願いをもつ。児童の学びを丁寧に掘り起こし，児童と話し合いながらよりよい解決方法を見出していくことが欠かせない。例えば，「誰に教えてもらえばよいかな」「どのようなやり方が一番いいかな」「地域の方にお願いするにはどうしたらいいかな」などについて児童と十分に話し合うことが大切である。こうした学びは，生活科を学習した後の各教科等における問題解決の学習につながっていく。このように児童が自ら社会や自然，人々とかかわり，学びを深めていくような学習を生活科で十分に経験し，問題解決学習の基礎を培うようにすることが求められているのである。

　そして，対象とする学習活動における教材については，新学習指導要領改訂のポイントである育成すべき資質・能力の三つの柱である「何を知っているか。何ができるか。（個別の知識・技能）」「知っていること・できることをどう使うか（思考力・判断力・表現力等）」「どのように社会・世界と関わり，よりよい人生を送るか（学びに向かう力・人間性等）」の視点から解釈することがとりわけ求められる。

　以上のように，これからの生活科では生活科の学びの「よさ」を再認識するとともに，カリキュラム・マネジメントの視点から教育課程全体を捉え，児童の指導にあたることが求められる。

▷9　2016年12月に出された答申では，改訂の基本方針に「育成を目指す資質・能力の明確化」として三つの柱を示している。各教科等においてこの三つの柱に基づいて内容の再整理を図ることが提言された。

Exercise

① 生活科新設の趣旨とねらいについてまとめてみよう。

② 生活科を指導する教師のあり方を考えてみよう。

③ 幼児教育と生活科との接続について考えてみよう。

📖次への一冊

中央教育審議会答申「今後における学校教育の総合的な拡充整備のための基本的施策について」1971年。

　「第三の教育改革」と位置づけられ，就学前教育から高等教育までの学校教育全般のあり方について提言したものである。

文部省「小学校　生活　指導資料——指導計画の作成と学習指導」1993年。

　生活科新設当時に求められた指導計画の作成や学習指導と評価についてのポイントと実践例を学ぶことができる。

文部省「新しい学力観に立つ生活科の学習指導の創造」1993年。

　生活科の授業づくりのポイントや評価の特色と方法が示され，実践例も述べられている。環境の構成や教師への支援のあり方，指導と評価の一体化，幼小の関連についても述べられている。

文部科学省「幼稚園教育要領　解説」2017年。

　小学校第1学年〜第2学年の教育を考え，指導するうえで，幼児教育の役割や教育内容等について学ぶことがいかに重要かわかる。

引用・参考文献

国立教育政策研究所「教育課程の改善の方針，各教科等の目標，評価の観点等の変遷——教育課程審議会答申，学習指導要領，指導要録（昭和22年〜平成15年）」2005年。

中央教育審議会「今後における学校教育の総合的な拡充整備のための基本的施策について（答申）」1971年（第2章「学校段階の特質に応じた教育課程の改善」）。

中央教育審議会「幼稚園，小学校，中学校，高等学校及び特別支援学校の学習指導要領等の改善及び必要な方策等について（答申）」2016年。

文部科学省『小学校学習指導要領解説生活編』日本文教出版，2008年。

文部科学省『小学校学習指導要領（平成29年告示）解説生活編』東洋館出版社，2018年。

文部省「小学校指導書生活編」1989年。

文部省「小学校生活指導資料——指導計画の作成と学習指導」1993年。

文部省「新しい学力観に立つ生活科の学習指導の創造」1993年。

文部省「生活科のための施設・環境づくり」1994年。

文部省「小学校学習指導要領解説生活編」1999年。

第3章
初等生活科教育の内容と学習指導

〈この章のポイント〉

　新学習指導要領によれば，生活科の内容を構成する要素は四つあり，九つの内容が示されている。九つの内容には三つの階層性があり，ねらいに沿って各階層に内容が位置づけられている。また，生活科の学習指導を考えるうえでのキーワードとして，体験，思いや願い，気付きなどがあげられる。本章では，これらを踏まえ，学習指導の実際について具体的な授業実践を事例に解説する。

1　生活科の内容の構成と階層性

1　内容構成の具体的な視点と対象

　生活科は，9項目の内容で構成されている。9項目とは，(1)「学校と生活」，(2)「家庭と生活」，(3)「地域と生活」，(4)「公共物や公共施設の利用」，(5)「季節の変化と生活」，(6)「自然や物を使った遊び」，(7)「動植物の飼育・栽培」，(8)「生活や出来事の伝え合い」，(9)「自分の成長」，である。これらの内容を構成する考え方を確認しておきたい。

　生活科ではまず，内容を構成する際に必要となる「具体的な視点」が表3-1のようにあげられている。9項目の内容は，「原則として複数の具体的な視点から構成される」ようになっている。

表3-1　内容構成の具体的な視点

ア	健康で安全な生活	キ	身近な自然との触れ合い
イ	身近な人々との接し方	ク	時間と季節
ウ	地域への愛着	ケ	遊びの工夫
エ	公共の意識とマナー	コ	成長への喜び
オ	生産と消費	サ	基本的な生活習慣や生活技能
カ	情報と交流		

出所：文部科学省（2018）。

　生活科は，具体的な活動や体験をとおして学ぶことを基本とすることから，具体的な活動や体験は単なる手段や方法ではなく，目標であり，内容でもある。この考え方に立ち，児童にかかわってほしい学習対象が15項目選び出されている（文部科学省，2018）。

▷1　①学校の施設，②学校で働く人，③友達，④通学路，⑤家族，⑥家庭，⑦地域で生活したり働いたりしている人，⑧公共物，⑨公共施設，⑩地域の行事・出来事，⑪身近な自然，⑫身近にある物，⑬動物，⑭植物，⑮自分のこと。

第Ⅰ部　初等生活科教育の基盤

　生活科の内容は，表3-1に示した内容構成の具体的な視点と，15項目の学習対象が組み合わされて構成され，それらが九つのまとまりになっていると捉らえることができる。

［2］　内容の階層性

▷2　新学習指導要領解説では階層の形で説明されているが，それぞれのまとまりに上下関係があるわけではなく，また，相互に分断されているわけでもない。

　九つの内容は三つの階層[2]として説明される。第一の階層は内容(1)〜(3)で，児童の生活圏としての環境に関する内容[3]である。第二の階層は内容(4)〜(8)で，自らの生活を豊かにしていくために第1学年〜第2学年の時期に体験させておきたい活動に関する内容[4]である。第三の階層は内容(9)で，自分自身の生活や成長に関する内容[5]である。

▷3　「学校，家庭及び地域の生活に関する内容」。

▷4　「身近な人々，社会及び自然と関わる活動に関する内容」。

［3］　各内容を構成する要素

▷5　「一つの内容だけで独立した単元の構成も考えられるし，他の全ての内容と関連させて単元を構成することも考えられる」という。

　生活科の各内容の記述には，それぞれ四つの要素が含まれている。それらは，(1)児童が直接関わる学習対象や実際に行われる学習活動等，(2)思考力，判断力，表現力等の基礎，(3)知識及び技能の基礎，(4)学びに向かう力，人間性等にあたるもので，(2)〜(4)は，育成を目指す資質・能力の三つの柱である。九つのすべての内容は，これら四つの要素によって構成されている。内容とそれを構成する要素は新学習指導要領解説に表として示されているが，ここでは，事例として内容(6)「自然や物を使った遊び」を引用し，表3-2に示す。

表3-2　内容(6)「自然や物を使った遊び」を構成する四つの要素

(1)学習対象・学習活動等	(2)思考力，判断力，表現力等の基礎	(3)知識及び技能の基礎	(4)学びに向かう力，人間性等
身近な自然を利用したり，身近にある物を使ったりするなどして遊ぶ活動を行う	遊びや遊びに使う物を工夫してつくる	その面白さや自然の不思議さに気付く	みんなと楽しみながら遊びをつくり出そうとする

出所：文部科学省（2018）。

　生活科の学習指導では，児童の思いや願いを実現する体験活動を充実させることが重要である。また，体験活動と表現活動の往還も重要である。これらを踏まえ，新学習指導要領解説では学習指導を充実させるための視点が示されている。次節では，それらのなかから「試行錯誤や繰り返す活動を設定する」[6]と「伝え合い交流する場を工夫する」について考えてみたい。

▷6　「試行錯誤や繰り返す活動を設定する」「伝え合い交流する場を工夫する」「振り返り表現する機会を設ける」「児童の多様性を生かし，学びをより豊かにする」。

2 生活科の学習指導の特質

1 試行錯誤や繰り返す活動を設定する

以下に引用する事例は，栃木県下野市立古山小学校における授業実践 (2017年11月，第1学年単元「つくろう，あそぼう」) である。

まず，単元の位置づけと指導観に関する記述を示す。

> 第1学年の単元「つくろう，あそぼう」は，学習指導要領の内容(6)に基づくもので，内容構成の具体的な視点として，キ：身近な自然との触れ合い，ク：時間と季節，ケ：遊びの工夫，に重点をおいた設定である。第1学年では，「あきとあそぼう」に続き，第2学年の「うごくおもちゃをつくってあそぼう」につながる位置づけである。
> 本単元では，自然物の形や色などの変化が大きく，葉や木の実が児童の手が届くところに落ち始める秋という季節を生かして，おもちゃをつくって遊びながら，自然の不思議さや面白さだけでなく，四季の変化が自分たちの生活をより楽しく，実り多いものにしていることに気付かせたい。また，友達と関わりアドバイスし合う中で，友達のおもちゃのよさや自分のおもちゃとの違いに気付いたり，相手の考えを尊重したりする態度を育てたい。
> 本単元は，身近な自然物や身の回りにあるものを使っておもちゃを作ったり，友達と何度も遊ぶ中で，遊び方を工夫したりすることが主な活動である。その過程を通して，遊びの面白さや自然の不思議さに気付くとともに，みんなで遊びを楽しめることをめざしている。

自然物を使った多彩な活動に取り組ませることで，自然の不思議さや四季の変化に気付かせることについての指導の構えが述べられている。児童は思いや願いに沿って，遊び方について条件を変えて試行錯誤をし，おもちゃを作る過程でも何度も試行錯誤していく。条件が変わって結果に変化が現れた時が，児童の気付きが高まるチャンスである。このような場面を授業で大切にすることが重要である。

2 伝え合い交流する場を工夫する

伝え合いや交流の場に関する部分を引用する。

> 小単元「おもちゃをつくろう」では，自分たちが校庭や公園で集めた葉や木の実などの自然物や身の回りの材料を使って作れるおもちゃを選び，グループの友達と協力しながら作っていく。作ったおもちゃで遊ぶ前には，さらに作り方を工夫できる点はないかをグループで考え，「ぜんしん・へんシート」に書き入れる活動をおこなう。

▷7 学習指導要領［平成20年改訂］下での実践であるが，生活科における学習指導の特質をよく表しているので取り上げる。

▷8 一つの単元は原則として複数の具体的な視点で構成される。本単元の構成では，表3−1に示された視点のうち三つがあげられている。

▷9 「前進・変身」の意味で使っている。

また，小単元「みんなであそぼう」では，作ったおもちゃで友達と一緒に遊びながら，もっと楽しく遊べるように工夫を重ねていく。その際，作り方の工夫だけではなく，遊び方の工夫も引き出せるよう，遊ぶ時間を十分に確保して繰り返しおもちゃで遊ばせたい。小単元の最後には，学年内で「わくわく秋ランド」を開き，児童が楽しく遊べる交流の場を設定したい。

グループでの話し合い活動では，ウェビング図などを思考ツールとして用いる。これらを使うことで，多様な深い気付きを視覚的に分かりやすく整理していけるようにする。

▷10　ウェビング図
中心となる課題や疑問，重要なキーワードを図の中央に配置し，関係すると思われるワードを思い浮かべ，それらをカードや付箋紙などに記入して，放射状に貼り付けていったもの。ワードの配置を考えたり，関係を線で示したりすることで，学習者の思考が可視化される。

　伝え合いや交流の場は，児童どうしが情報を伝え合うことにとどまらず，対象に関する気付きを得たりする機会になっていく。つまり，思考を促すことにつながるのである。本実践では，思考を促すための視点として，「作ったおもちゃで遊んだ後，どうしたらもっと楽しいおもちゃになるかを考え，改良を加える」「改良したおもちゃで遊び，もっと楽しく遊べるよう遊び方を工夫する」などをあげている。また，伝え合いで用いるツールとして，ウェビング図を活用している（図3-1）。秋に関して連想される言葉をつなげて，それらを可視化することで，活動のイメージをふくらませ，動機づけに役立てている。

　児童は作りたいおもちゃを決めていき，グループ（3～5人編成）で活動に取り組んだ。取り組むおもちゃは，けんだま，ヨーヨー，ころころおとし，さかなつり，どんぐりごま，パラシュート，めいろ，まといれゲーム，の8種類となった。まといれグループの設計書を図3-2に示す。

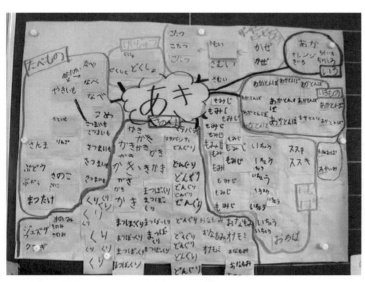

図3-1　ウェビング図
出所：下野市立古山小学校。

図3-2　まといれグループの設計書
出所：下野市立古山小学校。

3　学習指導の実際

　「おもちゃをつくろう」の授業実践について記す。単元内の本時の位置づけ
は，全9時間中の第3時である。本時の目標は，「グループで作ったおもちゃ
にさらに工夫できるところはないかを考え，『ぜんしん・へんシート』に書い
たり，グループの友達に伝えたりする」ことで，評価の観点は「活動や体験に
ついての思考・表現」であった。本時の展開（実践の結果）を以下に記す。

学習活動	教師の発問や指示等	児童のようす
1．ビデオにより前時の活動を振り返る。本時のねらいにせまるために，教師の演示を見る。 （10分）	・生活科で，今，何をやっているんだっけ？ ・先生も楽しく遊びたいので，これを作ってきました。 　《紙コップと松ぼっくりを糸でつないだけん玉のおもちゃを出す。糸が長すぎてうまくいかない状況を演示する。》 ・どうしたら，うまく遊べるかなあ？ ・そうすると，入りやすくなるね。 ・みんなが作っているおもちゃも，工夫すると楽しく遊べるようになりそうだね。「ぜんしん・へんシート」で考えてみましょう。 ・おもちゃで変えるところは？ ・今，季節は何？ ・みんなで楽しく遊ぶには？	・みんなであそぼう秋のおもちゃランド！！ ・わー，いいなー。 ・うまくいかないねー。 ・糸が長すぎるんじゃないの。短くするといい。 ・コップを大きくする。 ・松ぼっくりを小さくするといい。 ・松ぼっくりをめだつようにする。 ・秋。秋らしくする。 ・たくさん作る。
2．作ったおもちゃで遊ぶ。 （10分）	・では，今から，遊びの時間をつくります。 ・自分たちで作っているおもちゃで，遊んでみましょう。工夫するところを考えながらだよ。	・やったー！ ・はやく遊びたーい！ 《グループごとに，自分たちで作っているおもちゃで，自由に遊ぶ。》
3．本時のめあてを確認する。 （5分）	・ちょっと遊んでみると，どこをどう工夫するかが，浮かんできたかな？ ・では，今日のめあてです。「どうしたら，もっと……」の後，どうつなげる？ ・なるほど……。その次は？ ・では，そうつなげてみましょう。	・うかんできたよ。 ・たのしいおもちゃに……。 ・かんがえる。 ・みんなで，はなしあう。 ・みんなに，つたえる。
	どうしたら　もっと　たのしいおもちゃになるか，かんがえ，つたえよう！	
4．「ぜんしん・へんシート」にまとめる。 （15分）	・シートにどんなことを書いたらいいかな？ ・あっ，大きさのことだね。 ・長さだね。他には？ ・数。みんなで遊ぶにはいっぱいあった方がいいね。 ・そう，秋っぽいことだね。では，グループでやってみましょう。 ・みんなのグループで，いろいろな工夫がいっぱい出てきたね。	・大きくする，小さくする。 ・長くするとか。 ・たくさん作る。 ・葉っぱのこととか。 《3～5人で構成されたグループで，工夫するところを出し合い，シートに記入する。》

第Ⅰ部　初等生活科教育の基盤

5．本時を振り返り，次時の活動内容を知る。（5分）	・シートに書いたから，次の時間におもちゃを改良すると，楽しくなりそうな気がしてきた？ ・先生のおもちゃも，みんなから糸を短くするといいというアイディアをもらったから，そうしてみるね。 《けん玉の糸を短くしてみる。紙コップに松ぼっくりがうまく入る。》 ・次の時間は，みんなのおもちゃの作り直しをしていきます。最後に，今日の振り返りをしましょう。	・うん，してきた。 ・してきたー。 ・わー，うまくいったー。 ・よかったね。

　本授業の特徴を分析してみたい。特徴の一つ目は，本時のねらいが，20分経過したところで児童に提示されたことである。授業のねらいは，授業の冒頭で示されるのが一般的であるが，本時の場合，おもちゃの改良点や工夫点を考え，話し合うことがねらいとなっている。第1学年児童の実態を考慮した時，具体的なおもちゃに触れながら考えることが適切な活動となる。思い描くイメージを言葉で表現させるため，まず，具体物に触れさせることを先行させたのである。おもちゃの改良点は遊び方と直結している。児童の思考は，「こういう遊び方をしたいから（別の児童にしてほしいから），ここを変えたい」というように，遊び方についての願いから，おもちゃの改良へと進んでいく。この実態を考慮し，授業の前半で遊ぶ時間を設けている。このことが奏功し，本時のねらいがスムーズに焦点化されていった。教師は児童の言葉を適切に受け止め，児童全員が本時のねらいを共有していった。

　特徴の二つ目は，思考の可視化のために，ウェビング図に類似した図をグループで活用したことである。シートの中央には，前時までに児童が作ったおもちゃの写真が貼付してある。その写真を見ながら，おもちゃの「どこ」を「どのように」工夫したいかについて，児童は自由に書きこんでいった。多く記入しすぎて，次時で工夫点の選別が必要なほど，多くのアイディアが具体化された。ねらいを焦点化した際，工夫点が遊び方に偏らないように，児童とともに観点を絞り込んだことも適切であった。「秋らしくする」という観点についても，児童は思い思いのアイディアを出し合っていた。

　特徴の三つ目は，学習過程に関することである。生活科における学習過程のサイクルとして，「①思いや願いをもつ，②活動や体験をする，③感じる，考える，④表現する，行為する」ということが指摘されている（久野，2017）。本実践においても，「こんな遊びをしたいと思い描く，授業の前半での遊びで気付く，グループで工夫点を出し，シートに書いていく」というように，このサイクルとほぼ同様の過程を見ることができる。

26

4　評価と振り返り

　学習指導において「振り返り表現する機会を設ける」ことを授業に位置づけることも，留意点の一つとされている。本実践の振り返りで使用したシートを表3-3に示す。児童自身の力の伸長やグループの友達との協力などについて，自己評価をさせている。なお，評価については，本書の第5章もあわせて参照されたい。

　本時の評価規準は表3-4のように設定された。評価方法は，学習活動4における発言および「ぜんしん・へんシート」における記述等である。教師が見取った児童の発言や様子と評価の結果を表3-5に示す。

　本実践の評価規準で特徴的なことは，おもちゃの工夫について，理由を求めている点である。製作途上のおもちゃの動きを見て，どこに不具合があるかを客観的に見る児童がいるかもしれない。しかし，本実践で児童があげた理由を見てみると，工夫点の大半は遊び方の工夫である。「こんな遊び方をしたいから，こんな工夫をしたい」というように，遊びの工夫から出発して，おもちゃの工夫へと思考が進んでいる。生活科では児童の思いや願いを大切にすることが重要であるが，それは子どもの発想に寄り添うということである。本実践の評価規準の表記にも，そのことが表れている。

表3-3　振り返りシート

レベル	1. 進んで取り組む力	2. 友達と協力する力	3. 自分の考えを広げる力	4. 自分を伸ばす力
3	自分から進んで活動できた。	友達の考えをよく聴いて，協力して活動できた。	どうしたら楽しいおもちゃになるか，考えた。理由も考えた。	自分の頑張りや友達の頑張りに気付くことができた。
2	活動できた。	友達と協力して活動できた。	どうしたら楽しいおもちゃになるか，考えた。	自分の頑張りに気付くことができた。
1	自分からやろうとしなかった。	友達と協力することができなかった。	どうしたら楽しいおもちゃになるか，思いつかなかった。	自分の頑張りに気付くことができなかった。

注：実際は全文をひらがなで表記している。
出所：下野市立古山小学校。

表3-4　評価規準

評価規準：グループで作ったおもちゃにさらに工夫できるところはないかを考え，シートに書いたり，グループの友達に伝えたりしている。

A（十分満足）：グループで作ったおもちゃにさらに工夫できるところはないかを考え，その理由をシートに書いたり，グループの友達に伝えたりしている。

B（おおむね満足）：評価規準（上掲）に同じ。

C（努力を要する児童への支援や手立て）：実際に作ったおもちゃで遊ばせたり，他のグループのよい工夫を取り上げたりすることで，どこをどうすればより楽しいおもちゃになるのか，気付かせようとする。

出所：下野市立古山小学校。

第Ⅰ部　初等生活科教育の基盤

表3-5　教師による見取りの結果

	A （十分満足）	B （おおむね満足）	C （努力を要する）
児童の主な発言（○）や教師による見取り（◇）	○みんなで遊びたいから，つりざおを増やす。 ○むずかしくなるから，点を低くする。 ○（どんぐりが）落ちるとおもしろいから，すきまをあける。 ◇もっとどうしたらよくなるかを考えて，友達に伝えていた。理由も考えていた。 ◇思いを言葉にして，たくさん書いている。理由も書けている。	○はこのまわりに葉っぱをはる。 ○もっと秋らしさをつける。 ○もようをつけたほうがいい。 ○たくさん作りたい。 ◇自分の意見は書けたが，理由を友達に説明できなかった。 ◇話しているが友達に伝わらない。 ◇積極的に話す。書く。 ◇友達の書いていたものと自分の書いたものをつないでいた。	◇自分からは書けない。 ◇何も書こうとはしない。

出所：下野市立古山小学校。

5　気付きの質を高める

　生活科の学習は，活動・体験と表現の繰り返しと捉えることができる。活動・体験では，試す，遊ぶ，作る，調べるなどの活動が行われる。表現では，振り返る，比べる，話し合うなどの活動が含まれる。これらをとおして，児童が「やってみたい」「もっとこうしたい」という思いや願いをもつことが重要である。活動・体験と表現の往還によって，気付きの質が高まっていくと考えられる。

　気付きの質が高まる様相とは，児童にとって無自覚であった気付きが自覚的になること，個々の気付きが関連づけられること，自分自身についての新たな気付きが得られること，などと考えられる。気付きの質が高まるようにするためには，児童が思いや願いを表現する際，対象についての気付きも表現できるような支援をしたり，表現しやすいツールを活用したりすることが必要となる。ここでは，ツールの例として，宇都宮大学教育学部附属小学校で活用されている「みがくカード」を紹介する。「みがく」とは，「みつけたよ」「がんばったよ」「くふうしたよ」の頭文字を並べたものである。毎時間の授業の終わりに，これら三つの観点から，思いや願い，気付きなどを書かせるようにしている。また，「みがく」に付随しているハートマークを塗りつぶすことで，三つの観点に対する達成度を表現できるようにしている。

　「みがくカード」への記述例を，図3-3，図3-4に記す。図3-3は，遊びに使うものを作る活動とお店ごっこをして遊ぶ活動を中心として構成された単

第3章　初等生活科教育の内容と学習指導

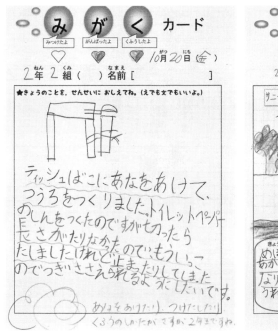

図3-3　みがくカードへの記述例①
出所：宇都宮大学教育学部附属小学校。

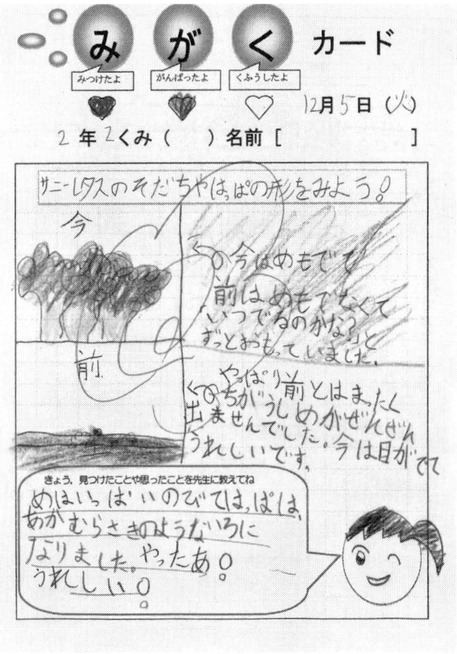

図3-4　みがくカードへの記述例②
出所：宇都宮大学教育学部附属小学校。

元「おもいっきりカーニバル」における第2学年の児童の記述である。ティッシュの空き箱を使ったおもちゃ作りにおいて，工夫した点を具体的に書き，次時でさらに工夫したい思いも述べている。長さが足りないことなど，対象への気付きが述べられている。達成度では，「がんばったよ」と「くふうしたよ」が完全に塗りつぶされている。図3-4は，野菜の栽培と小動物の飼育から構成される単元「大きくなあれ　元気にそだて」における第2学年の児童の記述である。サニーレタスの育ち方について，発芽していなかった時の様子と葉が伸びてきた時の様子を比較し，絵と文章で表現している。達成度では，「みつけたよ」と「がんばったよ」が完全に塗りつぶされている。うれしかったという思いとともに，サニーレタスの色や形を詳細に表現しており，科学的な見方・考え方の基礎につながるような気付きと言える。

　評価の観点で，「思考・表現」と「気付き」のちがいはわかりにくいものである。児童のなかで気付きが変化した時，それらが表現される（外化する）。表現される過程を見取っていくのが，「思考・表現」であり，気付きの結果として得られたこと（中身）を見取っていくのが「気付き」である。みがくカードは，気付きの方を主に評価するためのツールである。

　児童の思いや願いに寄り添うということは，それらを取り上げて認めることである。言語や描画による表現へ教師がコメントを付してフィードバックすることは，児童の思いや願いに教師が寄り添っていることを，児童自身に気付か

▷11　二つの学年に共通して位置づけられている。第1学年は全22時間構成，第2学年は全24時間構成で，活動時期は10～11月である。

▷12　第2学年に位置づけられた単元である。全31時間（栽培活動23時間，飼育活動8時間）構成で，活動時期は4～翌1月である。第1学年における単元「いきものだいすき！」（全25時間構成）において，野菜や草花を育てる活動を経験している。両単元における気付きが関連するように配慮されている。

29

第Ⅰ部　初等生活科教育の基盤

せることにつながる。

Exercise

① 新学習指導要領をもとに，生活科の内容構成を階層で分け，それぞれにおいて実践が想定される教材例をまとめてみよう。

② 児童の思いや願いを大切にするということは，どういうことか。教師の支援のあり方について，授業参観や授業ビデオ視聴などにより，考えをまとめてみよう。

③ 気付きを促す支援やその評価方法にはどのようなものがあるか。学習指導案や授業参観をとおして，まとめてみよう。

📖次への一冊

吉冨芳正・田村学『新教科誕生の軌跡——生活科の形成過程に関する研究』東洋館出版社，2014年。

　　平成元（1989）年の生活科誕生までの経緯と新教科発足時の背景が，資料や関係者へのインタビューに基づいて解説されている。生活科の原点に立ち返り，理念や本質を読み解くとともに，学習指導を充実させるための着眼点を探るうえで役立つ。

森本信也・磯部頼子編著『理数教育へのつながりを考える——幼児の体験活動に見る「科学の芽」』学校図書，2011年。

　　幼児が自然事象とかかわる活動のなかで生じるさまざまな気付きに焦点があてられ，その内実（発話記録）が，科学概念理解の基礎，算数学習の素地などの観点から意味づけられている。生活科において気付きの質を高めるための指導を構想するうえでのヒントが含まれている。

引用・参考文献

久野弘幸編著『平成29年版 小学校新学習指導要領ポイント総整理　生活』東洋館出版社，2017年。

文部科学省『小学校学習指導要領（平成29年告示）解説生活編』東洋館出版社，2018年。

第4章
初等生活科教育の指導計画

〈この章のポイント〉

　指導計画作成においては，時間配分，学習の場，心理面への配慮の三つの視点に留意すべきである。本章では，単元指導計画の作成について学び，また，アクティブ・ラーニングすなわち「主体的・対話的で深い学び」の実現を目指した指導計画の作成について解説する。

1　生活科指導計画作成における留意点

［1］　活動や体験が十分できる時間的な視点

　指導計画は，2年間を見とおして生活科の九つの内容を組み合わせながら作成する。その際，児童の発達段階やほかの教科との関連を考慮するとともに，季節と関係する素材や地域行事などを組み合わせる。

　時間的な視点は，一単位時間，月または単元，年単位の時間のように整理するとよい。どの時間的な視点も重要であるが，単元ごとが相互に関連しあう生活科においては，1年を単位とした長期的な視点で指導計画を立てることが重要である。

①　年単位の時間の視点に立った計画の立て方

　新学習指導要領解説の「指導計画の作成と内容の取扱い」では「(2)児童の発達の段階や特性を踏まえ，2学年間を見通して学習活動を設定すること」と示し，続いて「(3)第2の内容の(7)については，2学年間にわたって取り扱うものとし，動物や植物への関わり方が深まるよう継続的な飼育，栽培を行うようにすること」と，生物関係の教材については，とくに年単位の時間の視点に立った指導計画を立てることが強調されている。

　飼育・栽培活動では，単発に単元を設定することは児童の活動・体験を制約することになる。多くの学校では第1学年ではアサガオを栽培し，その種を収穫して第2学年になってから新入生へ種をプレゼントするという活動が行われている。また，飼育活動では，第1学年になって昆虫や動物を育てた体験をもとに，第2学年でもその体験を生かした活動を考える。例えば，生き物の種類を増やしたり，育て方を調べたり，あるいは，公園や学校で生き物を探したり

▷1　新学習指導要領解説第3章「生活科の内容」第1節「内容構成の考え方」を参照のこと（文部科学省，2018，23ページ）。

第Ⅰ部　初等生活科教育の基盤

する活動などが考えられる。

②　数か月単位の時間の視点に立った計画の立て方

　長い単元では一単元あたり4か月，短い単元でも1か月程度の時間が設定されている。第1学年〜第2学年の児童の発達段階では，1〜数か月程度の期間，興味・関心を維持することが難しい。そのために，活動と活動がつながるようなストーリー性をもたせた内容構成で計画し，実施にあたっては，体験する時間を十分に確保する必要がある。

③　一単位時間の視点に立った計画の立て方

　生活科の学習は，週あたり3単位時間が設定されている。週ごとの時間配分は，活動・体験を重視すれば2単位時間＋1単位時間の3単位時間，あるいは学校探検などの活動場所が広くなるような内容によっては，3単位時間のまとまりで計画する場合が多い。すなわち，内容によって柔軟な時間設定をすることが大切である。例えば，飼育・栽培活動，観察などの毎日活動するような内容では，15分を単位として実施することが考えられる。また，気付きをまとめたり，そのことを話し合うことが中心だったりする学習活動の場合は，1単位時間（45分）かけて，対話的な活動を進めることが望ましい。

　以上のように，指導計画を作成する際には，児童が十分に活動や体験ができる時間的な視点を考慮することが重要である。しかし，生活科においては，児童の主体性を重視することから，計画どおり進まない場合もある。「活動に集中してもっとやりたい」「もっと工夫したい」「誰かに伝えたい」など，児童の意欲的な活動が容易に想像できるような場合は，教師は児童の願いを柔軟に学習時間に反映させることが大切である。

２　主体的な活動を深める学習の場の視点

　生活科の学習においては，教科としての特性から，学習の場は教室や学校だけに限定されない。それは，生活科の目標に，「自分自身」「身近な人々」「社会及び自然」という言葉が入っていることからも理解できよう。

　この目標の背景について新学習指導要領解説では，「児童の生活圏としての学校，家庭，地域を学習の対象や場とし，そこでの児童の生活から学習を出発させ，学習したことが，学校，家庭，地域での児童の生活に生きていくようにする」と述べている。すなわち，主体的な活動を深めるには，児童を取り巻く多様な学習の場を教師が事前に把握することが重要となる。

　例えば，地域の人々，公共施設，地域の自然などを素材にした「まちたんけん」の単元では，学習の場を学校から児童の生活する地域社会へ広げることで，児童の興味・関心の対象が広がり，深い学びが実現される。町探検をすることで，例えば児童の安全を見守ってくれるボランティアなど，自分たちのた

めに活動してくれる人がいることを学ぶことができる。その結果，何気なく見過ごしていたり，当たり前に見ていたりしていた「ひと・もの・こと」に対して，児童は意味づけをするようになる。

生活科の単元設計では，意図的・計画的に，学習の場を設定するが，教師が一方的に児童の興味・関心の方向を示すことにならないように注意したい。対象とかかわり，学習する主体はあくまでも児童であるという点に留意する。[2]

3　学習の対象に安心して取り組める指導計画の視点

幼児期の「遊びを通した総合的な学び」[3]と比べ生活科は，児童が主体的に素材にかかわることを通じて自己を発揮し，より自覚的な学びに向かう教科である。

生活科は，主体的に活動することも，学習目標となりうる。したがって，生活科を実施する際に重要なのは内発的な動機を維持し，高めることである。とくに，生活科では児童が対象に安心して取り組める指導計画を立てることが必要である。

算数や国語などの教科では，生活科と比較すると目標が具体的である。例えば，「計算が正しくできる」「漢字を正しく覚える」など児童にもはっきりとわかる目標が多い。しかし，生活科では学びの方向性（本章の第4節を参照）を目標として示すことはできるが，具体的な目標は個々の児童の内面に存在し，また，それが対象とかかわりながら時々刻々と変化することから，教師が明確に具体的な目標を示すことが難しい。

したがって，児童が安心して取り組めるように，環境だけでなく，教師が児童の心の内面を理解することが重要である。内面の理解は，主に児童の行動をとおして行うことになる。その方法としては，児童のつぶやきを拾うほか，児童が書いた記録「発見ノート」や「見つけたよ！カード」などがある。[4]

児童が安心して取り組むために，先に述べた地域社会への配慮，時間への配慮とともに，児童の内面への配慮も大切である。時間の制約があるため困難はともなうものの，なんとか活動時間を十分確保して児童の思いを生かしたい。時間割の関係上，途中で終わらせることがあっても，活動の連続性を担保するために次時の実施について週計画を変えるなどの柔軟性をもつことも大切である。[5]また，活動途中の経過がわかるように，掲示物や成果物を置くコーナーを教室に設置し，児童の活動が全体で共有されるような仕掛けを意図的に作るようにしたい。そのような工夫をすることで，時間が不足して学習活動が途切れたとしても，学習の連続性が保障される。加えて活動が未了で終わったとしても，次時にじっくりと取り組める時間を用意していることを知らせることも，児童の安心感につながる。

▷2　気付く対象となる素材は，児童が実際に生活している学校や家庭，地域にあることを留意してほしい。

▷3　遊びを通した総合的な学び
「遊びや生活の中で，感性を働かせてよさや美しさを感じ取ったり，不思議さに気付いたり，できるようになったことなどを使いながら，試したり，いろいろな方法を工夫したりすること」（文部科学省，2018，61ページ）。

▷4　「発見ノート」「見つけたよ！カード」
児童が，見たり，感じたりしたことを絵や簡単な文にして記録するもの。各学校で教師が工夫してさまざまな形式で作成している。これを残しておくと，指導に生かせるほか，年単位で保存しておけばポートフォリオ評価の際の資料にもなる。

▷5　週ごとの指導計画（週案簿）の変更には管理職の承認が必要である。また，安全面，教育課程全体への配慮から安易に変更することがないようにする。

第Ⅰ部　初等生活科教育の基盤

　児童が主体性を発揮し，じっくりと安心して素材に取り組むには，そのための基礎的な知識・技能が身についていることが必要である。ゆえに，ある単元を学習するための前段階として，教師が児童の既体験を事前に把握することが大切である。なお，体験不足がわかっている場合には，活動中に教師が児童に寄り添い支援したり，前もって必要な情報や知識を伝えたりすることも求められよう。また，対話的な活動は，細切れになった体験を言葉によって有機的に結びつけたり児童の活動を充実させたりする契機となる。

2　年間指導計画作成の手順

1　児童の実態に対応する

　生活科の学習の中心は，体験や活動である。児童は，対象とかかわり，対象との関係を深める活動をとおして，自分の思いや願いを具体化できる。児童一人一人が思いや願いをもち，具体的なイメージを描くことができると活動が充実する。つまり，それを欠いたままいきなり活動させては，深い学びに結びつかないことに留意したい。

　生活科は，幼児教育での学びを引き継ぎ第3学年以上の学習につなげるための基盤となる大切な教科である。児童の今までの体験，認知面での課題，人間関係などをめぐるコミュニケーションスキルといった児童の実態を把握し，児童に即した指導計画を2年間にわたり作成することが大切である。

　児童の実態把握について新学習指導要領解説では，八つの視点を示している（表4-1）。

表4-1　児童の実態把握についての視点

(1)どのような自然に触れる活動や体験を行ったことがあるか
(2)動物を飼ったり植物を育てたりした体験はあるか
(3)地域の様子や人々への興味や関心の向け方はどうか
(4)生活上必要な習慣や技能をどの程度身につけているか
(5)家庭や地域での生活や友人関係の実態はどうか
(6)言葉や絵などによる表現力の育ちはどうか
(7)集団による活動の体験がどの程度あるか
(8)学習を進めるうえで特別な困難はあるか

出所：文部科学省（2018）をもとに作成。

▷6　児童の実態の配慮については，新学習指導要領解説に詳述されているので参考にしてほしい。

　表4-1が示すように，教師は事前に児童の実態を多岐にわたり把握する必要がある。そのために，幼稚園・認定こども園・保育所と連携をとり，授業参観に出かけ，幼児期におけるカリキュラムや行事を把握したり，直接聞き取りをしたりすることが大切である。

例えば，野菜の栽培，植物の種まきの体験がある児童がいた場合，単元の初めに，その児童の栽培体験を発表させて，その後の活動や体験に生かすような場面，すなわち，その児童が教師の代わりに説明する場面を設定し任せるような展開例が考えられる。

2 地域の環境を生かす

児童が生活する場はそれぞれ違うため，認識する地域の捉え方も児童によって異なる。また，学校選択制を採用している自治体の場合は，児童の生活圏と通学している学校の学区域の環境に違いが生じることがある。地域の環境といっても，それぞれの児童の生活圏を考慮しながら，単元のねらいを達成する指導計画を作成するようにしたい。

地域の環境のなかには，学校も構成要素として含まれる。地域の環境を生かすためには，生活科マップや人材マップ，生活科暦として整理して活用することが大切である。地図や一覧表にすると，それが契機となり，さまざまな授業プランのアイディアが浮かんでくる。しかし，生活科マップなどの視覚的な資料がなくとも各学校では地域に関する資料が長年の実践で蓄積されているので，その資料を継承して活用することも選択肢としてありうる。

地域を教材化する利点は，児童がそれを直接体験できることである。例えば，地域の自然を観察して，児童は四季の変化を体験的に学ぶ。また，地域の人とのかかわりを学ぶことで，自分と社会との関係性を学ぶ。地域の環境を生かすことは，児童と社会をつなぐことでもある。

なお，地域の環境を生かすための視点は以下の4点である。(1)身近な自然（植物・動物・昆虫）と触れ合う環境，(2)身近にある公共物（公園，公民館，図書館，博物館，駅，防災倉庫など），(3)地域で活躍している人（工場で働いている人，ボランティア，商店で働く人など），(4)地域の文化・伝統（歴史的な施設，風習，祭り，地域行事など）。

3 指導体制を整える

ひと・もの・こと・時間のすべてを学校の責任において組み合わせて指導計画を作成するのが，カリキュラム・マネジメントである。したがって生活科でこそ，その趣旨が十分に発揮されなければならない。

指導体制には，教師のほかに，地域人材など学校や児童を取り巻く環境にある人を指導計画に組み入れることが必要である。そのためには，2で述べた地域で活躍している人を詳しく調べることが大切である。

指導体制の要素（地域の人たちなどの児童に直接・間接的にかかわる人）について新学習指導要領解説を参考にして6視点に分類すると表4-2のようにな

▷7　生活科マップ：生活科で学習する公園や図書館などの施設を示した地図。人材マップ：地域で児童の生活を支えてくれたり，生活科の学習支援をしてくれたりする人材のいる場所を示した地図。生活科暦：1年間の学校行事，地域行事，自然の変化や文化・伝統を暦にしたもの。

▷8　地域環境は年々変化するので，各種資料は毎年見直しが必要であることに留意する。

第Ⅰ部　初等生活科教育の基盤

▷9　地域の人たちが生活科での学習を支援する形態は，依頼者が学校・教師であり，その依頼に地域の人たちが協力することが主である。本来ならば，教師と協力者が対等の立場で学習を作り上げるのが理想である。生活科の指導計画作成にあたっては，協力者がより主体的に，かかわることができるように配慮することが望ましい。

る。その際，「学校を中心に見た場合」「児童の生活を中心に見た場合」の双方の視点で児童の思いや願いを実現できる協働的な指導体制を作ることが大切である。協働的な指導体制を作るためには，広く地域や学校を把握している校長，教務主任，学年主任がイニシアチブをとる必要がある。

表4-2　生活科指導体制の要素一覧

(1)学　年	学級間の連携・指導内容や方法の検討・実施方法の検討・協力してくれる人材への連絡，協力要請や調整
(2)校　内	活動意図の全校体制での共有化・校内支援体制・学校行事との関連・指導記録の保存と活用
(3)幼稚園・保育所	就学前後の教育や保育内容の連携・学校見学・授業交流・就学前からのスタートアッププログラムの実施
(4)地域の人々	商店街・物づくりの達人・ボランティア・安全パトロールの人・児童の思いや願いをかなえてくれる人（飼育・栽培等）
(5)公共施設の人々	図書館・公園・警察や消防署・福祉施設・交通機関で働く人
(6)家庭など	保護者・祖父母・親戚

出所：筆者作成。

　生活科は校内の人材，幼稚園・保育所，地域の人々，家庭など児童が生活する場で児童にかかわる組織，個人的な結びつき，ボランティア，公共施設に関係するすべての人が指導者・支援者となる。このようなさまざまな指導者・支援者を生活科のねらいに合うよう組み合わせて協力体制を作ることが，協働的な指導体制を整えるという意味になる。

　例として学校を主たるフィールドとした場合の協働的な協力体制の具体例を取り上げる。

　第1学年の初期には，どの学校でも実施される「学校探検」という単元がある。この単元では，探検先の校長室，職員室，保健室，主事室，そのほか理科室などの特別教室を見学し，教室以外にもさまざまな部屋があることを体験的に知ることが学習内容として設定されている。その際，職員等に事前に探検の趣旨を周知し，探検先となる各部屋での対応を調整することが必要である。この点については，新学習指導要領解説で「生活科の趣旨をはじめ，指導計画や活動の目的，具体的な支援の内容や範囲を明確に伝えるなどして，児童が安全で主体的な活動を行えるよう配慮することが大切である。また，必要に応じて児童の活動の様子を伝えてもらうなどして，その後の教師の指導に生かすようにすることも大切である」と，協力の内容が示されている。

　このように，カリキュラム・マネジメントの視点に立ち教育課程の実施に必要な人的または物的な体制を確保しながら，絶えず点検・改善することが重要である。生活科では，児童にかかわるすべての人が教師である。もっと広義に解釈すれば，環境・自然・文化などの有形無形なものも教師と同様な教育機能

をもつことをあわせて理解してほしい。

4 授業時数を割り振る

学校教育法施行規則第51条では，生活科について第1学年は102単位時間，第2学年は105単位時間（1単位時間45分）と定められている。週あたり3時間扱いとなるが機械的に週3時間を割り振るのではなく，柔軟に時間配分を考える必要がある。時間配分を考える際の留意点は以下の2点である。

(1)時間的な余裕：児童が具体的な活動・体験，学習対象にじっくりかかわることができる。

(2)弾力的な時間の割り振り：内容によっては，集中的に取り組んだり，季節的な要因に配慮したり，児童の活動が計画以上に広がったり深化した場合には時間数を増やすなど，柔軟に時間を割り振る。

とくに児童の活動が教師の予想していない方向に発展した場合の扱いは，教師によるカリキュラム・マネジメント力が試されることになる。教師は児童の体験が，予想の範囲内で終わらず，高次な学習行動に発展したことに気付く感性をもち，また，児童の伸びゆく学びを生かし発展させることができるよう見通しをもつカリキュラム・マネジメント力を身につけたい。

しかし，さらに留意すべきは，生活科の教育課程全体の整合性である。生活科の学習は児童ありきであるが，その場の体験だけ，時間だけを広げるのでは「木を見て森を観ず」という結果になることにも注意してほしい。

5 2年間を見通した指導計画

2年間を見通した指導計画のイメージを摑むためにまず，都内A小学校の生活科単元計画（図4-1）を紹介する。

A小学校では，校区内にある自然を対象とした学習に力を入れている。A小学校の近くには自然を生かした公園があり，その公園を主たるフィールドに位置づけている。しかし，児童にとっては，この事例で扱っている公園もその他の公園も，遊ぶための公園という意識が強く，認知的な理解には違いが見られない。日常的に利用している公園であるが，児童それぞれが抱く自然環境の見方や考え方には違いがある。そこで，2年間をとおして，身近な公園をフィールドにした指導計画を立てることで児童の思い・願い・気付きを生かし，児童の地域や自然に対する認知的な高まりを支援した。

年間指導計画を作成する際に，生活科と他教科は互いに補い合い・支え合う関係になることから，他教科との関連を図り合科的な指導をすることが大切である。また，2年間を見通した時間の割り振りを考えた指導計画にすると，内容の重なりがなくなり効率的・効果的に指導ができる。しかし，2012年の調査

第Ⅰ部 初等生活科教育の基盤

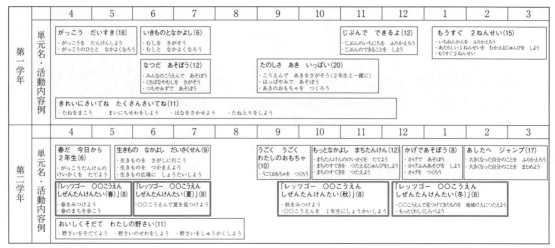

図4-1 生活科年間指導計画（都内A小学校）

注：二重線の囲みの単元「レッツゴー ○○こうえん しぜんたんけんたい」は、近隣の公園をフィールドにしたA小学校の特色ある生活科の学習単元である。
出所：都内A小学校研究紀要をもとにして作成。

▷10 この調査によると、他教科との関連や合科的な指導をすることを十分に考慮している教師の割合は、17％と低い結果となった。

であるが、「他教科との関連、合科的な指導を配慮した生活科の単元計画を立てている割合が少ない実態がある」とする調査結果があるので、カリキュラム作成にあたっては考慮したい（野田・梶田，2012）。◁10

授業時数の割り振りを考える際に、生活科はすべての教科・領域などとの関連が深い教科であることを教師が意識することが大切であると同時に、学校全体で他の教科・領域などとの連携を図り、組織的に指導計画を作成することが重要である。

3 単元指導計画作成の手順

1 内容の組み合わせ

新学習指導要領の総則第1の4では、カリキュラム・マネジメントについて「教育の目的や目標の実現に必要な教育の内容等を教科等横断的な視点で組み立てていくこと」と述べられている。

また、生活科で示されている9項目の内容を組み合わせて単元を構成する際に、生活科で示された三つの資質・能力が欠けることがないように留意する。

内容の組み合わせでは、ねらいを明確にしてまずラフなデザインをする。すなわち発想段階である。次は児童の思いや願い、疑問や関心をもとに詳細に構想する。その際に、三つの資質・能力を具体的な活動と結びつける。最終的には、時間・活動場所・かかわる人・素材などを丁寧に組み込み単元の指導計画を完成させる。学習を進めるなかで、児童の思い・願いが反映され、内容が広

38

がっていく教科であるため，柔軟性のある単元設計をする必要がある。

第2学年単元名「かげであそぼう」の学習を例として，内容の組み合わせについて考えてみる。身近な自然現象として「かげ」を素材にした遊びを楽しむことが当初の構想段階である。次に，「自然を生かした遊びの面白さ」「遊びのルールを変えて工夫する」「目に見えない自然の不思議さや自然事象のきまり」について，遊びをとおして学べるように単元を構想する。最後に，資質・能力を「知識及び技能の基礎」「思考力，判断力，表現力等の基礎」「学びに向かう力，人間性等」の三つの柱と結びつけながら具体的に考える。それをもとに作成したものを表4-3に示す。

▷11 さまざまな単元名があるが，読者にわかりやすい名称にした。新学習指導要領の内容⑹「自然や物を使った遊び」を受けて設定した単元である。

表4-3 単元「かげであそぼう」（内容⑹）における資質・能力の具体例

知識及び技能の基礎	思考力，判断力，表現力等の基礎	学びに向かう力，人間性等
生活の中で豊かな体験を通して，何を感じ，何に気付き，何がわかり，何ができるようになるのか。	生活の中で気付いたこと，できるようになったことを使って，どう考えたり，試したり，工夫したり，表現したりするか。	どのような心情，意欲，態度などを育み，よりよい生活を営むか。
⑴影を用いた遊び（影踏み，自分の影をいろいろな形にする）をする。 ⑵日光や人工的な光源によって影ができることがわかる。 ⑶入学前に自然を生かした外遊びをした経験があり，それを友達同士で協力しあって遊ぶ。	⑴影を用いた遊びを考えたり，その遊びに使うものを自分なりに工夫したりしている。 ⑵みんなで楽しく遊べるように遊びの約束や遊び方等のルールを考え，それを友達と対話したり発表したりする。	⑴進んで影を見つけたり，影を用いた遊びを工夫したりする。 ⑵影の不思議さやそれを生かした遊びの面白さに気付き，自然を豊かに感じるようになる。 ⑶影遊びを通じて，自分や友達の存在のよさや成長に気付く。

出所：筆者作成。

単元で目指す資質・能力が明確になったところで，内容構成の具体的な視点（本書の第3章を参照）のいずれかを選択して組み合わせる。この例で示した「かげであそぼう」では，(ア)健康で安全な生活，(カ)情報と交流，(キ)身近な自然との触れ合い，(ケ)遊びの工夫などを組み合わせている。

視点の組み合わせでは，資質・能力の三つの柱を考慮することが重要であることはすでに述べてきたが，これをわかりやすくまとめると「何を理解しているか，何ができるか」「理解していること，できることをどう使うか」「どのように世界・社会とかかわり，よりよい人生をおくるか」ということになる。

[2] 学習活動の組織化

生活科の学習活動は，諸感覚を生かしながら体験・活動を積み重ねていく。原則として，児童の生活圏のすべてが活動場所であり，そこで，計画的に体験・活動をしていく。また，その経過の間に人との交流をもったり，言語やその他の媒体を使った表現をしたりして，社会との関係性を強めていく。しかし，従前からの指摘があるように，活動にばかり教師の意識が傾倒して「活動

第Ⅰ部　初等生活科教育の基盤

あって学びなし」というような批判を受けることにならないよう気をつけたい。

　指導計画を作成するにあたっては，どのような活動が予想されるか事前に整理しておくことが大切である。その視点がないと，「物を作るだけ」，あるいは，「外に出て遊具で遊ぶだけ」といった限定化された生活科になるおそれがある。

　生活科で「主体的・対話的で深い学び」を実現するためには，指導計画を立てる際に，「児童が，どのような視点で物事を捉え，どのような考えで思考していくのか」また，「児童が，どのように表現して発信するのか」を吟味した学習活動を考えたい。生活科では，主体的な学習過程（学習プロセス）を教師がマネジメントすることが重要である。

4　「主体的・対話的で深い学び」の実現を目指した　指導計画——アクティブ・ラーニングの視点

1　主体的な学びの視点を生かした指導計画

　生活科は，児童の興味・関心を生かし，また，対象に自分の思いや願いを反映させる教科である。したがって，生活科が学習として成り立つために主体的な学びは必然的な要件となる。具体的には，⑴試行錯誤を繰り返す指導計画にすること，⑵試行錯誤だけで終わらせることなく，活動と活動の間に表現したり，今までの活動を振り返るための時間を設定すること，⑶児童の思いや願いを生かせるような試行錯誤の活動を繰り返すこと，⑷児童の思いを今までの体験や前年度に活動した内容から予想して児童の思いや願いを生かす柔軟性のある指導計画を作成し運営することの4点である。

　柔軟性に関することで参考になるのは下地（2017）の論考である。それによれば，アクティブ・ラーニングを進めるうえで求められるのは目標，内容，方法を周到に備え，本腰を入れて子どもたちを統制することではない，むしろ批判的思考力を醸成する「ゆとり」をともに作り出すことこそ，「子どもを救う」ささやかな一歩になるのではないだろうかと，「ゆとり」を強調している点に注目したい。

　生活科で主体的な学びを実現するためには，先にあげた4視点をもとに，教師が単元設計・学習指導において，常に児童の変化を観察して振り返ることが重要である。そして，児童も教師も学習活動に「ゆとり」を作ることが，柔軟性のある主体的な学びにつながる。

▷12　生活科では「どうして○○になるのだろう？」「もっと○○したい」という主体的な学びの姿勢の延長線上に批判的思考力があると考える。

2 　対話的な学びの視点を生かした指導計画

　児童の学習の質を向上させるためには，個の活動が充実し，その学びが集団のなかでつながり合い，さらに集団の学び合いを通じて個の気付きがさらに質的に高まることが大切である。そのためには，指導計画に個の気付きを伝え合い交流する対話的な活動場面を意図的に設定することが必要である。

　対話は，双方向であることが成立要件であるが，それに先立ってまず，自分の活動を自覚している必要がある。また，主体的な学びがあることで，自分が友達に伝えたい思いが高まる。

　とはいえそれは，まだ無自覚で主体的な活動に至っていない児童にとって，対話が無意味だということではない。対話が苦手な児童であっても活発に活動している友達の活動を見せたり，グループで話をする機会を意図的に設定したりすることは主体的な対話への契機となる。

　さらに，学校の教職員，家庭，地域の人へ学んだことを伝えることや，大人との対話をとおして，自分の活動を客観化し整理できる。また，児童の内面に「もっと，こうしたい」「違うことをやってみたい」という意識も芽生える。

　児童は多様な経験，発達特性をもっているため，対話的な学習を進める際には，二人ペアや少人数のグループ編成が望ましい。グループ編成に際しては，教師が明確な意図をもって進めることは重要である。しかし，教師の意図が前面に出すぎると，児童の活動に広がりが見られないことも起こる。したがって，試行錯誤の段階での対話では，自由に伝え合う時間をとるなどの配慮をしたい。また，児童の言語能力を加味しながら，児童は何を伝えたいのかという点に教師が考えをめぐらせることが重要である。第1学年〜第2学年の児童と話をすると，児童が自分の思いをうまく伝えることができない場面によく遭遇する。ベテランの教師はそのような時に，「○○さんは，○○のようなことを言いたかったのですね」と，児童の意を汲みとる共感的な行動をとる。このような温かい眼差しで児童に寄り添うことで，言葉や表現が苦手な児童であっても，進んで交流し伝え合うようになる。◁13

▷13　対話的な活動は，話す・聞く活動の連関である。多様な考えを認めるという多様性社会での人間の生き方の基盤を育成することにつながり，児童の情緒の安定化を図ることにもなる。生活科だけではない，すべての教育活動の基盤となるきわめて重要なテーマである。

3 　深い学びの視点を生かした指導計画

　深い学びとは，対象にかかわって活動からさまざまな気付きをもち，それをもとにさらに考え，新たな気付きを生み出しより高次な気付きを獲得する学びである。

　したがって深い学びを進めるために，児童は何に気付くのか，何と比較をしながら自分の気付きを深めているのか，児童の今までの経験に照らし合わせて何にたとえているのかなどの点に着目し，児童が主体的に学習活動を行ってい

けるような指導計画を作成することが望ましい。

さらに，意図的・計画的に深い学びのある生活科をデザインするうえで三つの視点がある。(1)児童に見つけてもらいたいひと・もの・こと，(2)児童に比較してほしいひと・もの・こと，(3)児童の今までの体験を具体化して，どのひと・もの・ことにたとえてほしいか，以上の3視点を考えながら指導計画を考えると，生活科の単元ごとの目標がより具体化する。

「子どもが直接楽しむ一つ目の『経験』がなければ二つ目への追究への動機は起きないし，また二つ目の経験がないと探究は広がっていかない。『経験』は次々と繋がりながら，広がって行くべきものなのである」と，次々と出会う経験の連鎖の重要性が論じられている（石井，2014）。生活科での深い学びには価値ある経験の積み重ねが必要なのである。

Exercise

① 自分の住む生活圏の地図上に，生活科で活用できる施設や自然を書き込んだ付箋を貼りつけ，生活科マップを作ってみよう。
② 生活科の9項目の内容のうち，2年間にわたって取り扱うものについて新学習指導要領で示されているものを取り上げ，その根拠を説明してみよう。

📖次への一冊

京都教育大学教育支援センター「生活科・総合的学習」研究会編『生活科・総合的学習の理論と実践』東京教学社，2013年。
　　生活科を学ぶうえで，生活科の教科としての特質やねらいを明確にすることは重要である。この本はその点を丁寧に紹介している。また，地域・保護者との連携，他教科との関連や合科を図る方法などの実践的な内容が網羅されているため，単元設計をする際に参考になる。
日本教育方法学会編『アクティブ・ラーニングの教育方法学的検討』図書文化社，2016年。
　　教育方法学研究者らによって理論・実践の両面からアクティブ・ラーニングについて論じられている。新学習指導要領では，アクティブ・ラーニングはオフィシャルの教育方法となっているが，導入趣旨以外にも，その導入背景，実施にあたっての留意点，課題について教師が理解することが学習を円滑に進めるために大切となる。本書はその点について多角的な検討をしている。アクティブ・ラーニングについて深く学ぶために参考になる。

引用・参考文献

石井恭子「科学教育における科学的探究の意味」『教育方法学研究』39，2014年，59～69ページ。

鹿毛雅治・清水一豊『平成20年版 小学校新学習指導要領ポイントと授業づくり 生活』東洋館出版社，2009年。

重野純一『心理学』新曜社，1994年。

下地秀樹「アクティブ・ラーニング，ディープ・ラーニング，ディープ・アクティブラーニング」『教職研究』29，2017年，159～169ページ。

野田敦敬「生活科と理科の接続と区別を考える」日本理科教育学会編『理科の教育』1月号，2011年，東洋館出版社。

野田敦敬・梶田尚吾「生活科の年間指導計画の作成に関する調査研究」『愛知教育大学教育創造開発機構紀要』2，2012年，57～63ページ。

文部科学省「各教科において育成を目指す資質・能力」『初等教育』12月号，2016年。

文部科学省「資質・能力とカリキュラム・マネジメント」『初等教育資料』9月号，2017年。

文部科学省『小学校学習指導要領（平成29年告示）解説生活編』東洋館出版社，2018年。

第5章
初等生活科教育の評価

〈この章のポイント〉

　生活科では創設以来，プロセスを重視し，児童一人一人の「見えない学力」を評価することが求められてきた。新学習指導要領では「知識及び技能の基礎」「思考力，判断力，表現力等の基礎」「学びに向かう力，人間性等」という三つの資質・能力の育成の観点から生活科の各学習内容の目標が設定された。本章では児童にこれらの資質・能力が育ったか，また，その育成を実現する実践であったかを評価するために，評価規準を綿密に設定することや，児童の言動の意味づけ，ワークシートや板書等の工夫など評価の方法について解説する。

1　学習指導要領等における生活科教育の評価の考え方

1　生活科教育の評価に関するこれまでの考え方

　生活科とは，創設時から新しい評価観をもたらした教科であった。「新しい学力観」とは「児童の可能性を伸ばす評価を重視し，自己実現を目指すこと」であり，それを象徴する切り札として生活科が登場したという（中野，1993）。

　2003年には日本生活科・総合的学習教育学会の学会誌上で生活科の評価に関する特集が組まれ，生活科の評価にあたって留意すべきこととして「具体的な活動や体験の広がりや深まりを評価する」「子ども一人一人に即して評価する」「実践的な態度を評価する」ことがあげられた。「目標に準拠した評価」への取り組みとして，学習の実現状況の程度を把握しその状況をいっそう高めたり深めたりする「指導と評価の一体化」が大切であるとされた（嶋野，2003）。

　2013年にも学会誌上で生活科における評価についての特集が組まれ，目標準拠評価の確実な実施をすべきとの主張がなされた。また，生活科では知識・理解・技能などの基盤となる関心・意欲・態度および思考力などの「見えない学力」の形成に重点が置かれ，それを踏まえて評価の観点が設定されると述べられている（佐藤ほか，2013）。

▷1　**目標に準拠した評価**
目標がどの程度実現したか，その実現状況を見る評価で，「絶対評価」とも呼ばれる。「集団に準拠した評価」，相対評価と区別される。

2　新学習指導要領における評価の考え方

　新学習指導要領解説（以下，29年版解説）では，「何を評価するか」について

45

第Ⅰ部　初等生活科教育の基盤

次のように述べている。

> 　評価は，結果よりも活動や体験そのもの，すなわち結果に至るまでの過程を重視して行われる。学習過程における児童の「知識及び技能の基礎」，「思考力，判断力，表現力等の基礎」，「学びに向かう力，人間性等」を評価し，目標の達成に向けた指導と評価の一体化が行われることが求められている。
> 　　　　　　　　　　　　　　　　　　　　　　　　　　　　　　　　（下線は筆者）

　29年版解説では九つの学習内容について，「全ての内容は『〜を通して（具体的な活動や体験），〜ができ（思考力，判断力，表現力等の基礎），〜が分かり・に気付き（知識及び技能の基礎），〜しようとする（学びに向かう力，人間性等）』のように構成されている」としている。20年版解説で評価対象とされていた「気付き」「関心・意欲・態度」は，29年版解説ではそれぞれ「知識及び技能の基礎」「学びに向かう力，人間性等」に包含されたことになる。原則として前述の「見えない学力」の評価に重点を置くこと，活動や体験の過程（プロセス）を重視することは生活科の原則として継承されている。なお，知識及び技能の「基礎」という表現が用いられていることにも留意したい（知識や技能そのものではない）。

　評価の手段については，29年版解説で以下のように述べられている。

> 　教師による行動観察や作品・発言分析等のほかに，児童自身による自己評価や児童相互の評価，さらにはゲストティーチャーや学習をサポートする人，家庭や地域の人々からの情報など，様々な立場からの評価資料を収集することで，児童の姿を多面的に評価することが可能となる。
> 　　　　　　　　　　　　　　　　　　　　　　　　　　　　　　　　（下線は筆者）

　生活科でペーパーテストをまったく行わないということではないが，過程（プロセス）を重視する教科の特質から，このような手段が重視される。

　評価の時期については29年版解説で以下のように述べられている。

> 　1単位時間での評価の大切さは言うまでもないが，生活科では単元全体を通しての児童の変容や成長の様子を捉える長期にわたる評価も重要である。さらに，授業時間外の児童の姿の変容にも目を向け，評価の対象に加えることが望まれる。
> 　　　　　　　　　　　　　　　　　　　　　　　　　　　　　　　　（下線は筆者）

　生活科においては，あらゆる機会を捉えて評価を行うことが重要である。例えば，アサガオの世話をするのは授業時間中だけではない。休み時間に児童がアサガオのところに行って気付きがあったり思いやりが発揮されたりする姿を教師が見取ることが大切になる。

　29年版解説で，下記のように児童を評価することは児童のその姿を実現した授業そのものの評価と表裏一体であることが強調されている。そして，学びの主体は児童であるという原則を，評価という観点からも確認する必要がある。

> 　児童の学習状況の評価のほかにも，学習活動や学習対象の選定，学習環境の構成，配当時数などの単元計画や年間指導計画などについての評価を行い，今後の授業改善や単元構想に生かすことも大切である。
> 　生活科の学習評価の基礎にあるのは児童理解である。学習対象も，学習活動も，目の前の児童の様子を思い浮かべながら選定され，構想されていく。実際の学習場面でも，児童が様々に表現する思いや願いを共感的に捉え，一人一人の多様な学びや育ちを読み取り，よさを発揮できるように指導していかなければならない。このように生活科における児童理解は，学習活動の進展と共に深化し，活用されていく。児童の思いや願いの実現を目指した授業を創り出すには，共感的な児童理解の力を，教師が日々の授業や（中略）学習指導を通して高めていくことが不可欠なのである。
>
> （下線は筆者）

　筆者はかつて「生活科の授業者は『へぇ〜』『ほう！』『そう！』の３つの言葉があれば授業ができる」と聞いたことがある。児童の思いや気付きを共感的に受けとめること自体が大切な授業構成の原則であり，また，「指導と評価の一体化」の原則でもあることをあらためて確認したい。

3 幼児教育に学ぶ評価の考え方

　内容(6)に「自然や物を使った遊び」があるなど「遊び」を大切にする生活科では，幼児教育から学べることが多い。また，幼稚園教育要領や保育所保育指針等に「幼児期の終わりまでに育ってほしい姿（10の姿[2]）」が示されたなかで，それらの資質・能力を発展させて幼児教育と小学校教育をつなぐ役割をもつ生活科においては，評価の考え方についても幼児教育に学ぶ必要がある。

　幼児教育において，子どもの評価は優劣を判断したり順位をつけたりするものではなく，「保育に活用するために子どもを理解することに他ならない」ものであり，「おはよう」と声をかけて反応を確認することも診断的評価[3]の一つであること，観察記録を読み重ねて形成的評価[4]を行うこと，幼稚園幼児指導要録等が総括的評価[5]を示した資料であり小学校教師にとっては診断的評価の材料となること，幼児一人一人の個人内差異評価（長所，短所の視点）と進歩（努力）の評価を合わせた個人内評価が重要であることが述べられている（清水，2013）。生活科を実践する教師の力量として「子どもを見取ること」と，あいさつを含めたコミュニケーションの重要性があげられている（吉田，1996）。子どもとコミュニケーションを取りながら見取ることの重要性を幼児教育からも確認できる。また，幼児教育において「幼児期の終わりまでに育ってほしい姿（10の姿）」も踏まえて一人一人の子どもを見取った指導要録等を小学校（生活科）の診断的評価の材料として活用することは，保幼小連携の促進という観点からも今後さらに重要になる。子どもの長所や努力に目を向ける評価が，幼児教育だけでなく生活科においても大切であることは言うまでもない。

▷2　幼児期の終わりまでに育ってほしい姿（10の姿）
幼稚園教育要領［平成29年改訂］の第1章総則第2の3に「健康な心と体」「自立心」「協同性」「道徳性・規範意識の芽生え」「社会生活との関わり」「思考力の芽生え」「自然との関わり・生命尊重」「数量や図形，標識や文字等への関心・感覚」「言葉による伝え合い」「豊かな感性と表現」の10項目があげられている。

▷3　診断的評価
学級の傾向を把握したり単元の指導計画を作成したりする際に，児童の能力や興味などの情報を得るために行われる評価。

▷4　形成的評価
単元の展開のなかで具体的な目標がどこまで達成されているのか，どこに問題があるのかを探るために行われる評価。

▷5　総括的評価
単元の終わりや学期末，学年末に行われる評価。

第Ⅰ部　初等生活科教育の基盤

2　生活科教育における評価規準の作成について

１　生活科において育成を目指す資質・能力（評価の観点及び趣旨）

　文部科学省国立教育政策研究所教育課程研究センター（以下，国研）が，学習指導要領［平成20年改訂］に即して「評価の観点及びその趣旨」を表に表している（国研，2011）。これにならい新学習指導要領について表に示すと以下のようになる。

表5-1　生活科で育む資質・能力

知識及び技能の基礎	思考力，判断力，表現力等の基礎	学びに向かう力，人間性等
活動や体験の過程において，自分自身，身近な人々，社会および自然の特徴やよさ，それらのかかわり等に気付くとともに，生活上必要な習慣や技能を身につけている。	身近な人々，社会および自然を自分とのかかわりで捉え，自分自身や自分の生活について考え，表現している。	身近な人々，社会および自然に自ら働きかけ，意欲や自信をもって学んだり生活を豊かにしたりしようとしている。

出所：新学習指導要領をもとに作成。

　国研は「学習指導のねらいが児童の学習状況として実現されたというのはどのような状態になっているかが具体的に想定されている必要」があるとして，それを具体的に示したものを「評価規準」として各学習内容においてそれぞれの資質・能力について設定している。これを参考に，以下に各資質・能力についての評価規準の作成について29年版解説の内容(1)「学校と生活」を事例に説明する。前述のように，29年版解説では前記の三つの資質・能力に対応して各学習内容の目標が述べられているので，評価規準の設定もそれに対応する。

２　「知識及び技能の基礎」の評価規準の作成

　国研は20年版解説の「第3章第2節　生活科の内容」の説明から「気付く」「分かる」という述語のものをピックアップし，例えば「みんなで施設を利用する楽しさやよさに気付いている」「通学路の様子や危険な箇所，安全を守っている施設や人々に気付いている」と，述語を児童の姿に変換して評価規準を設定している。29年版解説の「学校と生活」では「知識及び技能の基礎」に該当する部分は「学校での生活は様々な人や施設と関わっていることが分かる」と太字で表記され，その下に児童に気付いてほしいこと，わかってほしいことが記述されている。そこから，例えば「学校にはみんなで気持ちよく生活するためのきまりやマナーがあることなどに気付いている」などの評価規準を設定することができる。

第5章　初等生活科教育の評価

③ 「思考力，判断力，表現力等の基礎」の評価規準の作成

　29年版解説の「学校と生活」では，「思考力，判断力，表現力等の基礎」に該当する部分は「学校の施設の様子や学校生活を支えている人々や友達，通学路の様子やその安全を守っている人々などについて考える」と太字で表記され，その下に児童に考えてほしい事項が記述されている。そこから，例えば「通学路において，その様子やその安全を守っている人々の存在や役割，それらが自分たちの安全な登下校を守り支えていることについて考えている」などの評価規準を設定することができる。

④ 「学びに向かう力，人間性等」（「関心・意欲・態度」）の評価規準の作成

　29年版解説の「学校と生活」では「学びに向かう力，人間性等」に該当する部分は「楽しく安心して遊びや生活をしたり，安全な登下校をしたりしようとする」と太字で表記され，その下に「しようとしてほしいこと」が記述されている。そこから，例えば「ルールやマナーを守って安全に登下校しようとしている」などの評価規準を設定することができる。

　なお，「達成目標として設定された評価規準に対する実現状況を判断するための評価基準が必要である。評価基準とは，子どもの学習実現状況がどのような場合であれば合格とするのか，あるいは不合格とするのかといった判断基準であり，あらかじめ設定されるべきもの」であり，評価規準に対して「十分満足」「おおむね満足」「努力を要する」といった基準を設定する作業が必要だとされる（高浦ほか，2006）。そこで「機械的な３段階への割り振りによる評価基準の設定は慎みたい」とあるように，優劣をつけるための評価ではないことを踏まえて評価基準を設定したい。

3　生活科教育の評価方法について——実践事例をもとに

① 「気付き」（知識及び技能の基礎）の評価方法

　図５-１は鹿児島大学教育学部附属小学校（2017年当時）の永野優希教諭が用いたワークシートである。本体はお店屋さんごっこの活動計画を児童が立てるためのものだが，ワークシート内に「きづいたよ！」という欄を設け，児童の活動中の気付きを付箋に記して貼り付けることができるようになっている。生活科において付箋は，「学校探検」や「まち探検」の地図に児童の気付きなどを貼り付けるといったさまざまな活動で活用される。児童にとっての学習の

▷6　生活科でも「Xチャート」などの思考ツールと組み合わせて付箋を活用する。児童の思考の過程や変容を可視化する道具の一つである。

49

第Ⅰ部　初等生活科教育の基盤

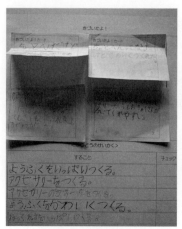 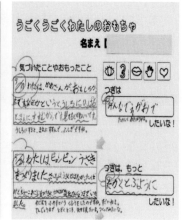

図5-1　永野教諭作成のワークシート　　図5-2　木塲教諭作成のワークシート①

道具であると同時に，教師にとっては気付きを見取る重要な材料である。

図5-2は鹿児島市立田上小学校（2017年当時）の木塲幸乃教諭が用いたワークシートである。児童が「気づいたことやおもったこと」を記入し，それを教師が見取るものである。児童がおもちゃについて「うしろにひっぱるとまえにすすむからです」と気付きを記入し，それに対して教師が波線・花丸をしてその気付きを認め，さらに「うしろにすると，まえにすすんで，ふしぎですね」という共感的な評価を加えている。下欄は翌日の活動で，児童が「さいしょはうまくとばなかったんだけど，もう一こ　わごむをつけると，たかくとびました」と，輪ゴムの数を増やすことでおもちゃの飛ぶ力が増すという気付きを記入している。そこに教師が波線・花丸をして気付きを認めるとともに，「わごむをふやすというくふうをしたのですね。すごいねえ。てんじょうまでとどくところ，先生も見たいな。つくってみたいな」とコメントをつけることで，児童の工夫（態度）を評価したことも表している。

ワークシートなどを工夫して一人一人の気付きを見取る手段とすること，児童の気付きを共感的に認めてさらに意欲を高めることが求められる。

２　「思考力，判断力，表現力等の基礎」の評価方法

図5-3は永野教諭のおもちゃ作り授業の板書である。板書の右側は「できたよ」ということを記す部分になっている。むろん，学級全員の意見を記すことは難しいが，児童の声を聞き取り板書することは有効である。発表した児童を直接的に評価できると同時に，例えば「私もそう思った」などのつぶやきが児童から出て，それに対して教師がうなずくなどの対応をすれば，つぶやいた児童に対して教師による評価が間接的に伝わったことになる。

この板書の場合，「工夫」と「協力」が授業のテーマであり，「むずかしいゴ

50

ルフ（ゲームを作ることができた）」「せんせい（先生）のアドバイスがいかせた」との意見を板書することで思考力や判断力を発揮して授業の目的を達成できたという評価のメッセージになっている。

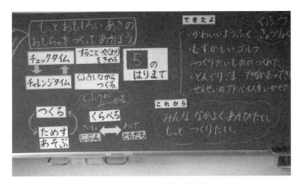

図5-3　永野教諭の板書

なお、「できたよ」の部分を例えば「ちょうせん（挑戦）したよ」とすれば関心・意欲・態度の評価につながり、「きづいたよ」「わかったよ」とすれば気付き（知識）の評価につながる。この授業において何を評価するのかという計画をしっかりと立てて、板書計画に反映しなければならない。また、教師が「正解」と考える発表のみを取り上げて板書するのではなく、児童の発言をまずは認め、受けとめ、授業の目的を踏まえ板書に生かす工夫も求められる。

3　「関心・意欲・態度」（学びに向かう力，人間性等）の評価方法

図5-4は木塲教諭作成の、バスを利用しての公共施設（図書館）訪問に関するワークシートである。これは気付き（知識）や表現力も含めた総括的な評価を行うためのワークシートであるが、ここでは「関心・意欲・態度」に注目する。「バスたんけんの学しゅうをふりかえろう」の三つの項目の一つに、「すすんで見たり、きいたり、じゅんびしたりできた」という「関心・意欲・態度」に関するものがあり、◎・○・△を用いて児童が自己評価（量的評価）を行うようになっている。その自己評価を教師が見取り、（他の項目も含めてであるが）波線と花丸で認める形をとっている。

「関心・意欲・態度」の評価はとくに教師の主観が入り込みやすい項目でもある。児童がワークシートに記入した文章や◎などを用いた自己評価などを生かし、児童の「関心・意欲・態度」を可視化する工夫が必要とされる。

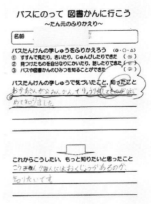

図5-4　木塲教諭作成のワークシート②

第Ⅰ部　初等生活科教育の基盤

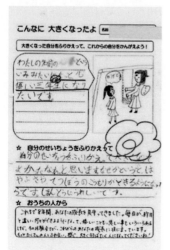

図5-5　木塲教諭作成のワークシート③

▷7　ポートフォリオ
もともとは「書類入れ」を意味する言葉で、ノートやメモ、観察記録やスケッチ・写真などを綴じ込んだものである。児童の学びの過程を可視化できる。

[4]　総括的な評価方法

① ワークシート等の活用

　図5-5は木塲教諭作成の、児童が「大きくなった自分をふりかえって、これからの自分をかんがえよう」「自分のせいちょうをふりかえって」を記述する、「自分の成長」単元を締めくくるワークシートである。縄跳びや鉄棒の技ができるようになった自分をふりかえっている記述からは、児童の自己評価による個人内評価が実現していることが読み取れる。それらの記述に対し教師が波線と花丸をつけることで、児童の意欲・態度をはじめ全体的な成長を評価している。

　このワークシートには「おうちの人から」の欄があり、当該児童の成長を保護者が記入するようになっている。新学習指導要領解説にある「様々な立場からの評価」の実現に資する工夫である。

　このワークシートを「総括的な評価方法」に位置づけたのには二つの理由がある。一つは、「自分の成長」という学習内容自体が生活科の学びを総括する位置にあり、この学びを評価すること自体が生活科の学び全体を総括的に評価することにもつながるからである。そしてもう一つの理由が、このワークシートは図5-2や図5-4のワークシートとともに綴られた、ポートフォリオの一角を占めているからである。ワークシートをはじめ、これまでの学習材料などをポートフォリオに綴り、当該児童の単元・学期・年間を通しての学びの軌跡を振り返り評価することは、児童の成長を評価するとともに、単元や年間の指導計画の見直しにもつながる大切な作業である。

② エピソード記述

　本章ではこれまでワークシートや板書の工夫について述べてきたが、やはり、実際の児童の姿から評価をする姿勢は大切にしたい。次に示すのは、鹿児島市立田上小学校（2017年当時）の田代宗輔教諭が風を利用した遊びの単元において、ある児童（A君）に着目したエピソード記述である。学級の児童全員を見取ることは難しいが、エピソード記述は幼児教育においても有用性が指摘されており、単元指導計画の見直しなどにも生かせる評価方法である。

第1時	風の強い日に、校庭でゴミ袋を使ってたっぷり遊んだ。その日の振り返りでは、「風が強いとビニール袋に風が入って飛んだ。風を使って遊べるおもちゃを作ってもっと遊びたい」とA君が発言した。
第2時	授業の初めにA君が「風車を作って遊びたい」と発言し、校庭を走り回って楽しく遊ぶ。授業の最後の振り返りでは、A君が「今度は羽を1枚から2枚にした方がもっと回るんじゃないか」と発言した。

第3時	授業の初めにA君が再び「風車の羽を1枚から2枚へ増やしたい」と発言し，その言葉が周りの友達へと影響を与え，真似をする子供が続出する。その結果，大幅に風車の回転数が向上する。授業の最後の振り返りでは，A君が「羽を1枚から2枚にした方が，風車がよく回った」と発言した。真似をして羽を増やした友達も全員納得した。続けて，「次は，3枚に羽を増やしたい」と発言した。
第4時	授業の初めにA君が「風車の羽を1枚から2枚へ増やしたらよく回ったから，羽を3枚にしたい」と発言した。その言葉が前回以上に周りの友達へと影響を与え，真似をする子供が続出した。羽を4枚にした風車を作成した。その結果，風が弱くてもスムーズに羽根が回る風車となった。授業の最後の振り返りでは，A君が「羽を4枚にしたら風車がこれまでで一番よく回った」と発言した。実演も交えると，そのスムーズな回転にどよめきと感嘆の声が上がった。そして，「羽を増やすと，走らなくてもよく回るようになった」と発言し，続けて，「羽を増やすと，風をたくさんつかまえることができるから，少ない風でもよく回る」と説明した。

　田代教諭はこのエピソード記述をとおして，「学習に対して意欲的な児童を授業の中で取り上げて，その気付きを全体で共有化していくことで，児童自ら学習に臨んでいるという実感をもちながら学習を進めることができた」など，児童の学びと単元における指導のあり方の両面を評価している。「対話的な学び」の実現など，新学習指導要領につながる評価が行われていることがわかる。

　ここでは，児童の発言や行動を教師がしっかりと意味づけ，活動の過程（プロセス）においてどのように変容していったのかを見取っていくことの重要性をあらためて強調しておきたい。

4　生活科教育の評価の課題と留意点

1　評価の課題

　生活科における評価の課題として，評価の信頼性の担保，単元計画等での評価計画の立案，カリキュラム評価とその更新，児童の自己評価能力の育成があげられている（佐藤ほか，2013）。とくに評価の信頼性に関しては，「見えない学力」の評価を重視する生活科では創設以来の課題とされてきたことである。

　この課題の克服のために，引き続き多様な視点からの評価やポートフォリオ，ルーブリックなどを活用した学びの可視化の研究促進が求められる。

▷8　ルーブリック
パフォーマンス評価に用いられる，達成度を判断するための基準・段階尺度。

2　今後の生活科の評価に求められるもの

　新学習指導要領で提示された三つの資質・能力や，それを育成する「主体的な学び」「対話的な学び」「深い学び」は，生活科にとっては「古くて新しい課

題」でもある。児童の主体性を重視し，協働的な学びを取り入れてきた一方で，学びの深さをどのように評価し証明するかが課題でもあった。三つの「学び」を実効性のあるものにするためにも，生活科の評価の歴史に学び，また，生活科も評価研究を進めていく必要がある。

本章第1節の ③ で述べたように，幼児教育と生活科教育を評価の観点でつないでいくことも必要となるであろう。幼児教育と生活科教育相互の評価研究が深化していくことも望まれる。

Exercise

① 29年版解説の第3章第2節「生活科の内容」の記述から，それぞれの学習内容について評価規準を作成してみよう。
② 29年版解説の第3章第2節「生活科の内容」に例示される「　　」（かぎかっこ＝児童の言動）からどのような資質・能力が読み取れるか考えてみよう。

📖次への一冊

吉冨芳正・田村学『新教科誕生の軌跡──生活科の形成過程に関する研究』東洋館出版社，2014年。
　評価も含め，生活科を創設し発展させてきた先達の考え方とこれからの生活科のあり方とをともに学べる文献である。

引用・参考文献

国立教育政策研究所教育課程研究センター『評価規準の作成，評価方法等の工夫改善のための参考資料【小学校　生活】』教育出版，2011年。
佐藤真・橋本健夫・坂井誠亮「生活科における評価」『せいかつか＆そうごう』20，2013年，42〜51ページ。
嶋野道弘「生活科における学習の成立と評価」『せいかつか＆そうごう』10，2003年，46〜53ページ。
清水益治「幼児教育の評価」鬢櫛久美子・石川昭義編著『現場と結ぶ教職シリーズ7　希望をつむぎだす幼児教育　生きる力の基礎を培う子どもと大人の関わり』あいり出版，2013年，107〜121ページ。
高浦勝義・松尾知明・山森光陽編著『教育評価シリーズ　ルーブリックを活用した授業づくりと評価　③生活・総合編』教育開発研究所，2006年。
中野重人『新訂　生活科教育の理論と方法』東洋館出版社，1993年。
吉田豊香「教師の力量」中野重人・谷川彰英・無藤隆編『生活科事典』東京書籍，1996年，390〜391ページ。

第Ⅱ部

初等生活科教育の実践

第6章
初等生活科教育の実践①
──学校と生活──

〈この章のポイント〉

　内容(1)「学校と生活」は，学校生活に関わる活動をとおして，学校の施設や通学路の様子や人々について考え，楽しく安心して遊びや生活，安全な登下校をすることをねらいとする単元である。本章では，より児童の主体性を育む学習活動の展開について解説する。

1　生活科における単元の位置づけ

1　内容(1)「学校と生活」の意義

　学校は，児童にとって楽しい集団生活の場である。児童は，新学習指導要領の解説にもあるように，「先生や友達と一緒に遊んだり学んだりして共に生活する楽しさを味わい，学校のことが分かり，集団の中での自分の行動の仕方を学んでいく」のである。

　内容(1)「学校と生活」では，幼児期の体験も生かしながら，自分から興味・関心をもって学校の施設を探検したり，学校のなかで生活する人々とかかわったりすることをとおして，「学校の施設の様子や学校生活を支えている人々や友達，通学路の様子やその安全を守っている人々などについて考え」，「学校での生活は様々な人や施設と関わっていることが分か」り，「楽しく安心して遊びや生活をしたり，安全な登下校をしたり」することで，豊かな学校生活を送ることができることを目指している。

2　内容(1)「学校と生活」の位置づけ

　生活科は，「具体的な活動や体験を通して学ぶとともに，自分と対象との関わりを重視する」という教科の特質をもとに，9項目の内容で構成されている。9項目の各内容の関係は，図6-1のような階層の形で表されている。

　内容(1)「学校と生活」は，第一の階層である「学校，家庭及び地域の生活に関する内容」として位置づけられている。生活科は，「児童の身の回りの環境や地域を学習の対象とし，フィールドとしている」。児童にとって「最も身近

第Ⅱ部　初等生活科教育の実践

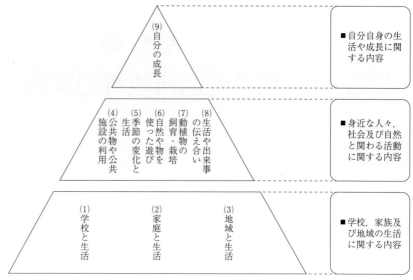

図6-1　生活科の内容のまとまり
出所：文部科学省（2018, 26ページ）。

な学校，家庭，地域を扱う内容」なので，第一の階層に位置づけられているのである。

3　内容⑴「学校と生活」の構成

> ⑴　学校の施設の様子及び先生など学校生活を支えている人々や友達のことが分かり，楽しく安心して遊びや生活ができるようにするとともに，通学路の様子やその安全を守っている人々などに関心をもち，安全な登下校ができるようにする。
> 　　　　　　　　　　　　　　　　　　　　　　　　　　　（学習指導要領［平成20年改訂］）

> ⑴　①「学校生活に関わる活動」を通して，②「学校の施設の様子や学校生活を支えている人々や友達，通学路の様子やその安全を守っている人々などについて考える」ことができ，③「学校での生活は様々な人や施設と関わっていることが分かり」，④「楽しく安心して遊びや生活をしたり，安全な登下校をしたりしようとする」。
> 　　　　　　　　　　　　　　　　　　　　　（新学習指導要領：番号，括弧，下線は筆者）

　新学習指導要領では，生活科の9項目のすべての内容について，上記のような一文のなかに①「児童が直接関わる学習対象や実際に行われる学習活動等」，②「思考力，判断力，表現力等の基礎」，③「知識及び技能の基礎」，④「学びに向かう力，人間性等」の四つの要素が構造的に組み込まれ，それぞれ①「～活動を通して」，②「～について考えることができ」，③「～が分かり」，④「～しようとする」のように示された。これは，児童が，実際に対象とかかわり活動することをとおして，考えたり表現したりすることで，さまざまな気付

第**6**章　初等生活科教育の実践①

きが生まれ，学びに向かう力が育つことを目指しているからである。とくに「活動あって学びなし」というこれまでの批判を克服するために，具体的な活動をとおして，どのような思考力等が発揮されているのかが明示されたのである。

したがって，内容(1)「学校と生活」も，このような構造と四つの要素を理解したうえで，授業実践を進めることが大切である。以下，新学習指導要領の解説に沿って見ていく（文部科学省，2018，29〜31ページ）。

①に該当する「学校生活に関わる活動」とは，「学校の施設や利用している通学路にあるものを見付けたり，そこにいる人と触れ合ったりするなどして，学校に自分の居場所を見付け，安心して学校生活を送ることができるようにすること」である。そのためにも，「学校を探検して施設や設備の様子を捉えたり，校内にいる人と出会い，挨拶するなどして交流の輪を広げたり，通学路を歩いて様々な発見をしたりするなどの活動を行うこと」が考えられる。

②に該当する「学校の施設の様子や学校生活を支えている人々や友達，通学路の様子やその安全を守っている人々などについて考える」とは，「児童が学校の施設の様子や学校生活を支えている人々や友達，通学路やその安全を守っている人々や，それらが自分とどのように関わっているかを考えること」である。

③に該当する「学校での生活は様々な人や施設と関わっていることが分かり」とは，「関わりを深めた施設や人々について，それらの位置や働き，存在や役割などの特徴に気付き，それらと自分との関わりに気付くだけでなく，それらがみんなのためや安全な学校生活のためにあることの意味を見いだすこと」である。なお，学校の施設や人々とかかわる活動を行う際には，学校の施設はみんなのものであること，学校にはみんなで気持ちよく生活するためのきまりやマナーがあることなど学校の公共性に目を向けるよう配慮する必要がある。

④に該当する「楽しく安心して遊びや生活をしたり，安全な登下校をしたりしようとする」とは，「学校の施設，先生や友達などに関心をもって関わろうとすること，思いや願いをもって施設を利用しようとすること，ルールやマナーを守って安全に登下校しようとすること」などである。現在，社会環境の急激な変化やさまざまな災害に対する安全教育の重要性が注目されるなかで，安全に登下校することの大切さを実感したり，安全な生活について主体的に考えたり，行動したりする場面を設定することも重要である。

2　単元の構成

1 　単元の計画

① 　単元名「学校大好き！——自分のお気に入りの場所や人を伝えよう」（第

第Ⅱ部　初等生活科教育の実践

1学年）

② 児童の実態

　児童が入学して2か月が経つ。教師や友達，学校の施設や通学路で出会う人たち，アサガオなどの栽培活動やヤゴなどの飼育活動，そして給食や掃除でお世話になっているペアの第6学年などの上級生とのかかわりをとおして，「学校は楽しいところである」と感じ始めている。

　幼児教育において自発的な「遊び」をとおして総合的に培ってきた資質・能力を存分に発揮できるよう，「生活科（この学校では"総合活動"と呼んでいる）中心の合科的・関連的な指導」や，「弾力的な時間割の設定」といった「スタートカリキュラム」を編成・実施したことにより，「学校生活の中で心動かされたことについて，感じたことや思いめぐらしたことを表現する意欲」や，「自分たちの力で活動に取り組もうとする意欲」が旺盛である。直感的に「自分の思ったこと」を伝えたり「やってみたいこと」を提案したりするなど，主体的に「自分ならではの思いや願い」を教師に発信する姿は実に頼もしい。

　ただ，友達に対して，「自分ならでは」の考えを伝え合うことや，「自分ならでは」の考えを確かな「よりどころ」をもってきめるということはまだ難しい。また，アサガオの栽培活動やヤゴやメダカなどの飼育活動に比べ，学校の施設や学校生活を支える人たちへの関心はやや低いように感じる。

③ 「主体的・対話的で深い学び」を具現化する指導上の工夫

　生活科の指導計画作成にあたり，新学習指導要領では，児童の資質・能力を育成するために，「主体的・対話的で深い学び」の実現に向けた授業改善（「アクティブ・ラーニング」の視点に立った授業改善）を推進することが求められている。

(1)「自分ならでは」の考えをきめる（主体的な学び）

　小学校入門期の児童に，学校探検をとおして，「自分のお気に入りの場所（人）」をきめてもよいことを提案してみる。第1次「握手で広がる友達のわ！」をとおして主体的に学校探検をしはじめた児童らも，運動好きで遊具で遊ぶのが大好きなA男，生き物大好きなB男，ペアになっている第6学年のお姉さんが大好きなC子など，一人一人の興味・関心は多種多様である。だからこそ，第3次「自分のお気に入りの場所（人）を見つけよう！」において，児童一人一人の思いや願いを保障し，それぞれ行きたい場所に行けるようにする。

　この第3次では，クラスみんなでひらがなの練習をしている時間，一人一人がきめた「自分のお気に入りの場所（人）」を一人ずつデジタルカメラやタブレット端末で撮影してくる。撮影した内容は友達には内緒にする。児童一人一人が思い思いに探検すると，たくさんの発見がある。教室に戻ってきた瞬間「先生あのね！」と嬉しそうに話そうとする児童の口を止めさせる。この後，友達に「自分のお気に入りの場所（人）」を伝え合う活動を設定しているから

▷1　スタートカリキュラム
「小学校へ入学した子供が，幼稚園・保育園・認定こども園などの遊びや生活を通した学びと育ちを基礎として，主体的に自己を発揮し，新しい学校生活を創り出していくためのカリキュラム」であり，「安心・成長・自立」をキーワードに，「学びの芽生え」（幼児教育）と「自覚的な学び」（小学校教育）をつなぐためのカリキュラムである（国立教育政策研究所教育課程研究センター，2017）。

である。

　伝え合う活動までに，児童一人一人に「なぜ，自分はこのような場所を選んだのか」，その「よりどころ」を業間（授業と授業の間）の個別指導である「独自学習」をとおして，掘り起こし，考えさせる[2]。児童一人一人は，探検をとおして発見した「具体的な事実」（知的な気付き）とともに，「自分ならではの思いや願い」（情意的な気付き）もその「よりどころ」としてあげてくる。

　児童が考えをもつために必要な「よりどころ」には，「自分ならではの思いや願い」（情意的な気付き）と「具体的な事実」（知的な気付き）とが混在している。このような「よりどころ」のなかで混在している両者がバランスよく相互に関連し合うことによって，その子自身の確かな「よりどころ」になると考えている。そして，このような確かな「よりどころ」をもってきめることを繰り返していくことにより，身のまわりの人々や社会とかかわり，より豊かな人生を送るために生きて働く資質・能力の育成にも自ずとつながっていくのではないだろうか。

　(2)「自分のお気に入りの場所（人）」を伝え合う（対話的な学び）

　児童は，「独自学習」においてきめた「自分のお気に入りの場所（人）」をデジタルカメラやタブレット端末で撮影し，教室の書画カメラで映しながら，「ここはどこでしょう？」「なんでここがお気に入りの場所だと思いますか？」と友達に質問していく。国語科の「くちばし」の単元で行った動物のくちばしについてクイズを作るという学びを活用するのである。

　デジタルカメラやタブレット端末は，第1学年～第2学年の児童でも手軽に活用できるため，「自分ならでは」の考え（情意的・知的な気付き）をアウトプットする機会を増やすことが可能である（図6-2）。このようなことは，新学習指導要領の「内容の取扱い」において，新たに加えられた「ICTの活用」に関する配慮事項[3]でもその重要性が指摘されている。また，「自分のお気に入りの場所（人）」を伝え合う活動では，撮影した写真と言葉だけでなく，鉛筆や紙を使って描いた絵，動作，劇化などの児童の発達に応じた多様な表現方法を保障するとともに，表現自体を楽しむことも大切にしたい。

　さらに，事前に「学校探検で発見したことを誰に伝えたいか？」というアンケート調査を行った。結果は，保護者24人，教師21人，友達24人（32人学級，延べ人数）であった。意外にも友達に伝えたいという児童が多いのである。

　確かに学校生活をとおして友達同士のかかわりは増えてきているが，相手に対して十分な理解ができているとは言えない。「自分のことを知ってほしい。そして，友達のことも知りたい」という児童の思いや願いも大切に授業を展開していきたい。

　(3)「たんけんはっけんほっとけん」を合言葉に繰り返しかかわる（深い学び）

▷2　「独自学習」と後述する「相互学習」は，奈良女子高等師範学校附属小学校主事であった木下竹次が，1919（大正8）年から1940（昭和15）年までの期間に全国に広めた「学習法」を記した著書『学習原論』（1923年，再版1972年）のなかで述べられているもので，現在でも奈良女子大学附属小学校を中心に実践されている。近年では，小幡肇が「"気になる木"の"はっぱ"をふやそう」という授業スタイルで木下の理念を受け継ぐ実践を発表（小幡，2003）し，多くの教育者，研究者の研究対象となっている。

▷3　内容の取扱いについての配慮事項(4)では，「学習活動を行うに当たっては，コンピュータなどの情報機器について，その特質を踏まえ，児童の発達の段階や特性及び生活科の特質などに応じて適切に活用するようにすること」と述べられている。

第Ⅱ部　初等生活科教育の実践

図6-2　「自分のお気に入りの場所（人）」の掲示
出所：筆者撮影。

　本単元では、「たんけんはっけんほっとけん」という合言葉をもとに、第2次「学校探検に行こう！」で学校を一斉に探検し、発見したことを互いに伝え合う活動（相互学習）をとおして、わからないことや気になったこと（「ほっとけん」）があったら、周囲に迷惑をかけない範囲で、見たり、聞いたり、比べたりすることを繰り返しながら解決していくことを学んでいく。そして、この学びをもとに、第3次「自分のお気に入りの場所（人）を見つけよう！」において、児童一人一人の思いや願いをもとにそれぞれ行きたい場所をきめさせ、その「よりどころ」を「独自学習」において指導し、必要に応じて繰り返し、その「自分のお気に入りの場所（人）」とかかわらせていく。

　このように繰り返し対象物にかかわり、「自ら課題を発見・解決」していく経験は、小学校6年間の学びのベースとなる。そのようなベースを作るために、小学校入門期の児童にとって、何度も対象物にかかわることが可能な学校探検は、まさにうってつけの活動なのである。

④　単元の目標

　学校の施設を探検したり、学校のなかにいる人々とかかわったりする活動をとおして、学校の施設や友達、学校を支えている人の思いや願いについて考え、学校の施設や人、友達とかかわっていることがわかり、楽しく安全な学校生活を送ることができるようにする。

⑤　単元の評価規準

知識及び技能の基礎	思考力、判断力、表現力等の基礎	学びに向かう力、人間性等
学校探検をとおして、学校での生活はさまざまな施設や人、友達とかかわっていることに気付いている。	学校の施設の様子や学校生活を支えている人々の思いや願いについて考えたり、表現したりしている。	学校の施設や支えている人々、友達などに親しみや関心をもってかかわり、楽しく安全に生活しようとしている。

⑥　単元の指導計画（15時間）

第1次「握手で広がる友達のわ！」（2時間）

　学級や同学年の友達や教師を対象に握手し、その名前を書きためていく。

第2次「学校探検に行こう！」（3時間）

　「1年生を迎える会」や「ジャンボ遊び（全学年での特別活動）」をとおした上

級生との交流をもとに，各学年や特別教室を探検する。

第3次「自分のお気に入りの場所（人）を見つけよう！」（本時5時間目／5時間）

　自分のお気に入りの場所を探検し，「お気に入りの場所（人）」として友達と伝え合う。

第4次「学校を支えてくれている人を見つけよう！」（2時間）

　学校を支えてくれている人を探し，観察やインタビューなどをとおして調べた仕事ぶりや思いなどを紹介し合う。

第5次「通学路を支えてくれている人を見つけよう！」（3時間）

　駅から学校までの通学路を歩き，安全を守ってくれる人を見つけるとともに，お礼の手紙を書く。

⑦　本時のねらい

　学校探検をもとに「自分のお気に入りの場所（人）」を伝え合う活動をとおして，さまざまな施設（人たち）のおかげで楽しい学校生活を送ることができるということに気付くとともに，友達に対する理解もより深めることができる。

⑧　本時の展開

学習活動と内容	指導上の留意点
1　前時の学習を振り返り，本時の学習を確認する。 ・前の授業のD子の秘密の穴，びっくりしたな。 ・写真でみると本当にすいこまれそうだった。 ・どんぐり山にいつも行っているD子らしい。 お友だちのお気に入りのひみつをさぐろう！	○前時の振り返りを通して，伝える視点，受けとめる視点を確認していく。
2　「自分のお気に入りの場所」を伝え合う。 ・E男は5-2。ハゼがいるからね。図鑑でよく魚を調べていたよ。 ・F子は6-1。入学したばかりの頃，お姉さんがいつもお世話をしてくれたからだ。 ・G男は音楽室。運動好きなG男だからてっきり運動場かと思った。意外だな。 ・H男は社会科教室。地図とか好きだからね。 ・I子は4-1。ジャンボ遊びでお世話になったお姉さんがいるからだ。	○絵，写真，3択クイズ，劇化など多様な表現方法も保障していきたい。 ○「自分にしか言えないエピソード」を語ることができるように必要に応じて言葉かけをしていく。
3　本時を振り返り，次への見通しをもつ。 ・みんなそれぞれたくさんのお気に入りの場所がある。 ・友達の好きな所もわかった。ちゃんとわけがあるんだね。 ・先生はお気に入りの「人」を見つけたの……？	○振り返りの時間を十分保障するとともに，次時以降の探検の方向性を児童とともにきめる。

2　本時の授業の様子（抜粋）

　児童は，デジタルカメラで撮影した「自分のお気に入りの場所（人）」をプロジェクターで映しながら，クイズ形式で友達に伝え合う。本時は32人中最後

第Ⅱ部　初等生活科教育の実践

の5人。友達に見つからないよう苦労して撮影した場所はさまざまである。

> 教師：では，E男君，お願いします。
> E男：これから，僕のお気に入りの場所の発表を始めます（拍手が起こる。E男が書画カメラで①5-2，②5-1，③6-2，④6-1，⑤1-1と教室の番号が書かれた用紙を映す）。①の5-2だと思う人？　②5-1だと思う人？　③の6-2だと思う人？　どうして6-2だと思ったの。教えてよ。
> 児童：たぶんモルモットがいるから。
> E男：④の6-1だと思う人？　どうして？
> 児童：給食の配膳を手伝ってくれる。
> 児童：たぶん優しくしてもらっているから。お兄さんやお姉さんに。
> E男：⑤の1-1だと思う人？
> 児童：1-1には図鑑がいっぱいあるから。　児童：E男君は図鑑が好きだから。
> 児童：でも図書室の方がたくさんあるよ。　児童：スッポンさまがいるから。
> 児童：たぶんお友達がいっぱいいるから。
> 児童：E男君の顔がスッポンさまに似ているからかな（児童：みんな大笑い）。

　児童は，これまでの学校探検の経験やE男の日々の言動を思い起こし，E男の「お気に入りの場所」について考えるが……。

> E男：正解は①番です（児童：「え〜！」）。
> 教師：全員ハズレということか。ちょっとE男君，なんだかうれしそうですねぇ。じゃあ，どうして5-2なんだろうね？
> E男：（書画カメラでハゼの写真を映す。）これは5-2で飼っているハゼです（児童：「あーっ，これ見たことある！」）。なぜお気に入りかというと，目玉がぷくっとしていて普通の魚より下に口があるからです（児童：2人の男女が前に出てきて，スクリーンを指差す）。ペットボトルにはりついているのがかわいいです。きっとこのハゼは，トビハゼだと思います。トビハゼは東京湾に住んでいるので，きっと5年生が釣ってきてくれたんだと思います。トビハゼは水から出て暮らすので，ペットボトルを横にして水を減らしてあげたほうがいいと思います。（もってきた図鑑を書画カメラで映しながら）質問や感想はありますか？
> J男：（魚の大好きなJ男が前に出てきて，スクリーンの写真を指差しながら）僕も図鑑を見てみたら，やっぱりトビハゼです。よく調べましたね。
> 児童：E男君もJ男君も図鑑が好きだから！
> 児童：おもしろい顔をしていますね（児童の質問や感想が続く。以下略）。

E男に限らず，どの子にも自分の「お気に入りの場所（人）」を伝えるにあたって，その「よりどころ」を「自分にしか言えないエピソード」として語ることができるよう「独自学習」において支援してきた。

　本時（「相互学習」）では，E男のように5人の児童が写真や実物を提示したり，実際に楽器を実演したりしながら，それぞれの自分の「お気に入りの場所（人）」を発表した。

　最後に，教師の見つけた「お気に入りの場所（人）」として用務員のSさんとSさんのとんがった親指の爪の写真（段ボールからガムテープを剝がす時に爪の先がとんがっていると作業がしやすいので，わざと両親指の爪の先を図6-3のようにしている）を提示し，次時以降の探検の方向性を児童とともにきめ，本時の授業を終えた。

　児童からは，以下のような振り返りの声があがった。

> 「お気に入りの場所がみんなに伝えられてうれしかった。友達のこともよくわかった」。（E男）
> 「G男くんは運動が得意だから遊具場がお気に入りかと思ったけど，音楽が好きだったんだ」。（H男）
> 「お気に入りの場所が，こんなにたくさんあるから，学校が楽しいんだね」。（F子）
> 「なんでSさんの爪はこんなにとんがっているのかな。お掃除することと関係があるかもしれない。早くインタビューしてみたいな」。（G男）

3　児童の学びに見られる実践の意義

1　「自分ならでは」の考えをきめる——主体的な学び

　第1次「握手で広がる友達のわ！」では，「友達100人できるかな」の歌詞を合言葉に，学級や同学年の友達や教師を対象に握手をし，握手した人の名前を習いたてのひらがなを使って丁寧に書きためていった。国語科との関連である。このような活動をとおして，児童一人一人が業間でも，主体的に学校探検に取り組む姿が見られるようになった。

　第1学年の児童は，「手で見る」と言われる（有田，2004，46〜48ページ）。手でさわりながら，触覚を楽しみ，手でいろいろなことを感じるというのである。名前の横に，「あたたかいて」「おおきなて」「ごつごつしたて」など，握手をした時の気付きを書く児童が現れ，教師はその行為を称賛した。すると，入学当初，声が小さくおとなしい性格だと思われたK子やL子を筆頭に，最終的に100人の友達の名前を書きためた児童が学級の過半数を超えた。

　そのK子やL子は，第3次「自分のお気に入りの場所（人）を見つけよ

▷4　「独自学習」では，教師は児童一人一人がきめた「自分のお気に入りの場所（人）」の「よりどころ」についての説明を聞いたり，問い返したりするやり取りをとおして，一人一人の「よりどころ」を明確にしていく。同時に，次の「相互学習」の発表準備を進めさせる。ここでも，その子の思いや願いをもとに，多様な表現方法を保障しながら，力強く指導する。

図6-3　「用務員のSさんとSさんのとんがった親指の爪」
出所：筆者撮影。

う！」で，学校探検を振り返り，1-1教室や第1運動場を「自分のお気に入りの場所」としてきめた。以下，「独自学習」における教師とのやり取りをとおして最終的にまとめたK子やL子の「自分のお気に入りの場所（人）」の写真とその「よりどころ」である。

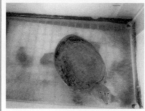

すっぽんさまがいる1-1のきょうしつです。なぜかというと，すっぽんさまをみると，いつもともだちといっしょにわらってしまうからです。きゅうしょくのときによくすっぽんさまがあばれているのは，みんなのきゅうしょくがおいしそうだからかもしれません。だから，すっぽんさまがいる1-1がすきです。すっぽんさまは100ねんもいきるときいたので，ながいきしてずっとみていてほしいです。（K子）

だい1うんどうじょうのどんぐりやまがすき。かぜがふくと，きのはがゆれて，すずしくてきもちがいいよ。ながいやすみじかんのときに，おともだちとおにごっこやきのぼりをしてあそんでいます。なんでどんぐりやまっていうのかな。あきにどんぐりをひろえるのかな。（L子）

「具体的な事実」（知的な気付き）だけでなく，「自分ならではの思いや願い」（情意的な気付き）もその「よりどころ」としてあげているのが見て取れる。本時のE男も同様に，5-2の教室の「よりどころ」として，大好きなハゼが飼育されている事実とともに，ハゼへの愛着の理由や自分自身が図鑑で調べたことをもとに飼育方法の改善点をあげている。

小学校入門期の児童にとっては，きめるための「よりどころ」として，「自分ならではの思いや願い」（情意的な気付き）を教師に「その子らしいかけがえのないもの」としてきちんと受けとめてもらうことがとくに大切であると考える。幼児教育の特徴として，「楽しいことや好きなことに集中することを通して，様々なことを学んでいく」ことがあげられるからである。幼児教育と小学校教育との円滑な接続のために，そしてこれからの主体的に自己を発揮する学びの土台を作るためにも，大切にしていきたい教師の「構え」である。

2 「自分のお気に入りの場所（人）」を伝え合う——対話的な学び

「自分のお気に入りの場所（人）」をきめた児童は，その場所や人をデジタルカメラやタブレット端末で撮影し，「独自学習」における教師との個別のやり取りをとおして，その「よりどころ」を固める。そして，「相互学習」（本時）において，「自分のお気に入りの場所（人）」についてその写真を書画カメラで

▷5 幼児期の学びを「学びの芽生え」と捉え，「楽しいことや好きなことに集中することを通して，様々なことを学んでいく」ことに加え，「遊びを中心として，頭も心も体も動かして様々な対象と直接関わりながら，総合的に学んでいく」「日常生活の中で，様々な言葉や非言語によるコミュニケーションによって他者と関わり合う」ことが，その特徴としてあげられる（国立教育政策研究所教育課程研究センター，2017）。

提示し，場所（人）や理由を問うことをとおしてその「よりどころ」を伝え合った。

　本時では，E男のようにクイズ形式を基本にしつつ，図鑑の提示（E男）や実物の提示（G男やH男），寸劇（F子）や楽器の実演（G男）など，一人一人の「自分ならではの思いや願い」を生かしながら伝え合うという活動となった。そこでは，発表者であるE男が「どうして6−2だと思ったの。教えてよ」「6−1だと思う人？　どうして？」とクイズの正答にとどまらずその理由を児童に問い返したり，逆に児童の「たぶん優しくしてもらっているから」「でも図書室の方がたくさんあるよ」「たぶんお友達がいっぱいいるから」などの発言のようにE男の発表に寄り添ってその理由を考えたりする姿が見られた。このようなクイズ形式を基本とした多様な表現が，児童双方向のやり取りを生み，「自分のお気に入りの場所（人）」やその「よりどころ」を小学校入門期の児童であっても効果的に伝え合っていく姿を支えたのである。

　また，「お気に入りの場所がみんなに伝えられてうれしかった。友達のこともよくわかった（E男）」「G男くんは運動が得意だから遊具場がお気に入りかと思ったけど，音楽が好きだったんだ（H男）」「お気に入りの場所が，こんなにたくさんあるから，学校が楽しいんだね（F子）」などの本時の振り返りから，学校のさまざまな施設とその児童とのかかわりや多様性に気付くとともに，その児童自身への理解も深めている様子がうかがえる。「自分のことを知ってほしい。そして，友達のことも知りたい」という思いや願いをもつ小学校入門期の児童にとって大切な学びとなったのではないか。

③　「たんけんはっけんほっとけん」を合言葉に繰り返しかかわる──深い学び

　第2次「学校探検に行こう！」では，新入生を迎える会やジャンボ遊びをとおした上級生との交流をもとに，各学年の教室や特別教室，校長室や事務室を「たんけんはっけんほっとけん」という合言葉のもと，学級全員で探検をした。探検後の「相互学習」で，「わからないことや気になったことがあったら，何度でも見たり聞いたり比べたりして調べる」ということの大切さを学んだ。「自ら課題を発見・解決」していくための大事な経験である。この経験は，本時の終末で，児童の追究意欲を喚起させるために教師から提示された「用務員のSさんととんがった親指の爪」の写真をきっかけに，「なんでSさんの爪はこんなにとんがっているのかな。お掃除することと関係があるかもしれない。早くインタビューしてみたいな」と発言したG男に早速生かされることとなった。G男は翌日にSさんをつかまえ，インタビューを敢行し，とがった親指の爪の理由を聞き出し，みんなに発表している。このG男の突然

第Ⅱ部　初等生活科教育の実践

の発表をきっかけに，第4次「学校を支えてくれている人を見つけよう！」に
単元が流れていった。

　G男はその後も，Sさんと繰り返しかかわり，その仕事をつぶさに観察して
いった。そして，「段ボールを捨てるときは，Sさんが本当に大変だから，段
ボールにガムテープが付いていたら，これからはちゃんと剥がしてゴミステー
ションにもって行った方がいいと思う」というSさんの思いに寄り添った発
言をしている。繰り返し対象物とかかわることで，自分たちの学校生活が豊か
になっていくという気付きも見出せたわけであり，まさに，気付きの質が高
まった瞬間であると言える。このように「学んだことが生活に活かされる（生
活化する）」ことを小学校入門期に経験させることは，児童にとって，これから
の学びの原動力になるにちがいない。

4　実践上の留意点と今後の課題

⬜1　実践上の留意点

　本単元は，小学校入門期の児童にとって大切な「ファースト単元」である。
「生活科中心の合科的・関連的な指導」や，「弾力的な時間割の設定」といった
「スタートカリキュラム」を編成・実施し，幼児期の学びと育ちを大切につな
ぐことが必要である。「楽しいことや好きなことに集中することを通して，
様々なことを学んで」きた児童だからこそ，学校探検において「自分のお気に
入りの場所（人）」をきめる活動をその中心に据える。

　「独自学習」では，探検をとおして発見した「具体的な事実」（知的な気付き）
とともに，「自分ならではの思いや願い」（情意的な気付き）もその「よりどこ
ろ」として大切に受けとめていきたい。「相互学習」では，ICTを効果的に活
用させながら，多様な表現方法を保障し，学校のさまざまな施設とのかかわり
や多様性に気付かせるとともに，友達への理解も深めさせていきたい。

　「たんけんはっけんほっとけん」を合言葉に，繰り返し対象物にかかわるこ
とをとおして，「自ら課題を発見・解決」し，「学んだことが生活に活かされる
（生活化する）」経験は，小学校6年間の学びのベースとなる。児童の追究意欲
を喚起させるために，教師からの資料提示も時には必要である。また，児童が
繰り返し対象物とかかわるためには，学校内の職員の協力も不可欠である。事
前に学校探検の意図や対応の仕方をきちんと伝えておきたい。

⬜2　今後の課題

　「生活科は，一斉指導より個別指導の方がはるかに多い。そうしなければ，

子どもがよく理解できないからである」という有田和正の言葉がある（有田，2007，117ページ）。

本単元において，「スタートカリキュラム」を編成・実施し，幼児期に親しんだ活動を取り入れ，わかりやすく学びやすい環境を作ってきたが，「独自学習」に限らず「相互学習」においても，小学校入門期の児童一人一人の思いや願い，実態を見取り，指導をしていかなくては授業は成立しない。だからこそ，児童を理解するうえで，幼稚園や家庭などからの協力も重要である。今後，幼稚園などとの人的な連携や交流，家庭との連携などの効果的な方法を模索していく必要がある。

また，児童一人一人の「自分ならではの思いや願い」を教育活動として価値のあるものにしていくためには，まずは教師自身が，「この子はすごい！」「この子はおもしろい！」などと思わされた場面を積極的に拾うことに努め，「子どもを見る力量を鍛える」こと（小幡，2003，200ページ）も必要である。

Exercise

① 小学校入門期の児童が，より多くの，かつ質の高い気付きを生むような「学校探検」の単元を，「スタートカリキュラムスタートブック」で述べられている「学びの芽生えから自覚的な学びへ」を意識して構想してみよう。
② 「学校と生活」の実践にあたっては，1学年の担任のみならず全教職員の協力体制が求められる。実践にあたり，どのような共通認識をもつと本単元が豊かに展開できるかを考えてみよう。

📖次への一冊

田村学編著，みらいの会『生活・総合アクティブ・ラーニング』東洋館出版社，2015年。
　　児童がよりよく思考するための教師の手立てが多彩に掲載されている。単元を構想するうえでのポイントも満載。
有田和正『すぐれた授業の創り方入門』教育出版，2007年。
　　魅力ある授業，魅力ある教師になるためのエッセンスが，実践例をもとに掲載されている。生活科にとどまらない，教師を志す者の指南書。
小幡肇『やれば出来る！　子どもによる授業』明治図書出版，2003年。
　　児童は，自分で自分を変えていく力をもっている。その力を発揮する場と機会を作っていくのが授業であるという主張を，「気になる木」の「はっぱ」を増やそうという実践をとおして紹介する。

引用・参考文献

有田和正『教師と子どもの「見る目」を鍛える』明治図書出版，2004年。

有田和正『すぐれた授業の創り方入門』教育出版，2007年。

小幡肇『やれば出来る！　子どもによる授業』明治図書出版，2003年。

木下竹次『学習原論』目黒書店，1923年（再版中野光編，明治図書出版，1972年）。

国立教育政策研究所教育課程研究センター「スタートカリキュラムスタートブック」
　2017年。

田村学編著『平成29年版 小学校新学習指導要領の展開　生活編』明治図書出版，2017年。

田村学編著，横浜市黒船の会『生活・総合「深い学び」のカリキュラム・デザイン』東
　洋館出版社，2017年。

文部科学省『小学校学習指導要領解説生活編』日本文教出版，2010年。

文部科学省『小学校学習指導要領（平成29年告示）解説生活編』東洋館出版社，2018年。

第7章
初等生活科教育の実践②
——家庭と生活——

〈この章のポイント〉
　内容(2)「家庭と生活」は家庭生活にかかわる活動をとおして，家族と自分について考え，自分の役割を積極的に果たしたり，規則正しく健康に気をつけて生活したりすることをねらいとする単元である。本章では，より家族に対する認識を深める学習活動の展開について解説する。

1　生活科における単元の位置づけ

1　内容(2)「家庭と生活」の意義

　児童にとって家庭は，「自分を支え，育んでくれる家族がいるところ」である。そこでは，「家族一人一人が家庭の内外の仕事や役割を果たすとともに，思いやりや愛情によって互いに支え合い，家庭生活が営まれている」。

　家庭生活は児童にとっての「生活の基盤であり，心のよりどころ」である。しかし，「あまりにも身近であるため，その大切さに思い至らないことが多い」。

　内容(2)「家庭と生活」では，「家庭生活に関わる活動を通して，家庭における家族のことや自分でできることなどについて考えることができ，家庭での生活は互いに支え合っていることが分かり，自分の役割を積極的に果たしたり，規則正しく健康に気を付けて生活したりできるようにすること」を目指している（文部科学省，2018，31ページ）。

2　内容(2)「家庭と生活」の位置づけ

　第6章でも述べたように，生活科は教科の特質から，9項目の内容で構成され，内容の関係は三つの階層の形で表されている[1]（文部科学省，2018）。

　内容(2)「家庭と生活」は，第一の階層である「学校，家庭及び地域の生活に関する内容」として位置づけられている。児童にとって「最も身近な学校，家庭，地域を扱う内容」なので，第一の階層に位置づけられているのである（図6-1参照）。

▷1　この内容の学習については，家庭生活は児童の生活の中心を担うものであることから，他の内容との関連を図った活動を取り入れるよう工夫することが考えられる。例えば，自分で育てた野菜を家庭で調理して食べる，学校で飼育している動物を家庭で紹介する，身近な自然や物を材料にして製作したおもちゃを使って家庭で遊ぶ，などが考えられる。これらにより，児童は家庭が楽しくなるアイディアを広げることができる。

第Ⅱ部　初等生活科教育の実践

3　内容(2)「家庭と生活」の構成

> (2)　家庭生活を支えている家族のことや自分でできることなどについて考え，自分の
> 役割を積極的に果たすとともに，規則正しく健康に気を付けて生活することができ
> るようにする。
> 　　　　　　　　　　　　　　　　　　　　　　　　　　　　（学習指導要領［平成20年改訂］）

> (2)　①「家庭生活に関わる<u>活動</u>」を通して，②「家庭における家族のことや自分でで
> きることなど<u>について考える</u>」ことができ，③「家庭での生活は互いに支え合って
> いることが<u>分かり</u>」，④「自分の役割を積極的に果たしたり，規則正しく健康に気
> を付けて生活したり<u>しようとする</u>」。　　　　（新学習指導要領：番号，括弧，下線は筆者）

　本書の第6章で述べたとおり，今回の改訂では，生活科の9項目のすべての
内容は上記のような一文として記述されるが，そこには①「児童が直接関わる
学習対象や実際に行われる学習活動等」，②「思考力，判断力，表現力等の基
礎」，③「知識及び技能の基礎」，④「学びに向かう力，人間性等」の四つの要
素が構造的に組み込まれ，それぞれ①「〜活動を通して」，②「〜について考
えることができ」，③「〜が分かり」，④「〜しようとする」のように示され
た。児童が，実際に対象とかかわり活動することをとおして，考えたり表現し
たりすることで，さまざまな気付きが生まれ，学びに向かう力が育つことを目
指しているからである。

　したがって，内容(2)「家庭と生活」も，このような構造と四つの要素を理解
したうえで，授業実践を進めることが大切である。

　以下，解説にしたがって詳しく述べると（文部科学省，2018，31〜33ページ），
①に該当する「家庭生活に関わる活動」とは，「家庭における自分の生活や役
割を見つめること，家庭での楽しみや家族のためにできることを考えること，
自分でできることを実際に行うこと」である。

　そのためにも，「家庭における自分の生活や家族の生活について尋ねたり，
それぞれの役割を調べたりすること，また，家庭での楽しみや家族のためにで
きることなどについて，自分でできることを見付け，実践すること」などの活
動が考えられる。

　②に該当する「家庭における家族のことや自分でできることなどについて考
える」とは，「家族一人一人の存在や仕事，役割，家庭における団らんなど
が，自分自身や自分の生活とどのように関わっているかを考えること」であ
る。また，「自分のこととして行うべきことや家庭での喜びや気持ちよい生活
のための工夫などについて，何が自分でできることかを考えること」である。

　③に該当する「家庭での生活は互いに支え合っていることが分かる」は，今
回の改訂で加わった文言である。これは，「家庭生活においてそれぞれのよさ
や果たしている仕事，役割があること，それらと自分との関わりに気付き，家

第7章　初等生活科教育の実践②

庭での生活は互いを思い，助け合い，協力し合うことで成立していること，自
分も家庭を構成している大切な一人であることが分かること」である。

　④に該当する「自分の役割を積極的に果たしたり，規則正しく健康に気を付
けて生活したりしようとする」とは，「自分の生活を見つめ直すことを通し
て，自分の役割を自覚し進んで取り組んだり，生活のリズムや健康に気を付け
た暮らしを継続していこうとすること」である。

　時代とともに児童を取り巻く家庭環境が変化し，「家族との会話や触れ合い
の減少，生活習慣や生活リズムの乱れ等の問題が生じていること」が指摘され
ている。ここでの学習をとおして，「挨拶や言葉遣い，身の回りの整理整頓，
食事や睡眠などに関する習慣や技能を身に付け」「家族の一員として，よりよ
い生活をしようとする意欲を高めること」が期待されている。

2　単元の構成

［1］　単元の計画

①　単元名「ありがとうがいっぱい！──『かぞく』と『しごと』」
②　児童の実態

　手伝いが大好きな児童が多く，教室では，プリントを配ったり黒板を消した
りすることに意欲的に取り組んでいる。給食の時に牛乳がこぼれたらすぐにぞ
うきんををもって駆けつける姿もよく見られる。また，「会社活動」（係活動）
も，「イベント会社」「つくばちゅうおうテレビ」「そろばん会社」「クイズ会
社」「たんてい会社」など，創意工夫をこらすことのできる活動を自分たちで
立ち上げ，学級みんなが「ハッピー」になることを目指し，意欲的に活動に取
り組んでいる。誰かの役に立っている，誰かの笑顔につながるということに喜
びを感じ，感謝されることが，活動への意欲につながっているようである。

　これまでの「生活科（この学校では“総合活動”と呼んでいる）」の学習におい
ては，「自分のお気に入りの場所（人）」をきめたり（「学校大好き！」），一人一
鉢のアサガオを大切に育て，色水遊びや押し花のしおり作りやリース作りなど
「自分のやりたい遊び」をきめたり（「おおきくなあれ」）して，それらを伝え合
う活動に取り組んでいる。また，「たんけんはっけんほっとけん」を合言葉
に，繰り返し対象物にかかわることをとおして，「自ら課題を発見・解決」
し，「学んだことが生活に生かされる（生活化する）」経験を積んできている。

　本単元においても，きめることをとおして「自ら課題を発見・解決」し，そ
こで得た新たな気付きを，実生活に生かしてほしいと願っている。
③　「主体的・対話的で深い学び」を具現化する指導上の工夫

第Ⅱ部　初等生活科教育の実践

図7-1　「『かぞく』ってなんだろう？」（A子のノート）
出所：筆者撮影。

▷2　内藤博愛は「ゆさぶり発問」の魅力について，(1)子どもたちの「知的正義感」を刺激し，学ぶ意欲を引き出す，(2)子どもたちの「知的好奇心」を刺激する，(3)教師に反論することにより，気付きを再構成することをあげている。また，「ゆさぶり発問」の作り方を，指導意図と照らし合わせながら，明らかに事実に反する内容をあたかも当然のことのように子どもたちに「疑問」の形や「断定」の形をとり，投げかける「先攻型」と，指導意図と照らし合わせながら，子どもたちの発言を，あえて飛躍した形で解釈し，投げ返す，または，子どもたちの発言に「本当にそうなの？」と投げ返す「後攻型」の二つに分類し，その作り方を具体的に示している（内藤，2007，8～15ページ）。

▷3　名札マグネット
マグネットシートに児童の名前を書き入れ，二分された小黒板にマグネットを置いて自分の立場を表し，学習問題について話し合う活動である（市川・横浜市立山元小学校，1997）。

生活科の指導計画作成にあたり，新学習指導要領では，児童に資質・能力を育成するために，「主体的・対話的で深い学び」の実現に向けた授業改善（「アクティブ・ラーニング」の視点に立った授業改善）を推進することが求められている。

(1)「自分たちの問題」（学習問題）をきめる（主体的な学び）

児童が主体的にその活動を作りあげていくためには，切実な関心や意欲をもち，追究のエネルギーを生み出す学習問題が「自分たちの問題」として成立していることが重要である。そのためには，「具体的な事実」をじっくりと見つめることをとおして，意外，矛盾，驚きといった感情をもとに，自分たちで「なんとしても追究していきたい」という強い「思いや願い」（問題意識）を児童一人一人がもたなくてはならない。

例えば，本単元の第1次において，「『かぞく』ってなんだろう？」という大人でも即答に困るような問いを第1学年の児童にぶつけてみる。「自分の家族だと思う人は全部書いてみよう」と投げかけ，「独自学習」（本書の第6章を参照）をとおして，自分の家族とは誰なのか調べさせてくると，「亡くなったおばあちゃん」を自分の家族として考えるA子のノートに出会った（図7-1）。このノートを「相互学習」で紹介し，「亡くなった人も家族だね」と「ゆさぶり発問」をすると，「もう亡くなっているなら助け合うこともできない。だから家族ではないのでは……」「家では仏壇に毎日ご飯をあげているから亡くなったおばあちゃんも家族だと思う」などの発言があった。このような児童同士のやり取りから，「なくなった人も『かぞく』か？」という問題について学級全員で考えていくことを児童とともにきめ，ここに「自分たちの問題」が成立する。

児童が学習問題を「自分たちの問題」としてきめることによって，児童一人一人の問題追究へのさらなる意欲を生み出すのではないだろうか。

(2)「自分ならでは」の考えをきめ直す（対話的な学び）

話し合いをとおして多様な価値観を認め合うことは大事なことである。ところが，話し合いが思うようにいかないという声は多い。このような実践上の課題に対して有効な手立てとして「名札マグネット」がある。本単元でも第1次や第2次でこの「名札マグネット」を使って授業を進めていく。

「名札マグネット」は，ディベートのように，ある立場からその正当性を立論していこうとするものではなく，「自分たちの問題」（学習問題）に対する自分の立場を常に吟味し，マグネットを動かしつつ「自分ならでは」の考えをきめて（構築して）いくものである。マグネットを置くには，それだけの「よりどころ」「具体的な事実」（知的な気付き）と「自分ならではの思いや願い」（情意的な気付き）が必要なので，事実に目を向け，仲間と意見を摺り合わせるこ

とにより，「自分ならでは」の考えを補強したり，修正したりしながら，自らの考えをより確かなものにきめ直して（再構築して）いくことができる。

そして，一人一人がその「自分ならでは」の確かな考えを固め，学級全員の考えが小黒板に表明されると，「自分たちの問題」をめぐって，再び白熱した話し合いが展開されるのである。

(3) 「自分ならでは」の考えを「問い続ける」(深い学び)

児童一人一人が，具体的な事実をじっくりと見つめ，その過程で成立した「自分たちの問題」に対する解決への見通しをもたせたところで，あえて授業を終える（「授業のオープンエンド化」：図 7-2）。このような「問題の解決で始まり，新たな問題の成立で終わる」指導過程によって，児童一人一人が，授業と授業の「業間」を生かして，「独自学習」として「自分たちの問題」について調べ，「自分ならでは」の考えをきめ直して（再構築して）くるようになる。授業の出口と入口の「業間」に自ら調べたり考えたりして，「独自学習」で追究のエネルギーを蓄え，そのエネルギーが，次時の授業（「相互学習」）にも活力を与えていく。このような指導過程を経て，第 2 次において，家庭における「しごと」についての「自分ならでは」の考えを「問い続けていく」のである。

▷4 オープンエンドな授業の必要性を最初に提唱した有田和正によるモデル図である。このモデル図については有田 (1989, 17〜19ページ) を参照されたい。

なお，片上宗二は，「授業のオープンエンド化」は，授業で学んだ事例をもとに，適用範囲を広げ，違う対象にあてはめて検討してみる「広げる方向のオープンエンド化」と思考や判断の質を深める「深める方向のオープンエンド化」があるとし，「単元の中でも重要なパート」のみ，「オープンエンド化を図りたい」ということを述べている (片上, 2011, 68〜69ページ)。

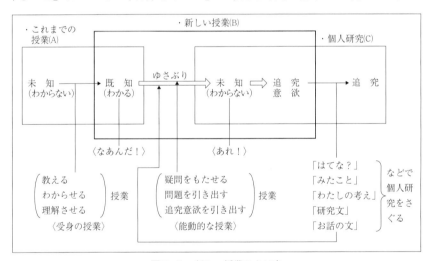

図 7-2 新しい授業のあり方
出所：有田 (1989, 3 ページ)。

その際，一人一人が思い思いの方法で調べてくることを保障し，ノートへの朱書きだけでなく，直接のやり取りをとおして，「業間」の「独自学習」が充実したものになるよう支援していく。さらに，調べてきた「具体的な事実」を教師が把握し，授業に位置づけていくことも大切である。

④ 単元の目標

「かぞく」や「しごと」について調べる活動をとおして，「かぞく」や「しごと」，自分ができる「しごと」について考え，家庭では「かぞく」みんなで支

え合って生活していることがわかり，「かぞく」の一員として自分ができる「しごと」に取り組んだり，健康に気をつけて生活したりできるようにする。

⑤　単元の評価規準

知識及び技能の基礎	思考力，判断力，表現力等の基礎	学びに向かう力，人間性等
家庭では，「かぞく」が支え合ってそれぞれの役割を果たしていることや，自分がするべきことがわかる。	家庭における「かぞく」や「しごと」，自分でできることについて考えたり，「かぞく」への思いや自分が家庭で果たす役割などについて表現したりしている。	「かぞく」や「しごと」について「自分ならでは」の考えを問い続け，自分の役割を積極的に果たしたり，健康に気をつけて生活したりしようとしている。

⑥　単元の指導計画（14時間）

第1次「『かぞく』ってなんだろう？」（3時間）

　　「なくなった人も『かぞく』か？」「ペットも『かぞく』か？」等の「自分たちの問題」（学習問題）をきめ，「自分ならでは」の考えをきめる（きめ直す）。

第2次「『しごと』ってなんだろう？」（本時3時間目／4時間）

　　家庭における「しごと」について「みんながハッピー」を視点に調べ，「おかあさんがおこるのは『しごと』？」などの「自分たちの問題」（学習問題）をきめ，「自分ならでは」の考えをきめる（きめ直す）。

第3次「『かぞく』にこにこ大さくせん！」（4時間）

　　「かぞく」のために，自分ができる「しごと」をきめ，取り組み，その様子を伝え合う。

第4次「『かぞく』にこにこ大さくせん！　をふりかえろう！」（3時間）

　　「かぞく」の思いや願い，自分の成長を振り返る。

⑦　本時のねらい

　　「おかあさんがおこるのは『しごと』？」という「自分たちの問題」（学習問題）について，自分の考えをきめ，それを伝え合う活動をとおして，家庭における「しごと」への考えを広げ，深める（きめ直す）。

⑧　本時の展開

学習活動と内容	指導上の留意点
1　前時の学習を振り返り，本時の学習を確認する。 ・お母さんの「しごと」は，料理，洗濯，掃除，買い物など「かぞく」のなかで一番多い。 ・玄関でのお迎え，褒めてくれるなどみんな「かぞく」を「ハッピー」にするものだよ。 ・お母さんがA男くん怒っている絵だ。A男くんはお母さんが怒るのを「しごと」だって思っているのかな？	○前時の振り返りを通して，これまで獲得してきた「かぞく」や「しごと」に対する考えを確認していく。 ○「名札マグネット」を使い，小黒板上に「自分ならでは」の考えをマグネットの位置で表現する。二者択一だが，一人ひとりが「自分ならでは」の考えをマグネットの

・怒るのって「しごと」かな……？ 　おかあさんがおこるのは「しごと」？ 2　本時の学習問題について話し合う。 【「しごと」ではない】 ・ぼく，怒られたら「ハッピー」にならない。 ・「しごと」ってそういうもんじゃない。 ・たしかに，怒られるようなことしたのはぼくなんだけど……。 ・怒るのは「しごと」とちがって毎日ではない。 【「しごと」だとおもう】 ・怒られたときは「ハッピー」じゃないけど，怒るのは，わたしたちがいい子になってほしいからでしょ。 ・いい子になったら「ハッピー」になるもんね。 3　本時を振り返り，次時への見通しをもつ。 ・ぼくはやっぱり「しごと」だとは思えないな。 ・わたしは「しごと」だと思えるようになったけど，お母さんは怒ることを「しごと」だと思っているのかな……。	微妙な位置で示すと思われる。 ○「自分ならでは」の考えを伝え合う際，絵，劇化等，多様な表現方法を保障していく。 ○「自分にしか言えないエピソード」を語ることができるように必要に応じて言葉かけをしていく。 ○振り返りの時間を十分保障するとともに，次時以降の学習を子どもたちと一緒にきめる。

2　本時の授業の様子（抜粋）

　児童一人一人が描いた「しごと」をしているお母さんの絵のなかから，洗濯・食事・お迎え・勉強の手伝いの様子が描かれている4枚の絵をそれぞれ提示し，それぞれお母さんの「しごと」かどうかについて検討していった。児童たちは，どの絵に対しても，これまでの学習から，「お母さんも含めて家族みんなが（もちろん自分も）『ハッピー』になるから『しごと』だ」という意見だった。ところが，教師が次の絵を出した時……。

児童：ママが怒っているよ。
B男：早く家着に着替えなさいって怒っているところだよ。
児童：「しごと」じゃないよ。
児童：みんなが「ハッピー」になってないよ。
児童：いや，ママの大事な「しごと」じゃないかな。
児童：私は「しごと」だと思います。なぜかと言うと，早く着替えないでだらだらしているとか，

将来，そういうことにならないように，やるべきことをやってから，ゴロゴロするようお母さんが教えてくれているんだと思うから…。
児童：僕は「しごと」じゃないと思います。なぜかと言うと，「しごと」というのは，みんながハッピーになる，笑顔になる。これまでの「しごと」ってみんなそうじゃん。怒ったら全然笑顔にはならないし，逆に悲しくなるから「しごと」ではない！（児童：同じ，児童：確かに）。
児童：これは「しごと」じゃなくて，ただ注意しているだけだ。
教師：この絵も「しごと」に入れていい？（挙手10）「しごと」ではない？（挙手多

第Ⅱ部 初等生活科教育の実践

図7-3 「おかあさんがおこるのはしごと？」（名札マグネット）
出所：筆者撮影。

▷5 「自分ならでは」の考えをきめるための「よりどころ」は、家族や仕事について発見した「具体的な事実」（知的な気付き）とともに、「自分ならではの思いや願い」（情意的な気付き）もその「よりどころ」として大切にしていく。本書の第6章を参照。

数）今，迷っている？（挙手7）　じゃあ，どうしようか。
C男：じゃあこれで考えてみたら（名札マグネット用の小黒板をC男がもってくる。板書 おかあさんがおこるのはしごと？ ）。
児童：ただ怒られているだけだから。相手も怒られているから悲しい。だから「しごと」ではない。
教師：ノートに自分の考えを書いたら，名札を貼ってみて。先生は動かさないよ。ちゃんと，自分の場所をきめるよ。

C男がもってきた小黒板に一人ひとりが「自分ならでは」の考えを名札マグネットに表した。図7-3のように，今の自分の考えを微妙な位置で表している。

A子：私は正直迷っています。だって怒られていると私は悲しくなっちゃうし，それにお母さんのことを逆に嫌いになっちゃう。「しごと」じゃないと思う。
児童：将来，直していないといけないから，「しごと」かな？
児童：今は「ハッピー」じゃないけど，将来は「ハッピー」になるためにやっているから，「しごと」なんじゃないかな。
児童：私も迷っている。だって怒るのは私のためだけど，お互いいい気持ちにならないから。
児童：でも先生は，怒った後笑うよ（わいわいがやがや）。
児童：僕は「しごと」でないと思います。だって，怒られている人も怒る人も笑顔にならないし，注意しているだけだから（児童：そうそう）。
B男：僕は，お母さんが怒るのは「しごと」だと思います。だって，怒られるのはこわいけど，僕が怒られて成長するから。
教師：成長するのはいいことにつながるんだね。だから「しごと」に入れていいってことだね。
D子：わたしの考えは，どっちもどっちでわからない。でも，どちらかというと，将来，子どもが産まれたとき，私が注意したり怒ったりしなくてはいけないから……（児童：確かに）。でも，怒ると相手も自分も悲しくなるから……。
教師：どうして，D子は将来，自分が怒ったりしなくてはいけないって思ったの？
児童：だって，直さないと，ずっとクセになって恥ずかしい。
教師：料理みたいにママが教えてくれているんだ。でも，お互い悲しくなるから迷っているんだね。今，考えが変わった子もいるし，逆にE男みたいに自分の考えがはみ出すくらい強くなっちゃった子もいるね（子どもたちがどんどん前へ出て，名札マグネットを移動させている）。F男はどうして？　誰の意見を聞いて変わったの？
F男：D子の意見を聞いたから……。怒るのはおたがい悲しくなるから「ハッピー」にならないけど，自分の子どもがよくなかったら怒らないと，その後，そこから先，その子は「ハッピー」にならないから……。でも「しごと」かな……。だからこの場所にした（「しごとではない×」から，真ん中よりやや「しごと○」よりにマグネットを動かす）。
教師：みんな本当に一生懸命考えたけど，お母さん本人はどう思っているんだろうね……。おこるのは「しごと」って思っているかな……。

最後に「独自学習」における振り返りの見通しをもたせ，授業を終えた。

3 児童の学びに見られる実践の意義

1 「自分たちの問題」（学習問題）をきめる——主体的な学び

本単元の第1次「『かぞく』ってなんだろう？」において，「なくなった人も『かぞく』か？」という「自分たちの問題」が成立したことはすでに述べたとおりである。その後，同じように児童同士のやり取りから成立した「ペットは『かぞく』か？」について，「おかあさんがおこるのは『しごと』」であることを主張し続けたB男の振り返りを紹介する。

> ぼくは，犬とねこは，かぞくじゃないとおもった。ちがつながっていないし，人げんじゃないから。こくごじてんで，「かぞく」をしらべてみたら，「おなじいえにくらしているおや子，きょうだい，ふうふ」とかいてあった。そこで，おかあさんと，かぞくについてはなしあった。
> ぼくは，犬やねこをかったことがないからその気もちがわからない。おかあさんは，この家にきたらかぞくだよといっていた。そして，『ずーっとずっとだいすきだよ』の本をだしてきた。それをよんだ。ぼくは，虫や金魚をかったことがあるけど，しんだときになかない。ざんねんなきもちになる。だけど，犬のエルフィーがしんだとき，かぞくはないていた。すきってもっといってやればよかったと，こうかいしていた。ぼくは，虫や金魚にそんなことはおもったことはない。この本のかぞくはエルフィーといっしょに大きくなり，いつもいっしょにせいかつしていた。そうやってすごしてきたから，かぞくにおもえて，たいせつなそんざいになるとおもった。

「自分たちの問題」をめぐって，国語辞典で調べたりお母さんに聞いたりと，「業間」における「独自学習」において意欲的に問題追究している姿が見てとれる。そして，このような問題追究をとおして，「かぞく」について新たな「気付き」がもたらされ，「自分ならでは」の考えを広げていることがわかる。

児童たちが学習問題を「自分たちの問題」としてきめるという活動があったからこそ，このような問題追究への意欲が生み出されたのである。そして「自分ならでは」の考えを広げていった経験が，本時におけるB男の「学びに対する自信」につながっていったのではないだろうか。

2 「自分ならでは」の考えをきめ直す——対話的な学び

本時でも，児童同士のやり取りから，「おかあさんがおこるのは『しごと』？」という「自分たちの問題」が成立した。C男がもってきた小黒板に一人一人の今の「自分ならでは」の考えが示されていく。なかなか発表できない

図7-4 「自分ならでは」の考えをより確かなものにきめ直す
出所：筆者撮影。

第Ⅱ部　初等生活科教育の実践

児童も，「名札マグネット」を置くということで学習の主体者となりえるし，視覚的に友達がどんな考えをもっているのかを知ることもできる。

また，「名札マグネット」の置き方でも，いち早く置く子，迷いながら置く子，なかなか置けない子，置く場所を変える子など，さまざまな姿が見られる。ただ，どの児童も自分に問いかけながら動かしていることがわかる。教師はそのような児童の姿を見守りながら，児童一人ひとりの内面の動きを探っていくことができる。

本時の終末において「F男はどうして？　誰の意見を聞いて変わったの？」「D子の意見を聞いたから」という場面があった。

話し合いを深めるための手立てである「名札マグネット」は，教師の「指導のための評価対象になる」（マグネットの位置によって児童一人一人の考えを知ることができ，指名や資料提示などに活用する）のはもちろんだが，児童による自己評価や相互評価の素地を養ううえでも有効である。

児童一人一人は，「自分たちの問題」に対して「自分ならでは」の考えをきめ，マグネットを置く。ところが，話し合いが進むにつれて，新たな事実に出会ったり，友達の考えを聞いたりすることをとおして，「自分ならでは」の考えが広がったり深まったりしていく。その結果，F男をはじめとするたくさんの子がマグネットを動かすことで，「自分ならでは」の考えをより確かなものにきめ直す（再構築する）姿として現れる。このように「自分ならでは」の考えの変化をマグネットの位置で表していくので，「自分の考えがどう変わったのか」自己評価していくことができるのである。

さらに，話し合いの途中であっても，マグネットはいつでも動かしてよいので，「どの発言や考え，どのような事実がきっかけで，誰のマグネットが動いたのか」がよくわかる。本時のように，なぜマグネットが動いたのか教師がF男に聞いてみると，「怒るのはおたがい悲しくなるから『ハッピー』にならないけど，自分の子どもがよくなかったら怒らないと，その後，そこから先，その子は『ハッピー』にならないから……」ときちんと友達の発言のよさを評価しつつ，それを根拠にマグネットを動かしていることがわかる。だからこそ，発言とマグネットの位置が矛盾しようものなら，すぐに質問されてしまう。「名札マグネット」をとおして，互いに評価し合っているからである。

③ 「自分ならでは」の考えを「問い続ける」——深い学び

前時（「おかあさんの『しごと』？」）のA子の「独自学習」を紹介する。

> おかあさんの「しごと」について，みんなでえをかいたけど，もっともっとたくさんあるようなきがして，しらべてみました。①ごはんをつくる，②かみの毛をむすぶ，③せんたくをする，④妹のおくりむかえ，⑤いえをきれいにする，⑥べんきょう

を教えてくれる，⑦お花の手入れ，⑧夜，ねる前に本を読んでくれる，⑨かいものに行く，⑩メダカのおせわ，⑪アイロンをかける。わたしのおかあさんはぜんぶで11のしごとをしていました。ここからは，それぞれをくわしく書いていきます。

①ごはんをつくる（野さいをきる，お米をとぐ，かいものに行く，りょうりする，おちゃわんにごはんをよそう，おかずをおさらにもりあげる，ランチョンマットをひいて，コップやおはしをならべる，りょうりをはこぶ，しょっきをかたづける，しょっきをあらう，テーブルの上をかたづける）……

どの「しごと」もたいせつだし，かぞくみんなが「ハッピー」になる「しごと」でした。こんなにたくさんあるので，なにかてつだってあげたいです。でも，おかあさんはえがおでやっています。かいしゃ（学級の係活動）みたいにみんなが「ハッピー」になるとうれしいからかな。

お母さんの「しごと」についてつぶさに調べ，「かぞく」みんなが「ハッピー」になるのが「しごと」だという「自分ならでは」の考えがきちんと示されている。具体的な数や内容を調べるとよいといった「追究の見通し」をきちんともたせたことで，授業と授業の「業間」が生かされ，「独自学習」において「気付きの質を高めている」ことが見てとれる。

ところが，本時「おかあさんがおこるのは『しごと』？」において，このようなＡ子の考えが揺さぶられる。Ａ子は問題を解決するために母親へ次のように質問した。

お母さんがわたしのことをしかるのは，ちゅういしているだけだと思うから，これまでの「しごと」はみんなおたがいに「えがお」になっていたけど，しかるのは「えがお」にならない。だから，わたしは「しごと」ではないと思うけど，お母さんはどう思いますか？

それに対し，両親から以下のような返答が届き，Ａ子は考えを深めていった。

「しごと」だと思っておこっていたつもりはないけれど，Ａ子から話をきいて考えました。お父さんとお母さんがおこるのは何のためか？　それはＡ子が大人になったときにこまらないようにするためです。Ａ子と妹を一人前の大人にそだてることは，お父さんとお母さんの一ばん大せつな「しごと」なのです。大人になったときにこまらないように，しかっているのです。そうでなければ，おたがいにいやなきもちになるのがわかっていて，しかりません。しょうらいのＡ子のえがおのためだと思うから，しかったり，ちゅういしたりできるのです。だから，しかることもお父さんとお母さんの「しごと」なのでしょうね。

お父さん・お母さんより

でも，なんだかまだなっとくできないな。そのうち「ハッピー」になるっていうのは「しごと」っていうのかな。おこられるのはいやだけど，でもやっぱりおこってほしいかな。また，みんなのかんがえをきいてきめよう。あと，じっさいにもっと「しごと」をしてみてかんがえてみよう。わたしにできることはもっとあると思う。

Ａ子

第Ⅱ部　初等生活科教育の実践

「独自学習」により，本時の授業における話し合いを振り返り，両親の気持ちに触れたA子は，次時においても，自らの「しごと」に対する考えを広げていく姿が見られた。そして，第3次「『かぞく』にこにこ大さくせん！」以降も，「かぞく」や「しごと」について，「自分ならでは」の考えを問い続けていった。

4　実践上の留意点と今後の課題

1　実践上の留意点

　本単元は，児童にとって生活の基盤であり，心のよりどころである家庭生活を学びの舞台に，「かぞく」や「しごと」について「自分ならでは」の考えを「問い続ける」ことをとおして，「かぞく」の一員として，みんなが「ハッピー」になるために「しごと」をしたり，健康に気をつけて生活したりすることを目指して実践した。

　時代とともに家庭を取り巻く環境が変化し，これまで以上に家庭の状況を踏まえた十分な配慮が求められる。とくに，児童一人一人の家族構成や家庭生活の状況は異なるので，各家庭の差異を尊重し，児童が安心して学習できる配慮を第一に考えたい。そのため，保護者には授業の意図などを示した「学級通信」をとおして，理解と協力を得たり，個々の家庭の状況を十分把握したりしたうえで，一人一人の児童の実態を踏まえた学習活動を行うようにしたい。したがって，「生活科では，自分が家族と思った人が『かぞく』という結論でよい」（内藤，2007，42ページ）というスタンスをとるべきだと考える。

2　今後の課題

　生活科の英語名は "Living Environment Studies" である。長谷川の分類によると，生活科は，社会科や総合的な学習と同じく「Study 型教科」である。[▷6] したがって，児童自らが問題を発見し，「自分たちの問題」として追究していくことをきめ，問題追究をとおして，「自分ならでは」の考えをきめ，きめ直し，問い続けていく教科なのである。また，Studies という複数形からもわかるように多様性を尊重する教科でもある。

　そのために，本実践では，児童の互いの考えのズレから「自分たちの問題」が成立する過程や，「名札マグネット」によって「自分ならでは」の考えを広げ，深め，固め，「相互学習」における話し合いを深めていく過程，さらに「問題の解決で始まり，新たな問題で終わる」指導過程によって「業間」の「独自学習」を充実させる過程について明らかにしてきたつもりである。

▷6　小学校の英語の教科名を分類してみると，Studies と Education と Economics のつくものに分けられる。Study とは，「研究する」という意味である。英語表記で，Study がつくのは，生活科のほかに社会科（Social Studies），総合的な学習（Integrated Studies）しかない。長谷川は，Education などのつく他教科である国語，算数，理科，音楽，体育，道徳の「Learn 型教科」は，「習い，覚える」わけだから結果が大事だが，「Study 型教科」は，「研究する」という意味で，児童が問題発見する，追究する，調べる，まとめるといった深い学びの過程を大切にする教科，いわばアクティブ・ラーニングなのである，と述べている（長谷川，2008，11〜12ページ）。

第**7**章　初等生活科教育の実践②

　ただ，これらの過程を充実させるためには，やはり児童一人一人の「自分なら
らでは」の考えをきめる足場を支えていくことが必要不可欠である。それぞれ
の過程で，さまざまな家庭の状況を踏まえ，児童一人一人に応じた緻密な支援
を考えていくことが求められる。

Exercise

① 　昨今の多様な家庭環境を考えた時に，本単元の学習を行ううえで留意しな
　ければならないことを踏まえて，「家庭と生活」にかかわる単元を構想して
　みよう。
② 　児童がそれぞれ家庭で体験したことを授業場面で交流する際，より各児童
　の体験が伝わるようにするために，どんな手立てが取れるか考えてみよう。

📖次への一冊

田村学『新版小学校生活──イラストで見る全単元・全時間の授業のすべて　1年』東
　洋館出版社，2012年。
　　本時の「目標・ポイント」，評価に結びつく「期待する子どもの反応」，そして「授
　　業の流れ」をわかりやすくイラストで毎時間ごとに詳しく解説。生活科の単元イ
　　メージと授業イメージに，確かな輪郭をもたせる一冊。
内藤博愛『子どもがハッとする「ゆさぶり発問」の作り方』学事出版，2007年。
　　児童の「知的正義感」と「知的好奇心」を喚起させる「ゆさぶり発問」の作り方を
　　検討し，児童の学習意欲を持続させる生活科の授業作りを豊富な実践をもとに紹介。
有田和正『教師と子どもの「見る目」を鍛える』明治図書出版，2004年。
　　教育の目的の一つは，児童の「見る目」を育てることである。「見る」ということ
　　は「はてな」が見えるということ。どうすればこのような「見る目」が育つのかを
　　実践をとおして明らかにする。

引用・参考文献

有田和正『「追究の鬼」を育てる　有田和正著作集第17巻　社会科実践の病理をさぐる』
　明治図書出版，1989年。
有田和正『教師と子どもの「見る目」を鍛える』明治図書出版，2004年。
市川博・横浜市立山元小学校『名札マグネットを使った「討論の授業」づくり』明治図
　書出版，1997年。
小幡肇『やれば出来る！　子どもによる授業』明治図書出版，2003年。
片上宗二『「社会研究科」による社会科授業の革新』風間書房，2011年。
木下竹次『学習原論』目黒書店，1923年（再版中野光編，明治図書出版，1972年）。

田村学編著『平成29年版 小学校新学習指導要領の展開　生活編』明治図書出版，2017年。

内藤博愛『子どもがハッとする「ゆさぶり発問」の作り方』学事出版，2007年。

長谷川康男『小学校社会科授業づくりと基礎スキル』東洋館出版社，2008年。

文部科学省『小学校学習指導要領解説生活編』日本文教出版，2010年。

文部科学省『小学校学習指導要領（平成29年告示）解説生活編』東洋館出版社，2018年。

第8章
初等生活科教育の実践③
──地域と生活──

〈この章のポイント〉

　児童は「たんけん」という言葉にワクワクし，「まちたんけん」という実際の体験活動をとおして，自分が疑問に思ったことや調べてみたいことをとことん追究することができる。そして数々の新たな発見をとおして，自分の住む地域のよさやすばらしさを知り，さらに自分とのかかわりに気付き，地域に愛着をもち自然を大切にしたり，集団や社会の一員として安全で適切な行動をしたりする力が育まれていく。本章では，児童に育てたい主体的・対話的で深い学びや活動の意義，「地域と生活」の学習をさらに高めていくための保護者や地域の協力の必要性，協力を仰ぐ際の主な留意点などについて，実践をもとに解説する。

1　生活科における単元の位置づけ

［1］　生活のなかで，児童が「なぜ・どうして？」という疑問をもつ意義の重要性

　児童は遊びが大好きである。そして，遊びのなかで知らず知らずのうちにたくさんのことを学んでいる。たくさんの「なぜ・どうして？」をもっている。その遊びのなかで芽生えた「なぜ・どうして？」を大事に生かし，あえて生活科の学習課題としていくことを重要視したい。仲間と「ああじゃないか・こうじゃないか」とお互いの考えをぶつけ合い，ともに学び・ともにわかり合い・ともに結び合いながら，課題解決に向かって，自分たちの力で考えを追究するという体験はとても楽しい。自ら主体的に「学習の本質・学習の価値」に迫る学びを体験することをとおして，児童は，学ぶことの楽しさを体で感じて身につけ，生きて働く力が育っていくようになる。

　しかし，この「なぜ・どうして？」の学習は，調べてみたい・考えてみたい，という意欲だけで終わってしまう児童が見受けられることがある。その「なぜ・どうして？」を出発点にして，どの子も，学習のゴールまで導くしっかりとした学習活動を計画していくことに生活科の醍醐味がある。

　本単元「地域と生活」では，自分たちの住むまちの文化・伝統・自然，地域

第Ⅱ部　初等生活科教育の実践

の生活や地域の人々との目には見えないつながり，公共物や公共施設，季節の変化，生活や出来事の伝え合いなど地域の生活に対して生まれた「なぜ・どうして？」を追究することで，児童に学ぶ楽しさに気付いてもらうとともに，新学習指導要領の目標となる「主体的・対話的で深い学び」をさらに高め，発展させる学習に迫ってみたい。

2　新学習指導要領のねらい

本単元と学年の目標・内容との関連をまず見てみる。新学習指導要領に示された学年の目標は，以下のとおりである。

> (1)　学校，家庭及び地域の生活に関わることを通して，自分と身近な人々，社会及び自然との関わりについて考えることができ，それらのよさやすばらしさ，自分との関わりに気付き，地域に愛着をもち自然を大切にしたり，集団や社会の一員として安全で適切な行動をしたりするようにする。

次に，9項目からなる内容との関連を見てみると以下に示すように複数にまたがっている。(3)地域と生活，(4)公共物や公共施設の利用，(5)季節の変化と生活，(8)生活や出来事の伝え合い。そのなかでも，本章では，(3)に焦点を当てて述べたい。(3)の内容は，

> (3)　地域に関わる活動を通して，地域の場所やそこで生活したり働いたりしている人々について考えることができ，自分たちの生活は様々な人や場所と関わっていることが分かり，それらに親しみや愛着をもち，適切に接したり安全に生活したりしようとする。

というものであることから，次の3点が読み取れる。

・地域やそこで生活したり働いたりしている人々の生活について考える。

・自分たちの生活や地域の人々との目には見えないつながり，さまざまな人々や場所とのかかわりについて考える。

・地域の人や場所に親しみや愛着をもち，適切に接したり安全に生活したり，自分の住む地域のよさやすばらしさを知り，さらに自分とのかかわりに気づき，地域に愛着をもち自然を大切にしたり，集団や社会の一員として安全で適切な行動について考える。

本単元の「地域と生活」は，児童の生活の場の広がりを背景に，地域に出かけることで，さまざまな人々や場所との出会いを作り，それらに心を寄せ，自分の生活とのかかわりをさらに広げたり深めたり高めたりすることが期待できるからこそ，ワクワクできる。そして，そのことに，繰り返しかかわり合いながら活動できることが大変魅力的なのであり，「生きて働く力」へと発展していくのである。その際，活動をとおして地域がより身近なものになることが最も大切となる。というのも，児童が活動をとおして，地域の人や場所に親しみ

第**8**章　初等生活科教育の実践③

や愛着をもち，それに気付くとともに，それらを大切にする気持ちや積極的に
かかわろうとする気持ちを，よりいっそう大きく高め・発展させることができ
るからである。

2　単元の構成

1　単元の概要

　本単元は，第2学年のなかで複数回行う。[▷1]

小単元名	時間数	目　標
どきどきわくわくまちたんけん	15時間（5～6月）	自分たちが住む地域をたんけんし，まちの自然，人々，社会，公共物などに関心をもつとともに，自分たちの生活は，地域で生活したり働いたりしている人々やさまざまな場所とかかわっていることがわかり，それらに親しみや愛着をもち，人々と適切に接することや安全に生活することができる。
もっとなかよし　まちたんけん	15時間（10～12月）	自分たちが住む地域をたんけんし，まちの自然，人々，社会，公共物などに関心をもち，インタビューしたり，体験したり，かかわったりする活動をとおして，まちのよさや，そこに住む人々の心の温かさに気付き，新たな親しみや愛情をもつことができる。

▷1　「まちたんけん」の
活動は，学校の実態に合わ
せて計画を立てていくが，
1・2学期にそれぞれ1回
ずつ組んでいきたい。1回
目は，地域のなかに関心が
あるものを見つけること
で，地域をより広く知ると
いうことに重きを置く。2
回目は，地域の人やものと
より深くかかわるというこ
とに重点を置きたい。

2　第2学年「どきどきわくわくまちたんけん」の実践例

① 単元設定の理由

　第2学年の児童は，学校から自分の家までの様子は毎日見ていてよくわかっ
ている。しかし，同じ学区域でも，それ以外の地域の場所については，意外と
知らないことが多い。まず，「自分が住むまちのいいところ探し」や，「友達に
見せてあげたいところ探し」をすることで，自分の学区域には知らないところ
がまだまだたくさんあることを新たに自覚する。そして，自分もそこに行って
みたい気持ちになる学習のしかけを学習の出発点にしてみたい。すなわち，教
師の指示ではなく，児童の思いや願いが生活科の学習のドラマの始まりなので
ある。それは，児童にとって大変重要で，魅力的な学習課題となるのである。

② 単元の目標

　自分たちが住む地域を探検し，まちの自然，人々，社会，公共物などに関心
をもつとともに，自分たちの生活は，地域で生活したり働いたりしている人々
やさまざまな場所とかかわっていることがわかり，それらに親しみや愛着をも
ち，人々と適切に接することや安全に生活することができる。

87

第Ⅱ部　初等生活科教育の実践

③　単元の評価規準

知識及び技能の基礎	思考力，表現力，判断力等の基礎	学びに向かう力，人間性等
自分の生活しているまちに関心をもち，地域の人々やさまざまな場所に親しみをもってかかわったり，友達と協力してまちをたんけんしたりしようとする。	行ってみたい場所を自分たちで決め，地域の人々やさまざまな場所と適切にかかわることや，安全に生活することについて考えたり，まちたんけんで発見したことや気付いたことについて，自分が選んだ新しい方法で表現したりすることができる。	まちの自然や人々，社会，公共施設などの意義や自分たちの生活との密接なかかわりに気付くとともに，自分の町のよさに気付いている。

④　学習指導計画

小単元の目標	時数	学習活動の流れ	指導上の留意点
自分たちが住むまちのことを話そう	3	○自分が住んでいるまちの好きな場所や，自慢したい場所を調査し，みんなで話し合う。	・好きな場所や自慢したい場所の理由をきちんとした根拠をもとに言わせるようにする。 ・今後の学習に生かせるように学区域のマップを用意し，適宜活用させる。
まちたんけんの計画を立てよう	3	○グループごとに行ってみたい場所を話し合い，たんけんの計画を立てる。	・まちたんけんは，グループごとに保護者に付き添ってもらえるように，事前の準備を丁寧に行い，負担にならず失礼のないように整えておく。
まちたんけんにいこう	3	○計画にそって，たんけんに行き，自分たちが行きたい場所に行って調査してくる。	・4人に一人の保護者につきそってもらい，保護者には，後ろから児童の安全を確認してもらうようにする。
見つけたことを書いてまとめよう	3	○まちたんけんで，一番みんなに伝えたいことや，発見したことをカードに書く。 ○カードを，クラスの「まちたんけんマップ」に貼り，グループの仲間との話し合いをとおして，修正を加える。	・何枚も書きたいという児童のために，カードは余分に用意しておく。 ・第1・2時で使った学区域のマップを，たんけんマップとして使用する。このなかに，児童が書いた発見カードを貼りながら，完成するよう促す。

▷2　地域のなかの興味あるものを見に行く活動も，クラスの実態にあわせてグループ編成を変えてみるとよい。行ってみた場所別，行ってみたいコース別，グループごとに行ってみたい場所を決めるなどのやり方がある。

88

第**8**章　初等生活科教育の実践③

まとめたこ とを発表し よう	3	○お互い見合うことで，疑問に 思うことを質問し合い，さら によい「まちたんけんマッ プ」に仕上げ，完成させる。	・ここで出てきた疑問は，2回 目のたんけん活動に生かせる ように，丁寧に記録してお く。

⑤　実際の学習の様子（第1時）

　「どきどきわくわくまちたんけん」の単元の導入時である。学校を中心とした学区域の地図をあらかじめ用意しておき，自分たちが住んでいるまちの好きな場所や，自慢したい場所を自由に言わせる。

児童：家の近くの「汽車ぽっぽ公園」が好きです。鬼ごっこの時，汽車のトンネルに 隠れると，すごく楽しいんだよ。

児童：あ，そうそう。ぼくも大好き。

児童：新公園は，広いグランドがあるから好き。あそこに行くと，いつも野球とか サッカーができるから，みんなでいつも楽しく仲良くできるんだよ。

児童：新公園は噴水があって，夏には噴水で遊べるんだよ。気持ちいいんだよね。

児童：いいなー。行ったことがないから，ぼくも，行ってみたい。

児童：○○ちゃんの家の近くの，△△というお店に，文京区の形をしたサブレがあっ て，とても美味しくて人気があるんだよね。

児童：私も食べたことある。

児童：えー，一度ぜひ食べてみたいな。

教師：ねえねえそれは，この地図のなかのどこにあるの？（地図のなかに，その印を つける）

児童：えー，私も今すぐにでも行ってみたいなー。今日帰ったらおうちの人に言って みる。

教師：そうだねー，行ってみたいね……。

⑥　学習のポイント

　学習づくりのうえで教師が心がけるべきことは，児童の日常生活のなかの何気ないつぶやきや，児童に普段書かせている日記や発見カード[3]のなかから，学習のきっかけをいかに見出し，発展的な学習へとつなげていくのかということである。児童が書く日記や発見カードには，登下校で見つけた四季折々の動・植物，建物，地域の人々などの内容が表現されている。普段の生活がよくにじみ出ているのである。

　さて，「昨日，汽車ぽっぽ公園で遊びました。……」そんな内容の日記から本単元の導入に入っていくと，この日記を取り上げてもらった児童は，自分が書いた日記から学習が発展していくことをとてもうれしく感じる。そして，そのことがきっかけとなってさらなる学習の発展へとつながっていく実感は，学びをより主体的なものにしていく要因となる。

　このような学習課題への取り組みで，学習は，いつも教師から与えられるものではなく，自分たちの発見や疑問から出発していくことを児童に意識づける

▷3　発見カード
発見カードは，日頃から児童が見つけた発見を記しておくカードである。「まちたんけん」にかかわる内容が書かれた際には，この活動とつながる場面で紹介できるようにストックしておくとよい。

89

第Ⅱ部　初等生活科教育の実践

ことが大切である。そのために，児童の思いや願いから，活動や体験が始まるようにしていくことを，教師自身も意識していきたい。

３　第２学年「もっとなかよし　まちたんけん」の実践例

①　単元設定の理由

「どきどきわくわくまちたんけん」では，自分たちが住むまちには，たくさんの魅力的なものがあることを活動をとおして知った。そして，たんけんする面白さも実感した。「もっとなかよし　まちたんけん」では，その土台のうえに，さらに自分が関心のあることを追究する楽しさを実感させたい。疑問に思ったことを実際に見たり，人に聞いたりしながら調べていく。探究することの楽しさを体感することは，主体的に学ぶ力につながると考える。

②　単元の目標

自分たちが住む地域をたんけんし，まちの自然，人々，社会，公共物などに関心をもち，インタビューしたり，体験したり，かかわったりする活動をとおして，まちのよさや，そこに住む人々の心の温かさに気付き，新たな親しみや愛情をもつことができる。

③　単元の評価規準

知識及び技能の基礎	思考力，表現力，判断力等の基礎	学びに向かう力，人間性等
自分の生活しているまちに関心をもち，地域の人々やさまざまな場所に親しみをもってかかわったり，友達と協力してまちをたんけんしたりしようとする。	行ってみたい場所を自分たちで決め，地域の人々やさまざまな場所と適切にかかわることや，安全に生活することについて考えたり，まちたんけんで発見したことや気付いたことについて，自分らしい方法を選んで表現したりすることができる。	まちの自然や人々，社会，公共施設などの様子や自分たちの生活とのかかわりに気付くとともに，自分の町のよさに気付いている。

④　学習指導計画

小単元の目標	時数	学習活動の流れ	指導上の留意点
まちたんけんの計画を立てよう^{▷4}	3	○１学期に行った「まちたんけん」で作った絵地図を見ながら，もう一度行ってみたい場所や会ってみたい人をあげてみる。 ○グループごとに，たんけんの	・行きたい理由や会いたい理由をきちんと言わせるようにする。 ・今後の学習に生かせるように学区域のマップを用意しておく。

▷4　１学期の「まちたんけん」のまとめでは，児童から新たな疑問が出てきたり，さらなる活動の欲求が出てきたりする。それらは，本活動につながるものとして，きちんと記録を残しておく。

90

		ルート，ルールやマナー，持ち物，役割などを計画表に書く。 ○まちたんけんのグループを決め，たんけんしたい場所や見てきたいこと，聞いてきたいことを，考える。	・事前に児童に自分たちで見学のお願いもさせたい。 ・まちたんけんは，グループごとに保護者についてもらうように，準備を整えておく。	
もう一度たんけんに行こう	3	○グループごとに，保護者ボランティアの方についてもらい，計画に沿ってたんけんに行き，地域の人とかかわったり，インタビューしたりする。 ○活動を振り返り，まちたんけんのグループごとに行ってみたい場所を話し合い，たんけんの計画を立てる。	・4人に一人の保護者についてもらい，保護者には，後ろから安全を確認してもらうようにする。	
まちの人と仲良くなろう	3	○発見してきたことを，発見カードにまとめる。◁5 ○不確かなところや，友達から聞いて自分が気付かなかった，もう一度見てみたいところを話し合う。 ○もう一度たんけんに行く計画を立てる。グループごとに，聞いてくるべきこと，見てくるべきことを明らかにする。	・何枚も書きたいという児童のために，カードは余分に用意しておく。 ・たんけんのまとめの段になると，自分たちが見てきたことにあやふやなことが見えてくる。その場合は，もう一度自分たちで見てきたり聞いてきたりするよう，促す。	▷5　発見カードにまとめるとなると，意外とあやふやなところが認識される。もう一度「たんけん」に行く余裕があれば，行って確認できるとよい。
さらにまちたんけんで調べてこよう	3	○もう一度調べてみたいところへたんけんに行く。	・聞いたり，見たりするべきことの意識づけをする。	
仲良くなったまちの人のことをしょうかいしよう	3	○まちたんけんで，一番みんなに伝えたいことや，発見したことをカードに書く。 ○たんけんで発見したことを，友達に伝える。		

第Ⅱ部 初等生活科教育の実践

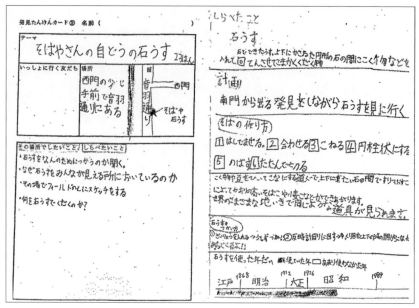

図8-1 もう一度見たり聞いたりしたいことをまとめたカード

⑤ 実際の学習の様子

(1)第3時

まちたんけんのグループを決め，たんけんしたい場所や見てきたいこと，聞いてきたいことを考える。

【学習のポイント】

「たんけん」に出かける前には，何を見てきたいのか，どんなことを聞いてみたいのか，あらかじめ重要な学習課題につながる目的意識をもって「たんけん」に行かせるようにすることが教師の役割である。図8-1は，そば屋さんにたんけんしに行く児童の事前のたんけんカードである。

そば屋さんの前を通る時にいつも見ている石うすが気になっており，そのことについて調べたいことを左半分に書いている。また，右半分には，事前に石臼について辞書や保護者への聞き取りで調べたことや，そばの作り方など，自分で調べてわかったことを書いている。

このように，どのような目的意識で学習課題に臨むのか（図8-2），そして，事前に調べておけることは何なのかなど，調べる際の学習課題のあり方などを学ばせ，児童に主体的に学ぶことの楽しさを獲得させていきたい。

▷6 調べる手段として，インターネットを利用することがあるが，第1学年～第2学年の児童には，まず，本や辞書で調べる楽しさを体感させることを大事にしたい。

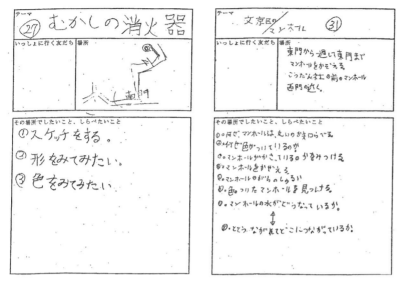

図8-2　その他のカードの例

(2)第7時

　たんけんから戻ってきて、児童は自分たちが見てきたことや調べてきたことをまず、発見カードにまとめた。友達にどのような伝え方をしたら、自分の考えがよく伝わるのかのポイントについて、話し合いを行った。

　まとめていくうちに、あやふやなことが明らかになり、もう一度現場に赴き、調べ直したいという主体的で意欲的な発言が、児童のなかから飛び出してきた。

　児童が疑問をもつことは、児童がこれから真の学びに立ち向かっていくうえでとても大切な学習の姿勢なのである。児童は「なぜ・どうして？」という疑問をもち、その不思議を追究したくなる。教師が言わなくてもどんどん、自分たちで主体的に調べてくる児童もいるが、追究の時間を確保したり、ゆとりの時間を与えたりすることで、児童の追究しようという意欲は高まり最後まで持続できるのである。追究して疑問が解決されると、知ることの喜びを児童は実体験する。そのことこそがすなわち、「学ぶことはおもしろい」という学びの姿勢に発展し、このような経験に多く積み重ねた児童は、自ら知的興味関心をもち、主体的に学習していけるのである。

　自分たちの力で考えを追究するという、自ら主体的に「学習の本質・学習の価値」にせまりながら学ぶという体験学習をとおして、児童は学ぶことの楽しさを体で感じて身につけ、「生きて働く」力が育っていくようになるのである。

第Ⅱ部　初等生活科教育の実践

図8-3　郵便局へたんけん

3　児童の学びに見られる実践の意義

本単元では，教師の力量一つでさまざまなバリエーションの学習に挑戦することができると考える。「まちたんけん」の活動では，ある年度では以下のようなA・Bの2種類のグループに分けて実践した(図8-3)。

(A)
　駅・駅員さん，花屋，電気屋，消防署，郵便局，先生，警察署，コンビニエンスストア，バスの車庫，スーパー
(B)
　バスの車庫，音羽通り，春日通り，グルメ，紙，学校・建物，寺，公園
　コンビニエンスストア，交番，坂，鳥，植物・並木，マーク，マンホール，音

▷7　本章の実践の紹介では，2回目の「まちたんけん」はグループごとにもう一度行ってみたいところを決めたが，クラスの実態にあわせて，課題別で取り組むのもおもしろい。

Bのグループ分けは，1回目のまちたんけんでの発見の交流会で以下のような疑問が発見カードに書かれていたことがきっかけとなった。

〈発見カードに書かれていたこと〉
坂：坂の名前と傾きぐあいに違いがあった。
マーク：町のなかに面白い絵文字や看板，標識などがあった。
マンホール：マンホールには，いろいろな図案があった。ほかにもどのような図案のマンホールがあるのかな？
音：町のなかのおもしろい音を見つけたい。
色：町のなかの色を見つけたい。

▷8　児童が書いた発見カードには，大人が気付かないことも多く書かれている。そういう発見を丁寧に取り上げていくことで，児童の学習活動が大きく変わってくるのである。

このように，児童の課題のもち方も，教師の取り上げ方一つで，大きく変わってくるのである。常に児童が，どんなことに目を向けたり，興味をもったりするのかを，教師がしっかり学習課題となる「種」として素早くキャッチできるアンテナを，常に張りめぐらせておくことが重要なのである。

4　実践上の留意点と今後の課題

1　保護者やまちの人との連携がこの単元のポイント

本学習の発展として，地域の人を学校に呼んで，自分たちのまちたんけんをまとめることもできる。

相手の都合もあるので，なかなか全員がそろうことは難しい。しかし，地域の人に学校に来てもらうという大切な機会は，地域の人たちとつながるチャンスである。

▷9　「まちたんけん」では，町に住むいろいろな人々にお世話になる。事前に人材リストのようなものを作っておき，日頃からそこに名前が載っている方々とは交流できるようにしておくとよい。

94

今は，学校と地域とが連携して，児童の教育に取り組むことが欠かせない時代であり，連携することこそが児童の大きな学びへと発展していくのである。

学校が拠点となって地域に発信していくことは，これからの時代には必要不可欠なことであり，教師がこのような意識をもっておくことは，大変大事なことと言えよう。

2 生活科「まちたんけん」と第3学年社会科「まち探検」がそれぞれねらうこと

図8-4の絵地図は，第3学年の社会科で作ったものである。社会科における「まち探検」には，探検した後に絵地図を作る活動があるが，これには絵地図から地図記号を使ってより見やすい地図に作っていく学習がともなっている。また，探検する目的は，その土地の地形の様子や利用のされ方について学ぶことである。例えば，図8-4の地図を作っていくと駅の周りがある色に染まってくる。その色は店や建物を表したものであるが，このことから「駅の近くには，店が多い」という事実が浮かび上がる。そこから，「電車で乗り降りする人が多いので，駅の近くには多くのお客が集まりそうだから，お店も多い」という社会認識が生まれてくる。

生活科の「まちたんけん」は，自分が疑問に思ったことを，自分で解決することに大きな意義を置いている。一方，社会科では，地形や土地利用など社会の様子を知るためのまち探検でなければならないのである。

▷10 生活科でも絵地図作りを行う。この絵地図は自分たちの興味関心があるものや，自分たちが行った場所で発見したことなどが描かれていることが多い。第3学年の絵地図とは意味が違うことをしっかり意識しておきたい。

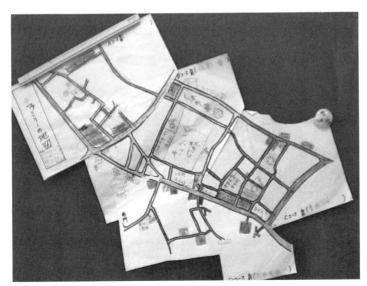

図8-4 社会科における「まち探検」で作成した絵地図

第Ⅱ部　初等生活科教育の実践

Exercise

① 第1回目の「まちたんけん」の動機づけとして，「自分が住むまちのいいところ探し」や「友達に見せてあげたいところ探し」を紹介した。日常生活には動機づけとなるさまざまな要因がありそうだが，ほかにはどのようなものがあるのかを考えてみよう。

② 「まちたんけん」のグループ分けでは，グループごとに行ってみたい場所を決める例を紹介した。ほかには行きたい先別でグループに分ける方法もあるが，それぞれどのようなメリット・デメリットがあるだろうか。考えてみよう。

③ 生活科でのまちたんけんと，社会科でのまち探検を紹介したが，それぞれ児童には，どのような学習問題を投げかけるのかを考えてみよう。

📖次への一冊

須本良夫編著『生活科で子どもは何を学ぶか——キーワードはカリキュラム・マネジメント』東洋館出版社，2018年。

　　何を学ぶのか，どのように学ぶのか，何がわかればよいのか。生活科の各活動で育てるべき資質・能力が示されている。まちたんけんの実践も紹介されている。

小原友行・朝倉淳共編著『生活科教育改訂新版——21世紀のための教育創造』学術図書出版社，2010年。

　　生活科の学習は，地域の実態，児童の実態によって大きく変わる。まちたんけんの学習を第1学年・第2学年合同のグループを組んで行う実践例が紹介されているのは，興味深い。

引用・参考文献

廣嶋憲一郎『生活科の再出発——生きる力を育てる授業づくりのポイント』東洋館出版社，1998年。

文部科学省『小学校学習指導要領解説生活編』日本文教出版，2010年。

文部科学省『小学校学習指導要領（平成29年告示）解説生活編』東洋館出版社，2018年。

第9章
初等生活科教育の実践④
──公共物や公共施設の利用──

〈この章のポイント〉

　実際に公共物や公共施設を利用し，みんなで使うものや場所，施設を正しく利用できるようにすることが大切である。本章では，新学習指導要領の内容⑷にあたる実践例として，第1学年における「こうえんたんけん」を取り上げる。自分たちで公園をデザインしたり，実生活における公園の利用経験を発信したりする活動をとおして，公共の意識を高め，自らの生活に学びを生かしていこうとする児童の姿を紹介し，内容⑷における単元作りについて解説する。

1　生活科における単元の位置づけ

1　内容⑷「公共物や公共施設の利用」について

① 生活科における「公共物や公共施設の利用」の内容の意味

　児童の身の回りには数多くの公共物や公共施設が存在する。こうした公共物や公共施設を利用することは，児童の生活の場を家庭から地域へと広げていくことにつながる。しかし，児童にとって公共物や公共施設は生活のなかでも利用した経験はあるものの，それが「自分」と「みんな」のものであるという認識をもつには至っていない場合も多い。それらを実際に利用することで，児童は，「もっとこうしたい」という思いや願いを膨らませ，公共物や公共施設に主体的にかかわりながら，それらのよさが実感的にわかるようになる。そして，身の回りには，みんなで使うものやみんなのための場所があり，「自分」と「みんな」という意識をもつことができるようになるであろう。また，さまざまな公共物や公共施設の存在や役割，それらを支えている人々の存在を知り，必要に応じて使えるようになることも期待できる。

② 内容⑷の位置づけ

　生活科の学年の目標では，2学年間をとおして実現する目標が内容のまとまりごとに三つ示されている[1]。その中で内容⑷については，「身近な人々，社会及び自然と関わる活動に関する内容」に位置づけられている。

▷1　学年の目標は⑴学校，家庭及び地域の生活に関わることに関するもの，⑵身近な人々，社会及び自然と触れ合ったり関わったりすることに関するもの，⑶自分自身を見つめることに関するものの三つで構成されている。

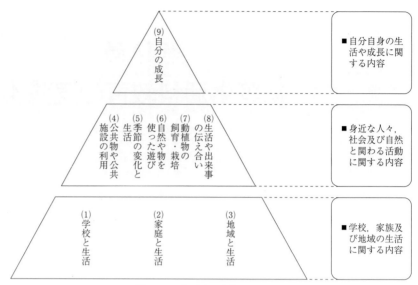

図9-1　生活科の内容のまとまり
出所：文部科学省（2018, 26ページ）。

③　内容(4)「公共物や公共施設の利用」の構成

学習指導要領［平成20年改訂］では，内容(4)について次のように示されている。

> (4)　公共物や公共施設を利用し，身の回りにはみんなで使うものがあることやそれを支えている人々がいることなどが分かり，それらを大切にし，安全に気を付けて正しく利用することができるようにする。

これまでも，内容(4)においては実際に身の回りの公共物や公共施設を利用することで，「みんな」で使うものがあることやそれを支えている人々の存在に気付き，安全に正しく利用しようとする態度を育てることを大切にしてきた。

新学習指導要領においても，具体的な活動や体験をとおして第1学年～第2学年らしい思考や認識を確かに育成し，次の学習活動へつなげる学習活動を重視することに変わりはない。しかし，生活科においては，「活動あって学びなし」という批判があるように，具体的な活動をとおしてどのような思考力などが発揮されるのか明確にする必要があるとされた。

そこで新学習指導要領では，さらなる充実を図るため，内容(4)について次のように示された。

> (4)　公共物や公共施設を利用する活動を通して，<u>それらのよさを感じたり働きを捉えたりすることができ</u>，身の回りにはみんなで使うものがあることやそれらを支えている人々がいることなどが分かるとともに，それらを大切にし，安全に気を付けて正しく利用しようとする。
> 　　　　　　　　　　　　　　　　　　　　　　　　　　　　　　　（下線は筆者）

下線部は新学習指導要領で付け加えられた文言である。ここではほかの内容

と同様に，「具体的な活動や体験」「思考力，判断力，表現力等の基礎」「知識及び技能の基礎」「学びに向かう力，人間性等」という構造になっており，この内容(4)で育成する思考力などを明確に示している。

「思考力，判断力，表現力等の基礎」にあたる「それらのよさを感じたり働きを捉えたりすることができ」とは，自分にとっての公共物や公共施設の価値を見出し，それらの特徴を見つけ，自分や自分の生活とつなげて考えることができるようにすることであると考えられる。例えば，身近にある公園をもとにして，みんなが気持ちよく利用するために，遊具で遊べる年齢を分けていたり，遊ぶ場所の近くにトイレや水道が配置されていたりする公共物や公共施設の働きを，自分の生活とつなげて捉えた児童の姿となって現れる。

「知識及び技能の基礎」にあたる「身の回りにはみんなで使うものがあることやそれらを支えている人々がいることなどが分かる」とは，身の回りには，みんなで使うものやみんなのための場所があり，「自分」と「みんな」という公共の意識をもつことができるようになることであると考えられる。例えば，公園で遊びながら，公園を利用する人々は自分たちだけではなく，小さな子どもからお年寄りまで多くの人々が利用していることに気付いたり，公園を清掃している人に話を聞いて，みんなが利用しやすいように働いていることなどに気付いたりしている児童の姿となって現れる。実際に公共施設を支えている人々と直接かかわりながら，そうした人々に親しみをもち，工夫や気持ちに気付いていくことができるようにしたい。

「学びに向かう力，人間性等」にあたる「それらを大切にし，安全に気を付けて正しく利用しようとする」とは，学んだことを自らの生活に生かし，公共物や公共施設を安全に正しく利用していこうとする態度を育むことであると考えられる。例えば，公園のルールやマナーを大切にし，公園の遊具やベンチ，トイレなどを，ほかの利用者を気遣いながら安全に正しく利用しようとすることである。生活科の学習のなかだけでなく，「今度また，あの公園に遊びに行こう」「今度は違う公園にも行ってみたいな」など自分たちの生活に生かしていく態度を育んでいくことは，生活科の教科目標にあるように，自立し自らの生活を豊かにしていこうとする姿につながっていく。

④　ほかの内容との関連

この内容では，例えば内容(1)との関連において，自分たちの通学路を実際に歩き，交通指導員や子ども110番の家など通学路の安全を守ってくれる人々の存在に気付き，安全な登下校をしようとする態度を養うことと関連させることも考えられる。また，内容(3)と関連付け，町を探検するなかで電車やバスなど，公共の交通機関を利用し，安全に気をつけて正しく利用しようとする態度を養うこととも関連させて指導にあたることも考えられる。

▷2　育成を目指す資質・能力のなかで，「思考力，判断力，表現力等の基礎」「知識及び技能の基礎」となっているのは，幼児期の学びの特性を踏まえ，育成を目指す資質・能力を截然と分けることができないためである。このことは，生活科が幼児期の教育と小学校教育とを円滑に接続するという機能をもっていることを示している。

▷3　取り上げられる公共物の例（文部科学省，2018，36ページ）。

地域や公園にあるベンチ，遊具，水飲み場，トイレ，ごみ箱，図書館や児童館の本，博物館の展示物，乗り物，道路標識や横断旗など，みんなが利用するもの

▷4　取り上げられる公共施設の例（文部科学省，2018，36ページ）。

公園，児童館，集会所，公民館，図書館，博物館，美術館，駅，バスターミナル，防災倉庫，避難場所など，みんなで使う施設

上記のもののほかにも，「みんなが利用する」という視点で幅広く対象を捉えていくことが大切である。

▷5　生活科の教科目標にある「自立し生活を豊かにしていく」ことは生活科における究極的な児童の姿である。これは生活科が創設以来大切にしてきたことである。今回の改訂においても生活科の学びを実生活に生かし，よりよい生活を創造していくことがさらに求められている。

▷6　複数の内容を組み合わせて単元を構成する際には，内容の漏れや落ちが生じないように十分考慮する

第Ⅱ部　初等生活科教育の実践

ことが大切である。

2　単元の構成

1　単元の計画

　ここでは，第1学年における公園探検の実践を取り上げる。この単元では，児童が身近にある公園を利用し，その経験をもとに自分たちのオリジナルの公園をデザインする活動をとおして，公園のもつ機能や役割について考え，自分の身の回りにある公園と関連づけて考えることができるようにすることをねらいとして実践を行った。

① 　単元名「こうえんを　たんけんしよう——ぼく・わたしのこうえん　みつけたよ」

② 　児童の実態

　本学級の児童は，1学期に「がっこうをたんけんしよう」において，学校探検に取り組んだ。そこでは，学校内のさまざまな施設や人に興味をもって取り組むことができた。はじめのうちは，学校のなかのさまざまな場所に興味をもち，繰り返し探検を行っていたが，保健室や給食室の先生と話をするうちに人とのかかわりに興味をもって活動するようになった。また，探検から帰ってくると友達と発見したことについて情報交換を行い，次の探検場所を決めるなど友達とのかかわりも多く見られた。1学期の終わりには学校の外にも出て探検してみたいという意識が強くなり，行き先を学級全体で話し合い，図画工作科の野外造形会で行ったことのある公園を探検することになった。

③ 　単元設定の趣旨と構成上の配慮

　本単元は，上記の児童の実態と新学習指導要領の内容(4)を受けて設定している。

　単元を構成するにあたっては，実際に公園を利用し，物や施設，そこを利用したり支えたりしている人々とかかわることを大切に単元を構成していく。また，単元全体をとおして，「伝える→意見交換する→振り返る」の学習のサイクルを意識した単元を構成していく。具体的にはまず，公園を利用するなかで，一人一人が感じたり考えたりしながら，公園の特徴やよさなどの個別的な気付きを自覚し獲得していくことができるよう，伝える学習活動を設定する。さらに，友達と意見交換する学習活動を設定することで，個別的な気付きをもとに考え，新たな気付きを生み出し，次の体験を主体的に支えていくことができるようにする。そして，自らの学習の足跡を振り返る活動を設定することで，自分と公園とのかかわりに気付き，よりよい生活を創造することができるようにしていく。

▷7　学校の近くには三つの大きな公園がある。そのなかから，以下の基準で公園を選んでいった。
(1)安全に遊べるか（遊び場が見通せる）。
(2)広さは十分か。
(3)何度も繰り返し行くことができるか。
(4)遊具や自然が十分にあるか。
　上記の視点をもとに児童とともに話し合い，行き先を決定した。

第**9**章 初等生活科教育の実践④

　単元の終末には，公園に必要なものについて考え，それをもとに友達と協働して理想の公園をデザインすることで，公園のもつ機能や役割について考え，自分の身の回りの公園と関連づけて考えることができるようにしていく。

④　単元の目標

　公共施設である公園を利用する活動をとおして，公園のよさを感じたり働きを捉えたりすることができ，公園にはみんなで使うものがあることやそれを支えている人々がいることがわかり，それらを大切にし，安全に気をつけて正しく利用しようとする。

⑤　単元の評価規準

生活への関心・意欲・態度	活動や体験についての思考・表現	身近な環境や自分についての気付き
公園やそれを支えている人々，身近な自然に関心をもち，それらとかかわる活動をとおして，安全に正しく利用としようとしている。	公園の利用の仕方を工夫したり，みんなで使うものがあることについて，自分なりに考えたり，振り返ったりしたことをすなおに表現している。	身の回りにはみんなで使うものがあることやそれを支えている人々がいることがわかり，それらと自分とのかかわりに気付いている。

⑥　単元の指導計画・評価の視点

小単元名・ねらい	主な活動(時数)	評価規準から想定した具体的な児童の姿 評価方法
2　こうえんをたんけんしよう　（5時間）　◎公園を探検する活動をとおして，公園にはみんなで使うものがあることやそれを支えている人々がいることなどがわかり，安全に気をつけて正しく利用することができるようにする。	①グループごとに公園探検Ⅰを行う。（2）②探検の振り返りを行い，次回の探検の計画を立てる。（1）③グループごとに公園探検Ⅱを行う。（2）	○公園でのルールやマナーを守って，グループで楽しく公園で遊んでいる。 行・ノ ○公園で遊んで感じたことや考えたことを，絵や文で表現している。 ノ ○公園で遊んで感じたことや考えたことを，友達に伝えている。 行・発 ○公園の正しい利用の仕方について，話し合っている。 発・つ ○みんなで使うものについての話し合いをもとに，自分たちの計画を立てている。 発・ノ ○公園を使う時にはルールやマナーがあり，それを守って遊ぶことの大切さに気付いている。 発・つ・ノ ○公園は自分だけではなく，みんなが楽しく使う施設であることがわかっている。 発・つ・ノ

101

第Ⅱ部　初等生活科教育の実践

3　たのしいこうえんをかんがえよう（5時間）※本時4／5	①楽しい公園に必要なものや施設について話し合う。（1）	○これまでの探検をもとに公園にあるものや施設を使って，楽しい公園を友達と一緒に考えようとしている。　行・発
◎楽しい公園を自分たちで作る活動をとおして，公園にあるものや施設には意味や役割があることがわかり，公園の役割や機能を自分の生活とつなげて捉えることができるようにする。	②グループで楽しい公園作りをする。（3）③公園探検をまとめる。（1）	○これまでの探検をもとに，公園にあるものや施設の役割について考えている。　発・つ
		○公園にあるものや施設を，自分たちの身の回りにある公園と関連づけて考えている。　発・つ
		○楽しい公園に必要なものや配置を考え，公園にあるものや施設の意味や役割に気付いている。　発・つ・ノ
		○自分と身の回りのある公園とのかかわりに気付いている。　発・つ・ノ
		○公園を利用すると，自分たちの生活がより楽しくなることに気付いている。　発・つ・ノ

注：行行動，発発言，つつぶやき，ノノートによる評価を示す。

2　本時（全14時間中，13時間目）の学習指導案

① 目　標

　グループで楽しい公園作りをする活動をとおして，公園にあるものや施設には意味や役割があることがわかり，自分の身の回りにある公園と関連づけて考えることができるようにする。

② 展　開

児童の活動・意識	評価（●）と支援（○）	準　備	時間(分)
1　公園にあるものや施設について話し合う。・公園には遊具は必要だね。・ベンチは小さい子を連れたお家の人とかお年寄りの人が休んでいたよ。・トイレが近くにないと安心して遊べないよね。	●これまでの探検をもとに，公園にあるものや施設の役割について考えている。　発・つ○グループで作った公園をものや施設の役割をもとに考えることができるようにするために，児童から出てきたものや施設の役割を，板書で観点別に整理していくことができるようにする。	公園デザインシート	15
2　グループで作った公園を見直す。・小さい子のお母さんやお年寄りの人が休めるようにベンチの数を増やそう。	●楽しい公園に必要なものや配置を考え，公園にあるものや施設の意味や役割に気付いている。　発・つ・ノ○公園デザインシートには，施設・設備カードを切って必要な施設・設備を配置することができるように	公園デザインシート施設・設備カードはさみ	20

102

第9章 初等生活科教育の実践④

・ボール遊びをする広場と遊具で遊ぶところは分けたほうが，みんなが安心して楽しく遊ぶことができるね。 ・トイレは入り口に近いところにあったほうがわかりやすいし，安心だね。 ・ぼくたちは，小さい子が楽しく遊べて，お年寄りの人が休むことのできる公園を作りました。	する。シート上でカードを操作しながら，よりよい公園の配置について考えていくことができるようにする。 ○施設・設備カードにないものについては，自分たちで書き足してもよいこととして，より創造的に公園を考えていくことができるようにする。 ○児童それぞれの考えを共有しやすくするために，公園デザインシートに，どうしてそのような公園にしたのか吹き出しにして書くようにする。吹き出しに書いたことをもとに公園デザインシートを見せながら，他のグループと楽しい公園を共有することができるようにする。	色鉛筆 吹き出し型のカード	
3 自分の身の回りにある公園とのつながりについて考える。 ・ぼくの家の近くの公園にもたくさんベンチがあるのは，たくさんの人が休むことができるようにするためなんだね。 ・遊具には遊べる年齢が書いてあったけど，みんなが安心して遊べるようにしているんだね。	●公園にあるものや施設を，自分たちの身の回りにある公園と関連づけて考えている。 発・つ ○児童が実生活のなかで公園を利用した経験を掲示した掲示物を使うことで，公園の機能や役割と自分の生活をつなげて考えることができるようにする。 ○公園の公共性だけでなく，自分の生活が豊かになるという視点で考えるようにする。	掲示物 公園デザインシート	10

3　児童の学びに見られる実践の意義

1　資質・能力を育むための指導上の工夫

① 公園デザインシート，施設・設備カードについて

　前時までに児童は「みんなにとって楽しい公園」をグループごとに作成した。公園デザインシート（図9-4参照）は，八切画用紙として，そこに施設・設備カードを切り取り，足らない部分については書き足しながら，友達と思い思いに楽しい公園を作成することができるようにした。

　施設・設備カードには，あらかじめ児童とともに公園で必要なものを話し合ったうえであげられた施設・設備のイラストを記入し，それをカードにしてグループに渡した。児童からは，ブランコ，滑り台，シーソー，ジャングルジム，鉄棒，ベンチ，トイレ，ゴミ箱，手洗い場，砂場，自然が公園に必要なものとしてあげられた。なお，空欄のところには，自分たちで必要なものを描いて付け足してもよいこととした。

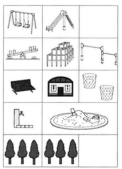

▷8　施設・設備カード（例）

② 掲示板の作成

　学びを自らの生活に生かしていくために，児童が実生活のなかで公園を利用

第Ⅱ部　初等生活科教育の実践

した経験を掲示板を介して発信できるようにした（図9-2）。授業以外で友達と公園を利用した経験を共有し合うことで，今活動している公園との共通点や相違点に気付くことをねらいとした。

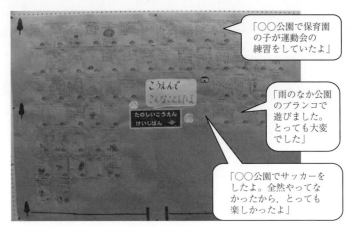

図9-2　公園で行ったことを発信する掲示板
注：吹き出しは児童が書いたコメント。
出所：筆者作成。

2　本時における児童の学びの姿と考察

① 公園にあるものや施設について話し合う

教師の働きかけ	児童の発言等
・先生も今日は公園を作ってきました。今回は砂場のみ。	・えー！　絶対にその公園じゃだめ！
・何か足りないの？	・寂しいです。遊具があんまりないから。
・遊具って何のためにあるの？	・遊ぶため。
・では，遊具を足しましょう。これでいいですか？	・だめ！　木が足りない。
・公園に自然ってなくちゃいけないですか？	・虫とか捕れないし，昆虫とか自然とか日陰とか休むところがなくなる。
・なるほど。では，木を付け足しましょう。トイレは必要ですか？　トイレは何のためにあるの？	・先生，その公園にはトイレがないです！
	・トイレはなくちゃだめ。だって，公園が臭くなっちゃうよ。
	・(近くの子と話して) 先生，休むためのベンチもないよ。
・ベンチは公園に必要ですか？　何のためにあるの？（ベンチを追加）	・ベンチはいるよ。だって，疲れた時に休むところがなくなっちゃうもん。
	・まだ足りないものがあります。
・何が足りないですか？	・水道がないです。

第9章 初等生活科教育の実践④

・水道とトイレって似てないですか？	・トイレから出てきたら手を洗うからトイレの近くにあるね。砂場の近くにも水道があるよ。
・では，水道も加えれば完璧ですね。	・違うー！ 噴水がないです。
・噴水は公園には必要なの？	・休むために必要。
	・自然だと思う。木と一緒。
	・疲れたときにご飯を食べたりするから必要。
・最初に出てきた自然と噴水って似てるんですね。	・噴水はベンチに座って「きれいだなぁ」って思う。

 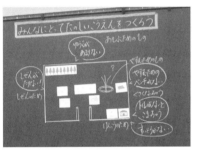

【考察】
　前時までにグループで作った公園をものや施設の役割をもとに考えることができるようにするために，教師が不完全な公園を提示し，そこから公園に必要なものや配置について考えていくことができるようにした。
　水道とトイレの関係性について，教師からの投げかけによりこれまでの公園探検で実際に使用した公園のことを想起し，配置について考えることができている。また，トイレの近くだけでなく砂場の近くにも水道があったことにも気付き，「手を洗う」という水道の役割とそれが公園にあるよさについて感じることができている。
　噴水について発言した児童は，自分たちのデザインシートにも噴水を描いている。「噴水は必要なの？」という教師からの投げかけによって，これまでの経験を想起し，公園が一つの機能として人々の憩いの空間となっていることを捉えていると推察される。

② グループで作った公園を見直す

　この全体での話し合いの後，グループごとに自分たちで作った公園の見直しを行った。上記の話し合いでこれまでの探検や公園を利用した経験を想起し，公園にあるものの施設の役割について考え，グループごとに話し合う姿が見られた（図9-3）。

図9-3　グループで理想の公園をデザインする
出所：筆者撮影。

105

第Ⅱ部　初等生活科教育の実践

図9-4　児童が作成した公園デザインシート
出所：筆者撮影。

【考察】
　図9-4の公園は，あるグループが見直しを行った後の公園である。公園を四つのエリア（左上：プールエリア，右上：遊具エリア，左下：自然エリア，右下：虫エリア）に分けて作成している。このグループが書いた吹き出しには，「プールがあって運動のできる公園にした。」との記述がある。このことから，プールを中心に公園をデザインし，公園が健康の維持増進のための施設にもなっていることに気付いていることが推察される。
　また，公園のところどころに「走らない」「ハチに刺されないように注意」などと書かれた看板を設置していることから，公園が子どもから大人まで安心して使用することができるようになっていることに気付いていることがうかがえる。

③　自分の身の回りにある公園とのつながりについて考える

　自分たちのデザインした公園を見直した後，全体で自分たちの身の回りにある公園との関連について話し合った。話し合う際には，実生活のなかで公園を利用した経験を書いた掲示板を活用し，自分たちがデザインした理想の楽しい公園との共通点について考えることができるようにした。

教師：みんなの身の回りの公園は，みんなにとって楽しい公園ですか？
児童：楽しい！
児童：楽しくない。
教師：楽しい人は？
児童：作った人の思いに合っていたら心に刺さる。
教師：心に刺さる時ってどんな時？
児童：たくさんの遊具で遊んでいい汗かいた時。
児童：うちの近くの公園にはあまり遊具がないよ。1個遊んだら飽きちゃう。遠くの公園まで行ったらあるんだけどね。
児童：自分の家の遊ぶものをもって行ったら楽しいんだけどね。

第9章 初等生活科教育の実践④

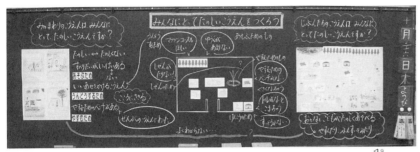

図9-5 デザインした公園と身の回りの公園の関係性に気づくようにした板書
出所：筆者撮影。

▷9 板書には、児童の思いや願い、授業のなかで出てきた意見を構造的に整理していくことができると、本時における学びを振り返りやすい。

【考察】
　公園自体が地域性や機能性に左右されるものであり、一律に「楽しいものである」と一般化するのは難しかった。しかし、理想の公園を考えることで、自分たちの身の回りにある公園を見る視点は増え、「うちの公園の近くにはあまり遊具はない、遠くの公園まで行けばある」という発言からも、一利用者という立場を超えて、公共の意識を高め、自らの生活に生かしていこうとする姿を推察することができる。
　「心に刺さる」と発言した児童は自らが公園をデザインしたことで、自分たちの身の回りの公園にも、公園をデザインしたり、管理したりする人がいるということに気付いていることが推察される。

4　実践上の留意点と今後の課題

1　実践上の留意点

　内容(4)においては、ルールやマナーのみを取り上げて指導するのではなく、他教科等や他単元との関連を積極的に図り、必要感のある機会と場を作り、児童の思いや願いを実現していく過程において必要に応じて適切に指導していくことが求められている。そうした活動をとおして、児童自身のなかに公共の意識に支えられた正しい態度が育つようにしていくことが大切である。

2　今後の課題

① 2学年間を見とおして学習活動を設定する
　生活科は幼児期と小学校教育との接続を担う役割をもっており、2学年間で幼児期の特性を強く残している状況から児童期の特性を示すようになるこの時期の児童の成長を把握することが求められる。こうした、児童の発達の段階や特性を踏まえ、内容(4)においても2学年間を見とおした学習活動を設定することが必要である。例えば、本章では身近な公共施設である「公園」に着目し、日常生活において親しみの深い「遊具」をとおして公共施設を支える人への気

107

付きの質を高める第1学年の事例を紹介した。第2学年になった際には，児童の生活圏や空間認識の広がりから，内容(3)との関連を図り，町を探検する学習をとおして，身近な商店や公共施設に着目してお気に入りの場所や人とのかかわりをきっかけに気付きの質を高める取り組みなどが考えられる。このようにカリキュラム・マネジメントの視点から単元相互の関係を意識し，配列していくことが大切である。

② 児童の側からの創造的な働きかけを実現する

児童が公共物や公共施設に親しみや愛着をもつようになると，「いつもきれいにしてくれている公園の管理人さんにお礼がしたい」など児童の側からの提案が生まれることがある。こうした児童の思いを生かし，例えば作文にして感謝の気持ちを伝えたり，手紙などを届けに行ったりするなど，児童の側からの創造的な働きかけが生まれるようにしたい。このような活動をとおすことで，自分自身の力でよりよい生活を創り出していこうとする態度を身につけていくことになる。

Exercise

① 本事例で紹介した「公園」以外に，発達の特性を踏まえ第1学年でどのような公共物や公共施設を取り上げていくのが望ましいのか，考えてみよう。

② 公共の意識の高まった児童は，自らの生活のなかでどのような行動をとっていくだろうか。具体的に「図書館」を事例にして考えてみよう。

📖次への一冊

久野弘幸編著『平成29年版 新小学校学習指導要領ポイント総整理 生活』東洋館出版社，2017年。
　　2017年3月に告示された新学習指導要領（生活）の解説。生活科で具体的に育む資質・能力についての詳しい解説がなされている。
田村学編著『平成29年版 小学校新学習指導要領の展開 生活編』明治図書出版，2017年。
　　2017年3月に告示された新学習指導要領（生活）の解説。各内容についての実践も豊富に紹介している。
田村学編著『カリキュラム・マネジメント入門』東洋館出版社，2017年。
　　資質・能力が育成されるカリキュラムのデザインの方法やカリキュラム・マネジメントを行う際にどのような点に配慮すればよいのか，具体的な実践事例を中心にわかりやすく解説している。

引用・参考文献

久野弘幸編著『平成29年版 新小学校新学習指導要領ポイント総整理 生活』東洋館出版社，2017年。

關浩和『生活科授業デザイン論』ふくろう出版，2015年。

文部科学省『小学校学習指導要領解説生活編』日本文教出版，2010年。

文部科学省『小学校学習指導要領（平成29年告示）解説生活編』東洋館出版社，2018年。

第10章
初等生活科教育の実践⑤
——季節の変化と生活——

〈この章のポイント〉

　生活科の活動のなかで，自然に触れ合いその変化を継続観察することで，児童は，発見，観察，表現の力をつけていくことができる。そこで，本章では学校の近くにある仙台堀川公園の自然に触れ合う実践を紹介する。観察を継続することにより，児童は季節の変化によって動植物の様子が変わることに気付くことができ，また，各自のお気に入りを見つけ活動を深めたり，広げたりしようとする。そのうえで継続観察で気付いたことを友達に伝える方法を考え，伝え合うための資質・能力を高める活動について解説する。

1　生活科における単元の位置づけ

1　2学年間を見とおした目標の設定

　新学習指導要領解説にもあるように，第1学年〜第2学年の児童は「具体的な活動を通して思考するという発達上の特徴」があり，「児童は試行錯誤したり繰り返したりして，対象に何度も関わりながら体全体で学ぶ」。また，「児童の生活圏を学習の対象や場にして，直接体験を重視した学習活動を展開することが求められる。このような学習では，「地域の生活環境の様子，生活様式や習慣などの違い，また，児童の生活経験の違いなどが活動に影響してくる。学習活動を見定めたり学習の素材を選んだりする際に，これらのことを基にすることが大切である」と示されている（文部科学省，2018，18ページ）。

　本単元では，季節の変化を扱うため，第1学年の夏から活動を始め，第2学年の冬までの2学年間を見とおした目標の設定が必要である。

2　内容(5)「季節の変化と生活」と目指す資質・能力

> (5)　身近な自然を観察したり，季節や地域の行事に関わったりするなどの活動を通して，それらの違いや特徴を見付けることができ，自然の様子や四季の変化，季節によって生活の様子が変わることに気付くとともに，それらを取り入れ自分の生活を楽しくしようとする。

▷1　身近な自然
・校庭の動・植物
・通学路の樹木・草花
・近隣の公園
・生活科見学で観察できるもの

第Ⅱ部　初等生活科教育の実践

問題解決型学習の下地として，見たり遊んだりして「不思議だな」「やってみたいな」「友達に伝えたいな」という気付きや表現を大切にすることが，自ら問題を設定する力につながっていく。

内容(5)において身近な自然を観察することは，諸感覚[2]を使って繰り返し自然と触れ合うことや，さらに自分なりの思いや願いをもって進んで自然とかかわることにつながる。身近な自然とかかわる活動を繰り返すなかで，児童は自然と一体になりながらその特徴や性質を捉え，四季の変化や季節によって生活の様子が変わることに気付くようになると考えられる。

また，継続観察した内容を発表する際には，児童相互だけでなく，保護者，地域の人々を対象にすることで表現の力を伸ばすことに努めた。

2　単元の構成

［1］　単元の設定——活動に生かせる動植物，施設など

本単元の活動場所である仙台堀川公園[3]は，学区域にある公園であり，身近な自然に触れさせるということで，この公園を設定した。この公園は，季節によってたくさんの昆虫や野鳥が見られる。また，たくさんの種類の植物があり，自然と触れ合うには適した場所である。

仙台堀川公園での活動では，例えば，桜の樹木の定点観察をすることで，「春の花の桜色」「夏の葉の緑色」「秋の紅葉の赤，茶，黄」「冬芽のこげ茶」などを観察することができ，桜色をドレスに取り入れたり，紅葉した葉ではっぱベストを作ったりと児童の生活に取り込み楽しむことができる。

そこで，第1学年から第2学年へと継続して仙台堀川公園を活動の拠点とした。年間をとおして公園の自然に親しむ活動を繰り返し取り入れることで公共施設の利用の仕方を学んだり，季節の変化に気付くことができたりするようになる。また，仙台堀川公園のお気に入り[4]を見つけ，進んで学習に取り組めるようにもなる。以下に2学年間におよぶ活動の一覧を示す。教科書に示されている内容を統合発展し「レッツゴー仙台堀川公園しぜんたんけんたい」の活動とした。

▷2　諸感覚
見る，さわる，においをかぐ，聞く，味わうなど。

▷3　仙台堀川公園
東京都江東区を流れる仙台堀川の多くを埋め立てて造られた親水公園。総延長3700メートルの都内でも最大の規模である。ふれあいの森，果実の森，科学の森，親子の森など特色ある森や桜並木が続く。

▷4　お気に入り
継続観察をする中で，自分なりのこだわりをもって観察したいもの。友達や周りの人に伝えたいもの。もっと深くかかわりたいもの。

第1学年	第2学年
「なつだ　いっしょにあそぼうよ」	「どきどきわくわくまちたんけん」
・みんなの公園で遊ぼう	・町探検に行こう
・草花や虫を探そう	・町のことを伝えよう
「いきものとなかよし」	「いきもの　なかよし大さくせん」
・虫を探そう	・生き物を探しに行こう

第**10**章　初等生活科教育の実践⑤

「たのしさいっぱい　あきいっぱい」 　・公園で秋を探そう 　・葉っぱや実で遊ぼう 　・見つけた秋を紹介しよう 「ふゆをたのしもう」 　・冬の公園に行こう	・生き物を捕まえよう 「きいてきかせて　まちのすてき」 　・振り返ろう町の素敵な出来事 　・町の素敵を伝えよう

2　指導計画

①　第1学年

（1）出会う……身近な自然に気付く

入学して2，3か月が経ち校内での生活にも慣れた頃，地域巡りを行う。その経験から多くの児童が仙台堀川公園に興味・関心を示し，価値ある学習につながると考え，活動場所に設定した。公園での初めての活動では仙台堀川公園に詳しいネイチャーリーダー[5]に指導に加わってもらい，活動意欲を高め，自然との魅力的な出会いをする。

> [5]　ネイチャーリーダー
> ボランティアで公園の様子を教えてくれる人たちのこと。

（2）体験する・追究する……体験活動の楽しさを知らせ，意欲を高める

植物，動物，鳥，魚，昆虫などさまざまな題材に触れる。年間をとおして仙台堀川公園での活動を取り入れ，夏から冬へと季節の変化を感じとる。

夏「なつだ　いっしょにあそぼうよ」

秋「たのしさいっぱい　あきいっぱい」

冬「ふゆをたのしもう」

自主性を次第に伸ばし，より多くの動植物に触れることができるよう，指導計画のなかに体験と表現する活動を数回取り込む。

（3）表現する……さまざまな表現方法があることを知る

表現するためにはどのような方法（口頭発表，絵で表す，文で書く，タブレット端末の映像を示すなど）[6]があるかを具体的に示す。自分が表現したい方法を選択させ，伝えたいという思いを大切にする。

> [6]　IT機器の活用は大変有効であり，情報の保存，プレゼンテーションなどで利用価値が高い。

また，公園で体験したことを新聞やランキング形式などでまとめる活動を取り入れ友達と伝え合う楽しさを味わわせる。クイズを作って，さらに深めることもできる。

（4）振り返る……活動の振り返り方を知る

気付きの共有をするために，発見したことや観察したことを伝え合う活動を取り入れる。生活科で学習した内容や体験を振り返るために，タブレット端末の有効性を体験する。

なお，以下に「たのしさいっぱい　あきいっぱい」の例を示す。

113

第Ⅱ部　初等生活科教育の実践

	時	過程	□学習活動（体験・観察） ◇言語活動	○指導上の留意点 ☆評価規準【評価方法】
た の し さ い っ ぱ い 　 あ き い っ ぱ い	1	出会う	□ネイチャーリーダーさんと一緒に秋の草花や樹木などの植物の様子を観察する。	○夏の公園の様子と比べながら調べることで，様子が変わっていることに気付けるようにする。 ☆関心・意欲・態度【活動】
	2	表現する	◇仙台堀川公園に行って，見つけたものやおもしろかったことを絵や文を使って観察カードにかく。	○児童の視点がわかるように，表現の仕方を指定せず，伝えたいことを書くよう声かけをする。 ☆気付き【観察カード・発言】
	3		◇次に仙台堀川公園に行ってもう一度見たいもの，もう一度やってみたいこと，見つけたいものを考える。	○友達の発表やタブレット端末やデジタルカメラの映像を示し，考えが広がるようにする。 ○交流が深まるように助言する。 ☆思考・表現【観察カード・発言】
	4	体験する・追究する	□仙台堀川公園に行き，もう一度見たいもの，やりたいことを体験する。	○事前に，公園までの道のりや公園の危険な箇所を洗い出しておく。ほかの職員や交通指導員に付き添ってもらうなどして，安全確保に努める。 ○ルールやマナーを守って，安全に気をつけて活動できるようにする。 ☆関心・意欲・態度【活動】
	5	表現する	◇仙台堀川公園に行って，体験したことのなかから友達に伝えたいことをカードにまとめる。	○児童の視点がわかるように，表現の仕方を指定せず，伝えたいことを書くよう声かけをする。 ☆気付き【観察カード・発言】
	6		◇友達の発表を聞いて，見てみたいと思ったもの，触れてみたいと思ったものを考える。	○友達の発表やタブレット端末やデジタルカメラの映像を示し，考えが広がるようにする。 ○交流が深まるように助言する。 ☆思考・表現【観察カード・発言】
	7	体験する	□前時で見てみたい，触れてみたいと思ったものを仙台堀川公園に行き確かめる。	○記録カードなど整理させ，見つけた秋を振り返ることができるようにする。 ☆関心・意欲・態度【活動】
	8	表現する	◇今まで観察カードや記録した写真を整理して，秋の自然で遊ぶことの楽しさや，自然や生活の変化の様子についてまとめる。	○見つけた秋をわかりやすく紹介できるようにまとめるよう声かけをする。 ☆気付き【発言】
	9	振り返る	◇「こんなあきみつけたよ　発表会」をする。	○話す側，聞く側それぞれにめあてを意識させる。 ☆気付き【発表】 ☆思考・表現【感想カード】

② 第2学年

(1)体験の充実……体験活動と表現活動を繰り返し行う

　生活科では，学習活動を質的に高めていくことを目指す。そのために，体験活動と表現活動を繰り返すことが重要になる。そこで，本単元では，2年間を見とおした年間指導計画を作成することで，体験活動と表現活動を十分に繰り返せるようにした。そうすることで，季節による自然や生きものの変化に気付

いたり，自分の最初のお気に入りの変化を見たり，確かめたりする活動が保障
でき，児童の気付きの質も高まると考える。

　仙台堀川公園に行く前に，前に見つけた自分のお気に入りがどうなっている
か，みんなで考える時間を確保する。そうすることで，次の活動への意欲につ
ながり，探検に行く時「お気に入りを探す」という視点に加え，「お気に入り
の変化に気付く」という新たな視点をもって活動できると考える。児童が，自
ら自然や生きものの四季の変化に気付き，自然のおもしろさや不思議さに関心
をもてるようにしたい。

　各単元で，さがそう（体験）→つたえよう（表現）→さがそう（体験）→つた
えよう（表現）のような繰り返しを取り入れる。体験だけを繰り返し行うわけ
ではなく，話し合いや交流，伝え合いや発表などの表現活動も行うことで，体
験活動と表現活動の相互作用が学習活動を質的に高めていくと考えられる。

　(2)表現活動の充実……自分で決めた方法で表現

　生活科の授業では，第1学年の時から気付いたこと，見つけたことを指導者
や友達に伝え，観察カードに絵や文で書き残すことを積み重ねてきた。本単元
でも同じ形式の観察カードの工夫と活用を継続してきた。絵が苦手な児童，文
で書くのが苦手な児童でも見つけたものを伝えたり残したりできるよう，絵と
文の2種類を用意し，児童に選ばせるようにした。そして，これまで書きため
てきた観察カードを一人一人ポケットファイルに入れ，「せんぼりずかん」と
して，2年間の活動をすぐに振り返ることができるようにした。時期の異なる
観察カードを比べることで，四季の移り変わりを感じることができ，ファイル
に観察時の視点やまとめ方を常に入れておくことで，次に観察する時やまとめ
る時に活用することができた。

　自分がこだわって見てきたお気に入りを友達に紹介する方法も自分で選ばせ
る。どのように発表すれば自分のお気に入りを上手に伝えられるのか声をか
け，意見を出し合わせながら発表する方法（ポスター，新聞，紙芝居，本，クイズ
など）を考えさせる。この際，教師は多様な表現方法を提示し，自分の思いに
合う方法を選ばせることにより，多様性を生かすようにし，児童の学びをより
豊かにしていく。

　次に第2学年「春から夏の活動」の例を示す。

▷7　観察カード
絵と文，どちらでかいても
よいが，フリースペースの
多いもの，観察したことが
多くかきこめるふき出しの
ついているもの，そのまま
掲示しても内容の伝わりや
すいもの，など数種類用意
し，児童がかきやすいもの
を選択できるようにする。

	時	過程	□学習活動 ＊教師の指示，発問 ・児童の反応例	○指導上の留意点 ☆評価規準【評価方法】
	1	出会う	□第1学年の時に学習したことを振り返る。 ＊1年生の時に仙台堀川公園で見てきたものはどんなものがありましたか。	○夏から冬にかけて様子が変わってきたことに気付けるようにする。 ☆関心・意欲・態度【発言】

第Ⅱ部　初等生活科教育の実践

レッツゴー仙台堀川公園しぜんたんけんたい			・木　　　・どんぐり ・ピンク色の花 ＊お気に入りにしたものやお気に入りだった遊びは何ですか。 ・まるいどんぐり ・まつぼっくり ・池で葉っぱを流したのが楽しかった。 ・草相撲をした。	
	2・3	関わる	□仙台堀川公園に行って観察をする。 ＊自分の決めたお気に入りが前に来た時と比べてどうなっているのかを見てきましょう。 ・桜の木に緑の葉っぱがたくさんあった。 ・たたくと匂いのする葉っぱがあった。 ・どんぐりの赤ちゃんを見つけた。 ・松葉相撲ができる。	○事前に，公園までの道のりや公園の危険な箇所を洗い出しておく。学習支援員や交通誘導員に付き添ってもらうなどして，安全の確保に努める。 ○ルールやマナーを守って，安全に気をつけて活動できるようにする。 ○発見した植物や虫を友達や先生に伝えるように声をかける。 ○冬に比べて公園全体の様子が変わっていることに気付けるようにする。 ☆関心・意欲・態度【発言】
	4	味わう	□自分のお気に入りの様子や発見したことを思い出し，公園探検を振り返る。 ＊見つけたものやおもしろかったことを絵や文を使って発見カードに書きましょう。	○カードに書く際は，表現の仕方は指定せず，伝えたい方法で書くように声かけをする。 ☆気付き【発見カード・発言】
	5・6	関わる	□仙台堀川公園に行って観察をする。 ・自分の決めたお気に入りの植物や虫がどうなっているのか見てくる。 ・もう一度見たいもの，やりたいことを体験する。 ＊自分の決めたお気に入りの植物や虫がどうなっているのか見てきましょう。 （お気に入りの確認） ＊もう一度見たいもの，やりたいことを体験してきましょう。 ・四つ葉のクローバーをさがした。 ・友達に教えてもらったどんぐりの赤ちゃんを見に行った。 ・洋服につく葉っぱを見つけた。	○事前に，公園までの道のりや公園の危険な箇所を洗い出しておく。学習支援員や交通誘導員に付き添ってもらうなどして，安全の確保に努める。 ○ルールやマナーを守って，安全に気をつけて活動できるようにする。 ○発見した植物や虫を友達や先生に伝えるように声をかける。 ○冬に比べて公園全体の様子が変わっていることに気付けるようにする。 ☆関心・意欲・態度【発言】
	7・8・9	味わう	□発見したことを思い出し，公園探検を振り返る ＊友達に伝えたいことを発見カードにまとめましょう。 ＊どのようにして友達に伝えますか。 ・新聞　　　・ポスター ・紙芝居	○カードに書く際は，表現の仕方は指定せず，伝えたい方法で書くように声かけをする。 ○発表に抵抗がある児童に対して，同じお気に入り同士での活動などを工夫し，練習をする時間を確保する。 ○どのような方法を使えばわかりやすく相手に伝

		・クイズを出したい ＊決めた方法で準備をしましょう。	わるかを考えるよう声かけをする。 ☆関心・意欲・態度【発表準備】
10	味わう	□「仙台堀川公園」のお気に入り発表会をする。 ＊友達の発表を聞いて，新しくわかったこと，すごいと思ったことはありましたか。 ・どんぐりは，今はまだ小さいということを初めて知った。 ・友達の発表を聞いてイチョウの葉はまだ緑色だということがわかった。 ・桜の木は花がなくて葉っぱがたくさんあった。	○相手のことを考え，わかりやすく話すように，発表前に声かけをする。 ☆思考・表現【発表】 ☆気付き【振り返りカード】

3 授業の展開例

　仙台堀川公園のことを地域の人に伝えるために，グループを作り準備してきた。本時，第2学年「春から夏の公園」10時では，1年を通して自分たちが見てきたことを，地域の人に自分たちが考えた方法で伝えさせる。そして，さまざまな手段を適切に使って，情報を伝え合う力を養う。

① 目　標

　仙台堀川公園での活動をとおして，自分の見てきたものや仙台堀川公園についてわかりやすく工夫して伝えることができる。

② 準備するもの

　発表する時に必要なもの（各グループで準備する）。

③ 展　開

▷8　学校公開の期間に発表の機会を設定することにより，多くの人々に見てもらえるようにするとよい。

＊教師の指示，発問 ・予想される児童の反応	○指導上の留意点　・支援 ☆評価【評価方法】
＊1年間仙台堀川公園に行って，遊んだりいろいろなものを見つけました。今日は，みんなが見てきた仙台堀川公園のことを地域の人に発表しましょう。 　仙台堀川公園のことを地域の人に伝えよう。 ＊発表する人，聞く人も約束を確認しましょう。どんな約束事がありますか。 ・発表が終わってから質問すること。 ・聞く人に伝わるように大きな声で話すこと。 ＊グループに分かれて発表の準備をしましょう。 〈予想されるグループ〉 　木グループ　　実グループ 　花グループ　　葉グループ ＊はじめに，木グループから発表です。他のグループは発表を聞きましょう。	 ○話す人と聞く人について約束する。 ・話す人は，聞く人に伝わるように大きな声ではっきりと話すこと。 ・質問がある時は発表が全部終わった後に質問すること。 ○楽しかったことや発見したことを進んで地域の人に伝えるよう声かけをする。 ○地域の人など，発表を聞いてくれた人に感想を聞く。 ○応答は正しい内容を伝え，わからないことは後で調べて伝える。 ☆思考・表現【発表】

＊発表会の感想を発表してください。 ・仙台堀川公園の自然について，地域の人に伝えることができた。 ・友達の発表を聞いて，仙台堀川公園について，もっと知ることができた。	○自分の発表でよかったこと，発表の準備で大変だったこと，楽しかったことを伝える。 ☆気付き【ワークシート】

　発表方法としては，体験を重ねるごとにやり方を工夫し，内容を高めていった。

　(1)初めの頃……「回転ずし方式」

　学級全体を二つに分け，二重円を作る。外側の円の児童は内側を向き，内側の円の児童は外側を向く。1対1で向かい合う。それぞれのお気に入りや気付いたことを発表し合う。一定時間発表し合ったら，外側の円の児童のみ右方向に一席移動し，ほかの児童と向き合い，互いに発表し合う。この方法で相手を変え繰り返していく。

　(2)慣れてきたら……「お店屋さん方式」

　同じお気に入りを共有する児童や，同じ動植物に向き合っている児童どうしでグループを作る。学級を発表グループとお客グループに分ける。前半は発表グループがブースで発表し，お客グループは自由にブースを回る。後半は役割を交代して行う。

　(3)保護者や地域の方に発表……「舞台方式」

　発表の場を前面に設け，客席を作る。発表グループは，発表資料を前面に示し，客席に向かって発表をする。発表を聞く人は自由に入れ替わり発表を聞いたり，質問をしたりする。

　地域の人たちからは，公園の歴史や形状，利用のされ方などを説明してもらえるような発問も考える。

3　児童の学びに見られる実践の意義

　本章で述べた「季節の変化と生活」の活動は，新学習指導要領の内容(5)に示されたものであったが，学区内の公園を活動拠点として学習を進めることにより，次のような成果が期待される。

① 　身近な自然を観察する

　公園の動植物の様子を繰り返し観察，発表することで，理科教育につながる観察の力が育ち，つぼみや冬芽など漠然と形状をつかむだけではなく，自ら虫メガネを取り出し色や形を詳しく観察する姿が見られた。

　また，年間をとおして観察することにより，ヒガンバナなど特定の時期，短期間しか見られないものについても，いつ頃，どこに，どのように見られるの

かを把握することができた。

② 季節の変化

　桜の木や，イチョウなど定点観察することで，季節による植物の変化をきちんと捉えることができた。

　第1学年の頃，冬の公園は「なにもない」と感じていたが，観察を継続することにより，「葉を落とさない木がある」「今は葉がないけれど，枯れているわけではない」などの発見があった。

③ 木の種類と実の関係

　第1学年秋の「たのしさいっぱい　あきいっぱい」の活動では，「まるまるどんぐり」「でかでかどんぐり」「ほそほそどんぐり」とどんぐり集めに集中していたが，観察を繰り返すうち，「○○どんぐりを見つけるためには，あの木の近くへ行こう」と木と実の関係性に気付き，樹木の観察をするようになった。

④ 個人の成果と学年の成果

　各自が観察，まとめ，発表した内容については，ここまでに述べたとおりであるが，第2学年のまとめとして「仙台堀川公園お気に入りマップ」（縦2メートル×横5メートル）を作成した。公園の地図をもとに正確に縮小して下絵を描き，池，川，草地，石畳，各種樹木，花き，昆虫や鳥などを半立体的に作り並べて貼ったものを作成した。以降，公園に行く際は，この地図を活用した。

4　実践上の留意点と今後の課題

1　実践上の留意点

　2年間をとおしての活動となるので，生活科の内容から「自然や生きもの」にかかわる内容をよく見きわめ指導計画を立てることが大切である。また，地域の環境施設にかかわる部分も大きく，学校の周辺にある，公園，緑地を効果的に取り入れるように心がけるべきである。

　活動当初，児童の視線は下（地面など）に向けられることが多く，観察に行っても，落ちているBB弾や石ころに目を引かれ，自然のものに目を向けることが少ない。そこで教師の支援として，よい気付きをしている児童を紹介したり，おもしろいものを紹介したりするとよいだろう。そうすることにより，児童の視線はだんだんと上（枝についている葉，実っている実など）に向けられてくる。

　また，自然の変化の仕方は，季節やその年の気候により大きく変わるので，動植物の様子を指導者側もよく観察することが大切である。咲いている花を見せたかったのにすでに散っていた，どんぐりを拾いたかったのにもうなかっ

▷9　定点観察
四季を通して，同じ場所，同じカメラアングルで記録撮影するなどして変化を明確に見取ること。

▷10　どんぐり
ブナ科，とくにカシ・ナラ・カシワなどコナラ属樹木の果実の総称。

▷11　発表後も各学年が公園活動をする際に活用している。

第Ⅱ部　初等生活科教育の実践

た，などといったことがないようにしたい。

　そして，安全に対する対策を十分にとる。観察公園の下見を行い，水辺の様子，害虫の発生，交通量などを事前に把握しておく。学習支援員，交通指導員なども有効に活用する。

2　今後の課題

　発表の方法については，先に示したが，児童の実態に即して形態を工夫していくことが好ましい。第1学年〜第2学年の児童は，絵や文の表現において未発達な部分も多く，伝えたいことを十分表せないこともある。ペアを組んだり，グループで分担したりする方法もある。その際，個人の気付きやこだわりが生かせるよう工夫する。

　気付きに対しての助言は，児童の反応を見ながら適切に行う必要がある。その際，指導者側の考えを強く与えてしまうことのないよう注意したい。とくに，なかなか活動を進められない児童に対しての助言は大切である。

　体験活動の時と表現活動の時では，指導者のかかわり方は違い，そのかかわり方が難しい。児童の願いや思いを大切にするあまり，活動がそれていってもいけないし，指導者のねらいを強く出してもいけないので，その見きわめが，今後の課題である。

Exercise

①　生活科「季節の変化と生活」で学習計画を立てる時，春，夏，秋，冬のどの季節をテーマにしたいか。また，その理由を考えてみよう。

②　生活科「たのしさいっぱい　あきいっぱい」の学習のなかで，どんぐりを題材に学習を進めるとしたら，どのような活動が予想されるだろうか。また，その理由について考えてみよう。

③　あなたの身の回りで，生活科「季節の変化と生活」の学習に生かせる題材はないか。あるとしたら，どのような指導計画を立てるのか，考えてみよう。

📖次への一冊

久野弘幸編著『平成29年版 小学校新学習指導要領ポイント総整理　生活』東洋館出版社，2017年。
　　新学習指導要領の特色である三つのキーワード「資質・能力」「深い学び」「カリキュラム・マネジメント」についてわかりやすく説明されている。

田村学編著，横浜市黒船の会『生活・総合「深い学び」のカリキュラム・デザイン』東
　洋館出版社，2017年。
　　新学習指導要領の理論と実践から，生活・総合の授業づくりが具体的に示されてい
　　る。前半はカリキュラム・デザインについて各項わかりやすく解説されている。後
　　半の実践編では，児童の学びの姿が具体的に書かれている。
佐々木昭弘監修『かがくでなるほど！　みぢかなふしぎ』西東社，2015年。
　　児童が日常，身近に感じる不思議について，科学的にわかりやすく示されている。
　　「なぜ？」「どうして？」「おもしろい‼」が生活科の導入にもつながり，教室に常備
　　したい一冊である。

引用・参考文献

日置光久・田村学監修，千代田区立番長小学校編著『言葉と体験で作る理科・生活科の
　授業』東洋館出版社，2007年。
藤井浩樹監修，福山市立高島小学校編著『子どもの自然体験と授業づくり』東洋館出版
　社，2007年。
文部科学省『小学校学習指導要領解説生活編』日本文教出版，2010年。
文部科学省『小学校学習指導要領（平成29年告示）解説生活編』東洋館出版社，2018年。

第11章
初等生活科教育の実践⑥
──自然や物を使った遊び──

〈この章のポイント〉
　生活科のなかで「遊び」の単元は多くの気付きを生むことのできる活動である。本章では，新学習指導要領の内容⑥にあたる，「身近な自然を利用したり，身近にある物を使ったりするなどして遊ぶ活動」の実践例として，第2学年の「うごくおもちゃけんきゅうじょ」を取り上げ，児童の気付きの質を高める工夫やアクティブ・ラーニングの視点で学びの位置づけについて解説する。

1　生活科における単元の位置づけ

┌1┐　内容⑹「自然や物を使った遊び」の役割

　「自然や物を使った遊び」は，具体的な活動や体験をとおして学ぶという生活科の学習の仕方のなかでも，「遊び」という活動を多様な形で扱うことができる内容である。生活科の「遊び」は，第1学年～第2学年の発達段階にある児童にとり，とても意味のある活動であり，「遊び」というだけで楽しさを感じ主体的になれる活動である。もちろん，日常における遊びとは異なり，授業としての「遊び」には，児童の思いや自由がありつつ，そこに「何かを学べた」「何かを感じた」という気付きがもてることが原則となる。この「遊び」の単元こそ，教師の授業構成次第で児童の主体性を持続させつつ，多くの気付きを生むことができると考える。

┌2┐　新学習指導要領における「自然や物を使った遊び」

① 　目標との関連
　学習指導要領［平成20年改訂］では，生活科の目標は「自然とのかかわり」という表記で，全観点を含み一文で明記されていた。しかしながら，新学習指導要領では，生活科において育成を目指す資質・能力の三つの柱に基づき，目標が三つに分けられて示してある。そして，そのすべての項目に「自然」に対する記述があり，自然とのかかわりでの気付きや，自然と自分とのかかわりでの捉え方などが明記されている（本書の第1章を参照）。

第Ⅱ部　初等生活科教育の実践

② 学年の目標との関連

「自然や物を使った遊び」は，学習指導要領［平成20年改訂］でも，新学習指導要領においても，三つの学年の目標のうち，二つ目につながる内容として位置づけられている。

> (2) 身近な人々，社会及び自然と触れ合ったり関わったりすることを通して，それらを工夫したり楽しんだりすることができ，活動のよさや大切さに気付き，自分たちの遊びや生活をよりよくするようにする。

生活科の前提となる具体的な活動や体験として，「自然と触れ合ったり関わったりする」ことをあげ，自然を直接的，間接的に感じとるような活動が重視されている。そこで生まれた児童の思いや願いをもとに，自然のよさや大切さに気付いたり，その活動により生まれる自己変容に気付いたりすることの大切さを位置づけていると言えよう。

③ 内容との関連

生活科の内容は9項目あり，新学習指導要領の解説によると，11の具体的な視点で構成されている（本書の第3章を参照）。本単元はそのなかで以下の2項目がかかわっている。

▷1　ア　健康で安全な生活，イ　身近な人々との接し方，ウ　地域への愛着，エ　公共の意識とマナー，オ　生産と消費，カ　情報と交流，キ　身近な自然との触れ合い，ク　時間と季節，ケ　遊びの工夫，コ　成長への喜び，サ　基本的な生活習慣や生活技能。

> オ　生産と消費——身近にある物を利用して作ったり，繰り返し大切に使ったりすることができるようにする。
> ケ　遊びの工夫——遊びに使う物を作ったり遊び方を工夫したりしながら，楽しく過ごすことができるようにする。

解説ではさらに，具体的な学習対象が15項目あげられている。本単元の対象はそのなかの「⑪身近な自然」「⑫身近にある物」にあたり，視点と組み合わせて作られた学習活動により展開されることが明記されている。

▷2　①学校の施設，②学校で働く人，③友達，④通学路，⑤家族，⑥家庭，⑦地域で生活したり働いたりしている人，⑧公共物，⑨公共施設，⑩地域の行事・出来事，⑪身近な自然，⑫身近にある物，⑬動物，⑭植物，⑮自分のこと。

具体的な内容として，新学習指導要領の解説では資質・能力を育成するために位置づけられた九つの内容のうち，本章で取り上げる「自然や物を使った遊び」は六つ目の内容と関連している。

> 【身近な人々，社会及び自然と関わる活動に関する内容】
> (6) 身近な自然を利用したり，身近にある物を使ったりするなどして遊ぶ活動を通して，遊びや遊びに使う物を工夫してつくることができ，その面白さや自然の不思議さに気付くとともに，みんなと楽しみながら遊びを創り出そうとする。

解説によると，「身近な自然を利用したり，身近にある物を使ったりするなどして遊ぶ活動」とは，「身近な自然の事物や現象を利用したり，身近にあって不要になった物などを使ったり，場所自体のもつ特徴を生かしたりして遊ぶ

第11章　初等生活科教育の実践⑥

こと」とされている。[43]

「遊びや遊びに使う物を工夫してつくることができ」という部分は，児童の思考力，判断力，表現力等の基礎として育成すべき能力があげられている。これは遊びのなかで試行錯誤を繰り返しながら，遊び自体を工夫したり，遊びに使う物を工夫して作ったりすることで，考えをめぐらせたり，その考えを表現したりする児童の姿を意味する。

遊びの「面白さや自然の不思議さに気付く」という部分は，自然を使った遊び自体への面白さや約束やルールを変えていくといった，工夫したり創り出したりする面白さを重視することで，児童に育成すべき知識及び技能の基礎としてあげられている。

最後の「みんなと楽しみながら遊びを創り出そうとする」という部分では，実現されるべき学びに向かう力，人間性等を表していて，友達とのかかわりあいで深まる気付きが，豊かな生活の実現に結びつくことが明記されている。

▷3　○身近な自然
草花・樹木・木の実・木の葉・石・砂・土・光・影・水・氷・雨・雪・風など
○身近にある物
紙・ひも・ポリ袋・空き缶・空き箱・空き容器・ストロー・割りばし・ペットボトル・牛乳パック・紙コップ・トレイ・輪ゴム・磁石など

2　単元の構成

⎡1⎤　単元の計画

第2学年「うごくおもちゃけんきゅうじょ」（12時間扱い）の実践事例を取り上げる。この単元は，「身近にあるものを使って動くおもちゃを作ったり，またそれを使った遊び方を工夫したりしながら，その面白さや不思議さに気付き，みんなと楽しみながら遊びを創り出そうとする」というねらいで設定した。

① 単元の目標

知識及び技能の基礎	思考力，判断力，表現力等の基礎	学びに向かう力，人間性等
身近にある物の特徴を生かして，遊びに使うおもちゃを工夫して作ることができることやその面白さに気付くことができる。	身近にある物の面白さやおもちゃの動きを予想したり，友達と比較したりしながら工夫して遊びに使うおもちゃを作ることができる。	身近にある物やそれで作ったおもちゃで，みんなと楽しみながら遊びをつくり出そうとしている。

② 児童の実態

(1)生活科全般について

ここで紹介する学校では，4年間にわたり校内研究として生活科・理科の授業研究を進めてきた。そのなかで，2年間学習する生活科のすべての単元構成を「であう・かかわる・あじわう」という共通の過程を設け実践に取り組んだ。その過程ごとに目指す児童の姿を明確にし，その姿に近づけるためにどのような支援・工夫をすればよいかという視点で研究を重ねてきた（表11-1）。

125

第Ⅱ部　初等生活科教育の実践

そのため，児童は活動だけで終わりではないという単元の見とおしが少しずつもてるようになってきていた。また，活動が充実することで，遊んだり，育てたりする生活科が好きという児童も多く，好奇心をもち意欲的に取り組む児童が多かった。

表11-1　教師向け生活科の指導スタイル

学習過程	児童向け用語	指導の観点
であう	○あそぼう ○やってみよう	・安全面の指導を徹底する。 ・児童の遊びを見守り，活動を待つ姿勢で支援を行う。 ・児童とのやり取り（共感，納得，驚きなど）を大切にする。 ・児童の気付きを見逃さず，意味づけたり，価値づけたりする。 ・素材を使った活動を十分楽しむことができるように，活動時間を確保する。
かかわる （体験する） （追究する） （交流する）	○さがそう ○つたえよう ○つくろう ○もっとたのしくしよう	・安全面の指導を徹底する。 ・児童とのやり取り（共感，納得，驚きなど）を大切にする。 ・児童の気付きを見逃さず，意味づけたり，価値づけたりする。 ・繰り返し対象とかかわることができるように活動時間を確保する。 ・見つけたことや気付いたこと，自分のお気に入りのものへの思いを書かせるようにする。 ・友達と一緒に遊んだり，比べたりする場を設定する。 ・「もっとこうしたい」という思いや願いをもたせる。
あじわう （まとめる） （発表する）	○しょうかいしよう	・友達の見つけたお気に入りのよさや，自分のお気に入りとの違いに気付き，友達のよさや自分のよさに気付くことができるようにする。 ・見つけたことや気付いたこと，自分のお気に入りのものへの思いを書くようにする。

＊単元や児童の様子によって，「かかわる」の部分が繰り返される。　＊児童向け用語も単元によって選び出す。

〈目指す児童像〉

であう	・「やってみたいな」「不思議だな」「どうしてかな」という気持ちをもつことができる。
かかわる	・疑問をもったり，予想したり，確かめたりすることができる。 ・「見つける，比べる，例える」ことで気付きを深めることができる。 ・気付いたことやわかったことを書いたり話したりして，友達と交流することができる。
あじわう	・体験したことを振り返り，まとめたり，発表したりすることができる。

出所：筆者作成。

しかし，生活科で得た気付きを表現する言語活動に関する部分で，書いたり話したりすることは苦手という児童が多い現状だった。それを踏まえ，まず表現の仕方を教師が固定せず，絵・図・文章から自分で表現の仕方を選べるようにした。また，A4やB5の大きさだった発見カード（思いや気付きを書くもの。図11-1）の用紙を小さくして，一度に書く量を少なくしたこと，もっと書きたい時は枚数を増やすことで，少しずつ表現することへの抵抗が少なくなってきた。

(2)単元にかかわる内容について

本単元では，「身近にある物」として，ゴム・ビニール袋・電池・紙コップ空き箱・空き容器などを利用した。この素材については，第1学年の生活科単元「あきであそぼう」などで接している児童も多い。また，図画工作科や算数科の学習でも身近な物で作る楽しさや，身近な物で学習できることなどを経験として知っている。そして「自然にあるもの」として，「風」を取り上げた。風のはたらきについては，第1学年の「ふゆであそぼう」のなかの風を作って揚げる活動で接している。しかし，児童の生活のなかでは，風の力で物を動か

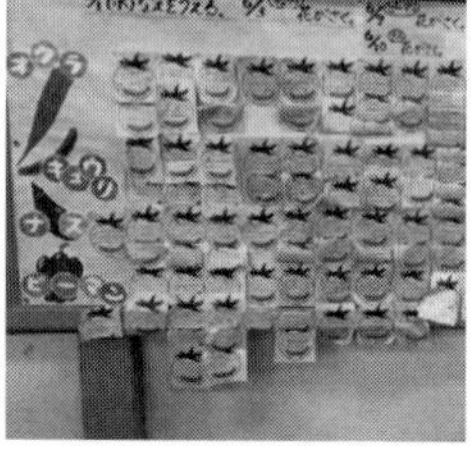

図11-1　発見カードの掲示
出所：筆者撮影。

すことや，ゴムの力で物を動かしたりする遊びや経験は十分ではない。「どうしたら風をいっぱい受けるか」「ゴムの数を変えるとどうなるかな」など，理科につながるような科学的な見方や，予想しながらいろいろ試していく問題解決型学習の基礎を大切にできるような単元計画にした。

③　資質・能力を育成するための指導上の工夫

(1)「けんきゅうしよう」という設定

児童は，おもちゃ作りやおもちゃで遊ぶことにはとても興味をもって取り組む。自分で作ったり，友達と遊んだりする活動も大好きで，活動そのものには主体的に取り組むことができる。しかしながら，その活動や体験の楽しさだけで終わってしまうこと，一度作り上げたら満足してしまい活動が続かないことなどが課題として考えられる。教師の支援の仕方次第では，活動だけになり学びがないという授業は，今までも生活科全体の課題として論じられてきた。

そこで本単元では，「動くおもちゃのけんきゅうをしよう」「にているおもちゃどうしでけんきゅう所をつくろう」という設定を取り入れる。児童からも，「けんきゅう」という言葉のイメージを集め，おもちゃを作るだけではなく，おもちゃの面白さに加え遊び方まで「けんきゅうしよう」という目標につなげていく。そして，児童を「○○けんきゅうしゃ」としたり，単元の最後に「はかせ認定証」を発行したりすることで，個々の気付きや学習の成果を「けんきゅうほうこく書」として認める活動を取り入れる。これにより，さらに児童の主体性を高め，より根気よく試行錯誤を繰り返したり，気付きの質を高めたりするきっかけになると考える。

(2)同じおもちゃ，動きが似たおもちゃでのグループ（けんきゅう所）設定

児童の気付きの質を高めるためには，協働学習が重要視されている。身近にある物とかかわる，仲間とかかわることの両方が成り立って，気付きの質が高まっていく。仲間とのかかわりを生み出す協働的な学習活動を取り入れるため，本実践では同じおもちゃ，または動きや使う素材が似ているおもちゃ同士でグループ（けんきゅう所）を組む。最初からグループを作るのではなく，活動の途中で同じおもちゃを作っている児童どうしを集めていく。さらに，仲間意識を保たせるため，児童に「○○けんきゅう所」とグループ名を考えさせたり，自分たちの目標などを考えさせたりして，共同研究所という思いをもたせるようにしていく。

個々の思いを大切にするためにも，おもちゃを製作する活動は個人とする。しかし，近くに思いや願いをかなえた良い手本があったり，同じ思いをもつ児童がそばにいたりすることで自然に対話が生まれる。自分のおもちゃと見比べて真似をしたり，一緒に競争して遊び方を考えたり，多様な活動も生まれてくると考える。同じ研究所の研究者が困っていたら助け合うこと，知りたいこと

第Ⅱ部　初等生活科教育の実践

図11-2　「けんきゅうメモ」の掲示
出所：筆者撮影。

やうまくいかないことはお互いに話し合いながら試してみることなどが、自然に生まれてくるような言葉がけを教師からもしていく。

(3)「けんきゅうメモ」の掲示

児童が自分の生みだした気付きを紹介したり、友達から認められたりして、より気付きを自覚して質を高められるようにするため、先に紹介した発見カードを「けんきゅうメモ」として残す言語活動を取り入れた。児童が「書きたい」「知らせたい」「気付いた」と思った時に、すぐに手に取れるよう、小さなメモカードをたくさん準備した。そして、すぐに教室に掲示できるようにした（図11-2）。さらに、見つけた工夫が文や図で表現しにくい場合は、写真に残して掲示した。こうすることで、自分の気付きが認められた満足感が得られるだけではなく、活動が行き詰まった児童の参考にもなると考えた。

(4) 取り上げる「身近にある物」と教師が提示するおもちゃの特性について

本単元では、児童の「身近にある物」として「ゴム」の力、「身近な自然」として「風」の力を重視した。これは、第3学年理科「風やゴムのはたらき」の見方・考え方につながる経験を積んでほしいという教師の願いからである。どちらも、主に物を動かす動力として利用することができる。そのため車を作った児童は動きの予測を立てやすく、そこから「もっと速く走らせたい」「もっと遠くまで走らせたい」などという願いをもつことが容易である。その願いから、「ゴムを増やしてみよう」「風をもっとたくさん受けさせよう」など、工夫の幅も広がる。また、材料を比較的集めやすく、自分の力で何度も工夫することができる余地があると言える。

おもちゃの土台となる厚紙、空き容器、トレイ、紙コップ、ビニールの傘袋などは、児童が願いに応じて選んで使用できるよう、さまざまな形や大きさのものを準備する（図11-3）。多様な種類の材料が、一人一人の発想や工夫を実現できるか、気付きが広がるかということにつながっていく。児童ができるだけ自分の力で試行錯誤できるよう、形を変えやすい素材や使い慣れている素材を集めたり、児童の発想を予測しながら多様な素材を集めたりすることを心がけるのが大切である。

図11-3　材料コーナーの設置
出所：筆者撮影。

▷4　以下に紹介する「ヨットカー」「ぴょんうさぎ」のほか、風を利用した「ふくろロケット」、ゴムの力で動く「とことこカメ」の4種類。

「であう」場面では、ゴムと風を利用して動く4種類の簡単なおもちゃを提示した。教師の手作りのおもちゃ（あえて工夫の余地をもたせるためにシンプルに、名前もないままにする）を見せ、遊び方を説明するだけで、児童は「自分も遊んでみたい」「作ってみたい」「工夫したい」という思いをもつことができる。その際、提示するおもちゃをどのようなものにするかがとても重要になる。そこで、この実践では事前に(1)児童がどんな思いをもつのか、(2)どのように工夫できるのか、(3)結果としてどのような動きに変わるのか、の3点で教材

第11章　初等生活科教育の実践⑥

分析を行った。児童が学習対象にもつ思いや願いは常に多様で，教師側の予測
をはるかに上回ることがほとんどである。しかしながら，できるだけ児童の思
考を把握し，それに対処できる支援の準備をしておくことが必要不可欠となる。

例	写真	予想される思い	予想される工夫
ヨットカー		・速く走らせたい ・まっすぐ走らせたい ・長く走らせたい ・動きを面白くしたい ・競走したい ・コースを作りたい	・風受けの有無 ・風受けの材料を変える（段ボール，厚紙，トレイほか） ・風受けの付ける位置を変える ・風の強さを変える（弱・中・強） ・タイヤを変える　など
ぴょんうさぎ		・高くとばしたい ・何個もとばしたい ・大きくしたい ・何かに似てる ・動きを面白くしたい ・競走したい	・ゴムの数を変える ・ゴムのかけ方を変える ・穴のあけ方を変える ・容器の材質を変える ・容器の大きさを変える ・とばし方を変える ・うさぎにたとえる

④　単元計画（12時間扱い）

次	時	過程	◎学習活動	○指導上の留意点　☆評価規準（観点）
一　うごくおもちゃであそぼう	1・2・3	であう	◎身近にある物を使って遊ぶ。（ゴム・ビニール袋・電池・紙コップなど） 　→面白さや工夫の共有 ◎先生の作った動くおもちゃで遊ぶ。 　①とことこカメ（ゴムの利用） 　②ヨットカー（風の利用） 　③ぴょうさぎ（ゴムの利用） 　④ふくろロケット（風の利用） 　→思いや気付きの共有 ◎先生の作ったおもちゃを作ってみる。 　→思いや気付きの共有	○身近にあるいろいろな物の面白さに気付けるようにする。 ○身近にある物でおもちゃが作れること，その面白さに気付けるようにする。 ○自分も作ってみたい，遊んでみたいという思いをもたせるような提示の仕方を工夫する。 ○もっと工夫したい，みんなで遊びたいという思いや願いを取り上げる。 ○全時間の終わりに「ふりかえり」をし，児童の思いを共有し，単元計画に生かす。 ☆身近にある物やそれで作ったおもちゃで，みんなと楽しみながら遊びをつくり出そうとしている。（学びに向かう力，人間性等）
二　もっとおもしろいおもちゃを作って	4・5・6・7	かかわる	◎さらに面白いおもちゃを作るために研究する。 ・これまで見たり試したりしたことがあるおもちゃについて共有する。 ・どんなおもちゃを作りたいか個人で考える。 ・同じおもちゃを作りたい児童どうしでグループを作り，研究所を作る。 ・作りたいおもちゃが完成するよう，遊びながら試行錯誤を重ねる。 ◎研究所どうしで，おもちゃの報告会を	○前時で取り上げた児童の思いや気付きをもとに，自分でおもちゃを考えたり，さらによくするために工夫したりする活動につなげる。 ○作りたいおもちゃ，工夫したいところを，絵・図・文など，自分なりの表現方法でかけるシートを準備する。 ○研究所に児童が名前を付けることで，さらに主体性をもたせる。 ☆身近にある物の面白さやおもちゃの動きを予想したり，友達と比較したりしながら工夫して遊びに使うおもちゃを作ることができる。（思考力，判断力，表現力等の基礎） ☆身近にある物の特徴を生かして，遊びに使うおもちゃを工夫して作ることができることやその面白さに気付くことができる。（知識及び技能の基礎）

129

第Ⅱ部　初等生活科教育の実践

			◎学習活動	○指導上の留意点
みよう			し，みんなで遊んだり，もっと面白くなるよう教え合ったりする。	○研究所どうしで遊ぶことで，お互いのおもちゃのよさを認め合ったり，さらなる工夫のヒントをもらったりするよう声をかける。
三　おもちゃを紹介してあそぼう	8・9・10	かかわる②	◎1年生に研究したおもちゃを紹介する準備をする。 ◎1年生を招待して，おもちゃについて紹介しながら，いっしょに遊ぶ。	○1年生に遊んでもらえるよう，おもちゃの完成形を，もう一度新しい材料で仕上げてもいいことにする。また，さらに工夫を加えることも許容する。 ○遊び方についても，話し合うようにする。また，遊びに使う物や場の設定にも気付かせていく。 ☆身近にある物やそれで作ったおもちゃで，みんなと楽しみながら遊びをつくり出そうとしている。（学びに向かう力，人間性等）
四　はかせ認定式をしよう	11・12	あじわう	◎おもちゃ研究をふりかえり，「はかせ認定式」を行う。	○自分の研究メモを整理することで，自分自身の成長やよさについて気付かせていく。 ☆身近にある物の特徴を生かして，遊びに使うおもちゃを工夫して作ることができることや，そのおもしろさに気付くことができる。（知識及び技能の基礎）

②　授業の様子（第5・6時間目）

◎学習活動	・教師の言葉がけ	○指導上の留意点　☆評価規準（観点）
1　前時の学習をふりかえる。		○作ったり，試したりと試行錯誤を繰り返し，おもちゃを改良できるように，空間と時間を十分に確保し，作る場と試す場を一体的な空間にしておく。（体育館）
2　めあてを知る。	・今日は，研究所のなかまといっしょに，おもちゃをもっと楽しく，おもしろくするために研究をしよう。	
もっと楽しいおもしろいおもちゃになるようけんきゅうしよう。		
3　どのようにしたら楽しくなるか考えたり，試したり，遊んだりする。 ・気付いたこと，発見したことなどメモしたいことあれば，「けんきゅうメモ」に残す。必ず1枚は書く。	○見付ける ・あそこで楽しそうなことしていたよ。 ・あそこで同じようなことしていたよ。 ・この材料はどうかな。 ○比べる ・さっきとどこが違うの？ ・○○さんとどこが違うの？ ・一緒に動かしてみて。 ○たとえる ・この動き，何に似ているかな？ ・名前をつけるとしたら？ ○試す ・なんでこうなったんだろうね。 ・もう一度やって見せて。 ・もう一回変えてみたら。 ○見通す	○児童の活動を予測し，必要となると思われる材料や用具をいつでも使えるように準備しておく。 ○安全面への配慮から，用具は場所を決めて使用させる。 ○思うように改良できていない児童には，状況に応じて，友達からアドバイスを得られるようにしたり，教師が声かけしたりする。 ☆友達に教えたり，教わったことを取り入れたりして活動している。（活動） ☆自分のおもちゃを改良するために，繰り返し作りかえたり，試したりしている。（活動）

	・どう変わるかな。 ・なんでこうしたの？ ○工夫する ・どこを変えたの。 ・この工夫はすごいね。	
4　気付いたことを発表する。	①同じ仲間と一緒に研究していた人がいたよ。 ②何度も材料の付け方を工夫して，やっと成功した人がいるよ。 ③ゴムの不思議なところに気付いた人がいるよ。 ・～がすごいね。 ・～によく気付いたね。 ・～と同じことに気付いた人いる？	・今日の「けんきゅうメモ」から，次の視点で書かれた気付きを紹介する。 ①友達とのかかわり ②試行錯誤の成果 ③素材の面白さや不思議さ ・児童の思いに共感したり，気付きを価値づけたりする言葉がけをする。
5　次時の活動内容を知る。	・遊び方のルールを工夫するともっと面白くなりそうだね。	・もう少し研究したい，遊びたいという思いを取り上げる。

3　児童の学びに見られる実践の意義

1　児童の「主体的・対話的で深い学び」の視点から

　新学習指導要領では「主体的な学び」「対話的な学び」「深い学び」（いわゆるアクティブ・ラーニング）の視点で授業改善が求められている。本実践でも，この三つの視点において効果的な学びの姿を見とることができた。

① 主体的な学びの姿勢

　一次から，素材と直接かかわったり，教師のおもちゃで遊んでみたりする活動を多く取り入れたことで，「おもちゃ作り」に対して意欲的に取り組む姿が見られた。「もっと材料を集めたい」「ほかにもこういうおもちゃができそう」など，常に児童の思いを引き出しながら，次時の授業へとつなげることができた。また，どうしたら思いどおりのおもちゃが作れるか，家庭で本やインターネットを用いて調べてくる児童もいた。

　二次では，「けんきゅうしよう」という言葉がけ一つで，児童のおもちゃ作りに対する思いが強くなった。途中で完成してしまった児童も，「もっと高くならないかな」「○○君のけんきゅうをいっしょにやった」など，新たな活動に向かおうとする姿や友達の思いをかなえようという視点で挑戦する姿が見られた。さらに，幼稚園や保育園の幼児と遊んだ経験から，「いろんな人に遊んでもらいたい」「1年生用も作りたい」という思いも引き出すことができ，人とのかかわりについても関心を広げることができた。

② 対話的な学びの実現

　最初は自分のおもちゃ作りに夢中になる児童が多かったが，毎時間振り返り

第Ⅱ部　初等生活科教育の実践

図11-4　「けんきゅうメモ」に見られる気付き
出所：筆者撮影。

図11-5　下級生と一緒に遊ぶ活動
出所：筆者撮影。

図11-6　友達が書いた研究メモ
出所：筆者撮影。

を大切にしたことで，同じ「けんきゅう所」のなかで思いを共有する姿が見られるようになった。「どうやったら付けられるかな」「貸して，やってあげる」などの技能面での助け合いに加え，「比べてみよう」「こっちのゴムの付け方がいいな」など気付きを深めるような活動も児童のなかから生まれた。しかし，なかには自分が作ったおもちゃで友達と競い出すと，悔しさやライバル意識をもち，あえて友達に頼りたくないという思いをもつ児童もいる。しかし，「同じけんきゅう所」として仲間意識をもたせたことで，常に情報を共有したり同じ目標をもって活動したりするなど，予想以上の対話場面が見られた。また，そこから得た気付きも研究メモに多く残されており，友達から認められた喜び，友達と比べて発見したことなどが書かれていた（図11-4）。

　三次で行った，第1学年の児童と一緒に遊ぶ活動でも，最初に作ったおもちゃと工夫したおもちゃの違いを説明したり，ルールを教えてあげたりと，「遊び」という活動をとおして自然な対話が展開されていた。自分たちが何度も研究を繰り返し，工夫した遊びだからこそ，伝えたい，試してもらいたいという思いが強くなったと考えられる（図11-5）。

③　深い学びの実現

　おもちゃ作りをとおして，毎時間の振り返りの時間を設け，研究メモを残したり，それを発表や掲示で共有したりすることで，自分だけでなく友達の気付きから影響を受ける場面が見られた（図11-6）。「楽しかった」だけではなく，教師が求める気付きをしている児童を何度も取り上げたことで，失敗の原因を考える子，「小さいカップと大きいカップでは風を受ける量が違う」など材料や重さ，大きさなどの視点で比較して考える児童，「ゴムを太くしても進まない」などという予想と違う動きに不思議さを感じる児童など，さまざまな試行錯誤のなかで学びが生まれた。

2　他教科との関連

　生活科を学習する第1学年～第2学年の発達段階を考え，教科等の学習は互いに関連づけて展開することが重要視されている。学習指導要領［平成20年改訂］では「国語科，音楽科，図画工作科」が例示されていたが，新学習指導要領ではすべての教科との関連性があげられている。生活科と他教科とを関連づけて指導したり，合科的な指導を行ったりすることで，生活科で身につけた資質・能力をさらにほかで発揮することにつながる。また，その反対に，他教科で身につけた資質・能力を生活科で生かすことにもつながり，いっそうの学習効果が期待される。

　本実践でも，国語科・算数科・図画工作科との関連づけがあげられる。第一は，国語科との関連である。生活科は，どの単元においても自分の気付きを表

現したり，友達と伝え合ったりする言語活動が欠かせない。本実践でも，自分の遊びたいおもちゃについて思いを明確にするために，「書くこと」を取り入れたり（一次），自分の気付いたこと，考えたことを振り返るために，研究メモを「書くこと」を取り入れたり（二次）した。また，三次には，第1学年の児童に自分のおもちゃを紹介して遊ぶ活動を取り入れ，「話すこと」との関連性をもたせた。国語科における「書くこと」「話すこと」で身につけた資質・能力を，生活科で生かすことができた。

第二に，算数科との関連である。おもちゃを作った後，児童は「どれくらい飛んだかで競おう」「どこまで進んだかで競おう」など，おもちゃどうしを比較しながらさまざまなルールを考え出す。そこで，長さの単位や測定の意味を知る活動につながる。なかには，得点をつけて競う児童の姿も見られ，児童の思いや願いを実現していくなかで，自然と数の知識や算数科の技能が活用される場面が見られた（図11-7）。

第三に，図画工作科との関連である。生活科のおもちゃ作りでは，おもちゃの見た目や形にこだわってしまうと，生活科のねらいである「動きや遊び方を工夫する」という目標と異なってしまう。しかし，おもちゃを作る段階では，はさみやのり，紙や段ボールなど，図画工作科で扱う用具や素材を用いることが多く，必然的にその技能や能力を繰り返し生かすことになる。

このように，生活科においては，関連した教科の目標を教師が把握し，生活科の目標と合わせてどのような単元計画で実現していくかを考えることが，「カリキュラム・マネジメント」の一歩になる。

3 第3学年以降の教育への接続

生活科での体験，またそこからの気付きは，第3学年以降の理科・社会科の学びを支える資質・能力につながる。新学習指導要領でも，「中学年以降の教育との円滑な接続」が明示された。本単元では，とくに理科への接続を意識する必要がある。

本実践では，第3学年の理科「風とゴムの力の働き」への接続を意識し，おもちゃ作りの動力として，ゴムと風の力で動くおもちゃを基本に取り入れた。風もゴムも「物を動かすことができること」「力の大きさを変えると，動く様子が変わること」を体験的に十分味わうことが，理科の学習過程の一つである予想場面や考察場面などにつながる。

また，おもちゃの動きをさらによくするために，さまざまな試行錯誤を行う過程そのものも，理科の問題解決学習へつながる。生活科における気付きの質を高めるために，新学習指導要領では「見付ける」「比べる」「試す」「見通す」といった視点があげられているが，これは理科の「問題を見いだす，比較

図11-7　測定の工夫
出所：筆者撮影。

▷5　「風とゴムの力の働き」（新学習指導要領理科，第3学年の2内容(2)）
風とゴムの力の働きについて，力と物の動く様子に着目して，それらを比較しながら調べる活動を通して，次の事項を身に付けることができるよう指導する。
ア　次のことを理解するとともに，観察，実験などに関する技能を身に付けること。
　(ｱ)風の力は，物を動かすことができること。また，風に力の大きさを変えると，物が動く様子も変わること。
　(ｲ)ゴムの力は，物を動かすことができること。また，ゴムの力の大きさを変えると，物が動く様子も変わること。
イ　風とゴムの力で物が動く様子について追究する中で，差異点や共通点を基に，風とゴムの力の働きについての問題を見いだし，表現すること。

第Ⅱ部 初等生活科教育の実践

しながら調べる，実験する，実験の方法や結果を見通す」という見方・考え方に直結する。生活科での一連の学びが，理科への接続になると言える。

4 実践上の留意点と今後の課題

1 教師の言葉がけの必要性

活動や遊びが主となる生活科においては，活動中の児童一人一人への見取りがとても大切になる。自分の思いどおりに車が動かない児童には，友達とつなげてあげる。何度も失敗してやっと思いどおりのおもちゃになった児童には，そのがんばりや達成感を一緒に喜んであげる。こうした，個々の活動や思いを理解し，その子に応じた働きかけをすることが，生活科では重要な教師の役割である。児童の気付きを認めたり，共通の視点に気付かせたりするうえでも，教師の言葉がけがとても重要である。だからこそ，単元構成をする際，児童の活動や思いを予測し，どのような言葉がけをするのか明確にしなければならない。

しかし，実際に1時間の授業中にクラス全員の活動を見取り，全員に言葉がけをすることは難しい。そのため，授業後，児童の発見カードを見取る，教師自身が授業を振り返ることで，次時でどの児童にどのような言葉がけをするのかを計画しておくことが必要となる。児童一人一人の思いによって進む単元だからこそ，教師の意図的な支援があるかどうかで「深い学び」の実現に結びつくかが決まるのである。

2 ものづくりの技能

活動のなかで最も難しい点としては，形にしたいという思いと，ものづくりの技能との差があげられる。例えば「もっと穴を大きくしたい」という思いはあるが，穴を開けるという活動は，第2学年の児童には安全面を考えても一人で行わせるのは難しい。「電池にゴムを斜めにつけたい」という思いをもつ児童もいたが，身近にある物では限界があった。素材の限界や技術の確保は，担任一人での支援では難しい。学年で活動することで教師の人数を増やしたり，支援員や保護者のボランティアを募ったりするなど，多くの人材と連携を図ることが必要不可欠となる。そうすることで「人とのかかわり」も重視する生活科において，児童の学びを深めることができると考える。

Exercise

① 「身近な自然を利用したり，身近にある物を使ったりするなどして遊ぶ活

動」の一つに，本章で紹介した実践があった。「身近な自然を利用」した遊びには，ほかにどのような遊びがあるか考えてみよう。

② 児童が活動をとおして気付いたことをもとに考えることができるようにするため，どのような視点で，具体的にどのような言葉がけをするとよいか考えてみよう。

③ 新学習指導要領解説では「身近な物」の例に，「磁石」があげられている。「磁石」を用いたおもちゃを取り上げ，どのような単元計画ができるかを考えてみよう。また，他教科とのつながり，第3学年以上とのつながりも考えてみよう。

📖 次への一冊

田村学編著，横浜市黒船の会『生活・総合「深い学び」のカリキュラム・デザイン』東洋館出版社，2017年。
　　新学習指導要領に基づいた視点で生活科・総合のカリキュラム・デザインについて理論と実践が学べる一冊。具体的な児童の姿がわかりやすく掲載されている。
原田信之・須本良夫・友田靖雄編著『気付きの質を高める生活科指導法』東洋館出版社，2011年。
　　学習指導要領［平成20年改訂］を基本に，生活科の基礎的な理論と「気付きの質を高める」実践が学べる一冊。
久野弘幸編著『平成29年版 小学校新学習指導要領ポイント総整理 生活』東洋館出版社，2017年。
　　学習指導要領［平成20年改訂］から，新学習指導要領はどのように変わったのかわかりやすくまとめてある一冊。これからの授業作りにおける役立つポイントも掲載。

引用・参考文献

総合初等教育研究所『小学校 新学習指導要領改訂の要点』文渓堂，2017年。
田村学編著，みらいの会『生活・総合アクティブ・ラーニング』東洋館出版社，2015年。
田村学編著，横浜市黒船の会『生活・総合「深い学び」のカリキュラム・デザイン』東洋館出版社，2017年。
寺元潔編著『教科力シリーズ 小学校生活』玉川大学出版部，2016年。
原田信之・須本良夫・友田靖雄編著『気付きの質を高める生活科指導法』東洋館出版社，2011年。
文部科学省『小学校学習指導要領解説生活編』日本文教出版，2008年。
文部科学省『小学校学習指導要領解説理科編』日本文教出版，2008年。
文部科学省『小学校学習指導要領（平成29年告示）解説生活編』東洋館出版社，2018年。

第12章
初等生活科教育の実践⑦
——動植物の飼育・栽培——

〈この章のポイント〉

　生き物を探したり，実際に飼ってみたりしながら，生き物に対する気付きを高め，児童は生き物への親しみをもち，大切にしようとする。本章では，内容(7)「動植物の飼育・栽培」において育みたい資質・能力，またそうした資質・能力を養う単元作りについて解説する。

1　生活科における単元の位置づけ

[1]　生活科における内容(7)「動植物の飼育・栽培」の意味

　「ウサギって，こうやって抱っこするととってもあったかいよ」「アサガオの葉に小さい毛みたいのが生えてるよ」といった姿に見られるように，「児童にとって動植物の飼育・栽培は，毎日が発見や感動の連続である。児童は自分の育てる動物や植物の成長を楽しみにしながら，日々の関わりを深めていく」。例えば，「ダンゴムシって細いヒモも登れるよ」「つぼみのなかに花の色が透けて見えるよ。早く咲いてほしいな」などと，「動植物を親しみと期待の目で見つめ，心を寄せながら世話をしていくようになる」。

　本単元では，動物や植物の飼育・栽培を通して，「それらの育つ場所，変化や成長の様子に関心をもって働きかけることができ，それらは生命をもっていることや成長していることに気付くとともに，生き物への親しみをもち，大切にできるようにすることを目指している」のである（文部科学省，2018，43ページ）。

[2]　内容(7)「動植物の飼育・栽培」の位置づけ

　生活科の学年目標では，2学年間で実現する目標が内容のまとまりごとに三つに示されている（図6-1参照）。そのなかで内容(7)は，第二の階層「身近な人々，社会及び自然と関わる活動に関する内容」に位置づけられる（文部科学省，2018）。そのなかには，内容(4)「公共物や公共施設の利用」，内容(5)「季節の変化と生活」，内容(6)「自然や物を使った遊び」，内容(7)「動植物の飼育・栽

第Ⅱ部　初等生活科教育の実践

培」，内容(8)「生活や出来事の伝え合い」が位置づけられている。そして，「こ
れらは，自らの生活を豊かにしていくために低学年の時期に体験させておきた
い活動に関する内容である。低学年の時期に体験させておきたい活動とは，低
学年の児童の身の回りにあるだけでなく，低学年の児童が関心を向けやすい活
動であり，活動を通して次第に児童一人一人の認識を広げ，資質・能力を育成
していくために必要となる活動である」と述べられている（文部科学省，2018,
26ページ）。

3　内容(7)「動植物の飼育・栽培」の構成

　学習指導要領［平成20年改訂］では，内容(7)について次のように示されてい
た。

> (7)　動物を飼ったり植物を育てたりして，それらの育つ場所，変化や成長の様子に関
> 心をもち，また，それらは生命をもっていることや成長していることに気付き，生
> き物への親しみをもち，大切にすることができるようにする。

それが，新学習指導要領では次のように示された。

> (7)　①動物を飼ったり植物を育てたりする活動を通して，②それらの育つ場所，変化
> や成長の様子に関心をもって働きかけることができ，③それらは生命をもっている
> ことや成長していることに気付くとともに，④生き物への親しみをもち，大切にし
> ようとする。　　　　　　　　　　　　　　　　　　　　　　（番号，下線は筆者）

　中身に大きな変更はないが，新学習指導要領では「関心をもち」から，「関
心をもって働きかけることができ」に変更されている。
　今回の改訂においては，生活科の９項目のすべての内容には①「児童が直接
関わる学習対象や実際に行われる学習活動等」，②「思考力，判断力，表現力
等の基礎」，③「知識及び技能の基礎」，④「学びに向かう力，人間性等」の４
つの要素が組み込まれた。それらは内容(7)では①「〜活動を通して」，②「〜
働きかけることができ」，③「〜に気付くとともに」，④「〜しようとする」の
ように示されている。
　内容(7)「動植物の飼育・栽培」もこのような構造と四つの要素を理解したう
えで，授業実践を進めることが大切である。
　①「児童が直接関わる学習対象や実際に行われる学習活動等」にかかわる
「動物を飼ったり植物を育てたりする活動」とは，「動物を飼育したり，植物を
栽培したりする中で，動植物の成長の様子を見守ったり，動植物と触れ合い，
関わり合ったりすること」である。新学習指導要領の解説では「児童を取り巻
く自然環境や社会環境の変化によって，日常生活の中で自然や生命と触れ合
い，関わり合う機会は乏しくなってきている。このような現状を踏まえ，生き
物への親しみをもち，生命の尊さを実感するために，継続的な飼育・栽培を行

138

うことには大きな意義がある」と述べられている。

②「思考力，判断力，表現力等の基礎」に該当する「それらの育つ場所，変化や成長の様子に関心をもって働きかける」とは，「動植物が育つ中でどのように変化し成長していくのか，どのような環境で育っていくのかについて興味や関心をもって，動植物に心を寄せ，よりよい成長を願って行為すること」である。

解説では「飼育・栽培の過程において児童は『もっと元気に育ってほしい』『もっと上手に育てたい』という願いをもつ。そして，その願いを実現するために，動物本来の生育環境や土，水，日照，肥料といった植物の生育条件に目を向けるようになる。（中略）それらの育つ場所，変化や成長の様子に関心をもち，自ら働きかけるようになる。さらに，働きかける中で児童は，『違いがあるぞ』と変化や成長の様子を比べたり，『多分そうだろう』と予想して見通しを立てたり，『どうしてほしいのかな』と動植物の立場に立って考えたりするようになる。また，自らの働きかけに対して『どうだったかな』と反応や結果を考えたり，継続してきた活動を振り返って『だからそうなんだ』と自分とつなげて考えたりするようになる」と述べられている。

③「知識及び技能の基礎」に該当する「それらは生命をもっていることや成長していることに気付く」とは，「動植物の飼育・栽培を行う中で，動植物が変化し成長していることに気付き，生命をもっていることやその大切さに気付くこと」である。解説では，「動植物の特徴，育つ場所，世話の仕方，変化や成長の様子に気付くことはもちろん，それらと自分との関わりに気付いたり，自分自身の世話の仕方や世話してきた心持ちの変容などに気付いたりすることも大切にしたい」と述べられている。

本単元で気付きの質を高めるということは，はじめは対象に対するいろいろな気付きが生まれてくるが，それらが最終的に一生懸命取り組んだ自分自身への気付きにまで高まることをいう。したがって，日頃から自分自身の取り組みに関して振り返る機会を設けることが大切である。

④「学びに向かう力，人間性等」に該当する「生き物への親しみをもち，大切にしようとする」とは，「生き物に心を寄せ，愛着をもって接するとともに，生命あるものとして世話しようとすること」である。解説では「児童は，生き物に繰り返し関わることで，生き物への接し方が変わってくる。活動の中で得られた喜びや自信が『今度は，別の野菜を育ててみたいな』『家でも飼ってみたいな』と自ら生き物に関わろうとする姿や，『元気かな。また会いたいな』『学校に行くのが楽しみだな』といった思いにつながる。こうして児童が生活を豊かにするとともに，どんな生き物に対しても，関心をもって働きかけようとする姿が生まれ，日々の生活が充実していくのである」と述べられている。

第Ⅱ部　初等生活科教育の実践

2　単元の構成

1　単元の計画

①　単元名「生きものをそだてよう」

②　児童の実態

　本学級の児童は，日頃から休み時間などに虫取りをしたり，飼育小屋のウサギを見に行ったり，生き物に対しては関心が高い。第1学年の「生きもの大すき」ではウサギの世話をしながら，「だっこするとあたたかいよ」「耳の裏に血管が見えるよ」「いやがるときは足をばたばたさせるよ」といろいろな気付きをもつことができた。これは関心をもって働きかけた結果であろう。

　しかし，継続的に飼うことについては根気が続かない児童も少なからず見られる。そこで，本単元では個々が継続的に飼うことができるザリガニを前半に，後半はダンゴムシを飼いながら活動を設定することとした。

③　単元設定の趣旨と構成上の配慮

　本単元は，上記の児童の実態と新学習指導要領の内容(7)を受けて設定している。

　本校や隣接する公園には雑木林や池などがあり，それらの場所で，季節に応じた多くの生き物を採取・観察することができる。児童が，主体的に採取活動や飼育活動に取り組む要因となっているのは，生き物には働きかけ方によってそれに応じた反応があるからである。自分の手で採取し，思いや願いをもって試行錯誤を繰り返し，どうすればよいかを考え，成長を見守る一連の飼育活動のなかで，他では味わうことのできない発見の喜びや成長を見る楽しみ，思いが叶った成就感が得られる単元を構成するにあたっては，実際に生き物を探しに行くところから始める。

　まず，ザリガニ（アメリカザリガニ）を飼育の対象として最初に取り上げる（白岩，2016）。ザリガニは生活能力が高く雑食性で比較的生命力が強い。一方で体のつくりも特徴的で動きも多様である。水のなかの生き物を飼育することで多くの発見と驚きが得られると考える。後半はザリガニの飼育で学んだことを生かし，ダンゴムシを飼育する。繰り返し生き物を飼育することで気付きの質が高まることが期待される。

　ダンゴムシに対してはただ観察するだけでなく，いろいろな働きかけを行い，「ダンゴムシ博士」を目指す。[1]

④　単元の目標

　動物を飼う活動をとおして，それらの変化や成長の様子に関心をもって働き

▷1　ダンゴムシの好きな食べ物，歩く速さ，どんな時に丸まるか等々を観察。その後，研究したことをみんなの前で「ダンゴムシ大研究」として発表する。

140

第12章 初等生活科教育の実践⑦

かけることができ，それらは生命をもっていることや成長していることに気付くとともに，生き物への親しみをもち，大切にすることができる。

⑤ 単元の評価規準

知識及び技能の基礎	思考力，判断力，表現力等の基礎	学びに向かう力，人間性等
生き物は生命をもっていることや成長していること，生き物と自分とのかかわりに気付いている。	動物を飼ったり植物を育てたりすることについて，自分なりに考えたり，工夫したり，振り返ったりして，それをすなおに表現している。	動植物やそれらの育つ場所，変化や成長の様子に関心をもち，生き物に親しんだり，大切にしたりしようとしている。

⑥ 本単元の指導計画（13時間）

第1次 「生き物を探しに出かけよう」（2時間）

　生き物を探しに行く。ザリガニを中心とするが，他の生き物採取も認める。

第2次 「どうやって育てようか」（2時間）

　とってきた生き物をどのように飼うか考え，すみかを作る。

第3次 「ぼくの私のザリガニ大発見」（4時間）

　飼いながら気付いたことをワークシートにまとめていく。それらの気付きについて表現方法を工夫し，みんなの前で発表する。

第4次 「どんなところにいるかな（ダンゴムシ）」（1時間）

　ザリガニの学習を生かし，ダンゴムシのいそうなところに見とおしをもって探しに出かける。

第5次 「ダンゴムシ大研究」（4時間）

　ダンゴムシを飼いながら気付いたこと，あるいは意図的に働きかけながら発見したことを表現方法を工夫し，みんなの前で発表する。

2 授業の様子

① 本時のねらい（第3次）

　発見したザリガニのひみつを自分なりに方法を工夫し相手に伝えることができるようになる。

② 本時の展開

学習活動と内容	指導上の留意点
1 これまでザリガニを育ててきた感想を発表する。 ・いろいろな発見ができてうれしかったです。 ・世話をしているうちにだんだんとかわいくなってきました。	○これまでザリガニを世話してきたことを振り返ることで，自分のザリガニに対する思いを高めたい。

141

第Ⅱ部　初等生活科教育の実践

| ザリガニのひみつを紹介し合おう。
2　前後半に分かれてザリガニのひみつを紹介し合う。
・ザリガニは逃げるときはピュッと尾を丸めながら後ろに下がります。
・ザリガニの前足には小さなハサミがついています。これはエサを食べるときにエサを食べやすくするためです。
・ザリガニの尾の裏側には青い血管が見えました。

3　振り返りカードを書く。
・○○さんはザリガニのいろいろな発見をしていてすごいと思いました。
・○○くんはザリガニの模型を作って説明していたので、とてもわかりやすかったです。
4　本時の活動を振り返る。
・これからもずっとザリガニのお世話をしていきたいです。
・はじめはハサミがあってザリガニが怖かったけれど、今ではうまくもてるしとてもかわいいです。 | ○自分の言いたいことが相手に伝わるように紹介方法を工夫させる。
○ザリガニを紹介し合いながら、これまでにザリガニといろいろなかかわりがあったことに気付かせたい。
○相手の発表に対して必ず簡単な感想を述べるようにさせる。

○とくに発表を工夫していた児童について振り返らせ、その児童の良さに気付かせたい。

○これからも意欲的にザリガニの世話をしていこうという気持ちをもたせるようにしたい。 |

③　実際の様子

　児童らはこれまでザリガニを育ててきた感想を発表する。
　「いろいろな発見ができてうれしかったです。世話をしているうちにだんだんとかわいくなってきました」。図12-1のワークシート（発見カード）を見てこれまでの世話をしている時の様子を想起しながら発表した。従来の観察記録というと1枚1枚ていねいに書いていくのが一般的であったが、図のように真ん中にスケッチをし、気付いたことを周りの枠の□に書き込んでいくようにすると、児童の負担感が減り、かなり多くの気付きを書き込んでいた。

▷2　日頃のザリガニの観察からの気付きをさらに追究した内容。

▷3　ザリガニが、ではなく「ぼくは」という表現を使う。

　数人の児童が感想を発表した後、前後半に分かれてザリガニのひみつを発表し合った。図12-2にその時の様子の写真を掲載する。
　左の写真のO子は「だっぴ大さくせん」としてザリガニの脱皮の様子を4コマ漫画に表していた。かなり大きなものを作っていたので、聞く側からもわかりやすいという声があがっていた。
　中央の写真のT子は模型を使ってザリガニのジャンプの仕方を再現していた。絵で表すより動きがあって大変わかりやすかった。
　右側のN男はザリガニの脱皮を自ら実演しながら説明していた。説明を聞いていると自分がザリガニになりきって一人称でセリフを発していた。
　発表を聞く際には聞き手側はただ聞くだけでなく、必ず一言感想なり、

図12-1　発見カード
出所：筆者撮影。

第12章 初等生活科教育の実践⑦

図12-2 ザリガニのひみつの発表

出所：筆者撮影。

質問なり，アドバイスなりをする約束とした。その際，具体的な事実をもとに述べる。このことが後の振り返りカードに生きてくる。

発表が終わった後，次の二つの視点で振り返りカードを書いた。

(1)発表を工夫していた友達とそう思った理由
(2)発表した自分の気持ち

振り返りカードの中身を見てみると，T子はH男に対してザリガニの発表内容についてすべて暗記していた点を評価している。確かに文字を見ながら言うより，回りに目を配りながら発表できる（図12-3左側）。

M子はA男に対して，ニュースキャスターになりきっていた点，また，クイズの内容について評価している（図12-3右側）。

このような具体的な事実に基づいた評価は，聞く側の資質向上および発表する側の自信につながるものである。

自分自身の振り返りでは，K男は最後に「みんながいいかんそうをいってくれたので，元気になってたのしかった」と述べている。他者に認められることがその児童の意欲，自信につながっていくものだと改めて感じた（図12-4）。

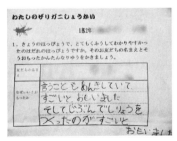
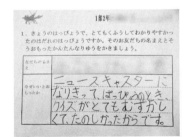
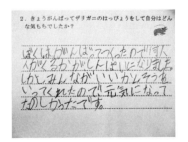

図12-3 振り返りカード　　　　　　　　　　図12-4 自分自身の振り返り

出所：筆者撮影。　　　　　　　　　　　　　出所：筆者撮影。

3　児童の学びに見られる実践の意義

1　生き物と出会いを大切にすることにより自然への気付きが始まる

　まずは外に出ての生き物探しから始める。そうすることによってそれぞれの生き物がどういうところにすんでいるかがわかってくる。そして，なぜそこにいるのかということを知ることで，それぞれの生き物の特徴も見えてくる。「ダンゴムシは葉っぱの下や石の下に隠れているよ」「ザリガニは水のなかで泡を出しているよ」等々。

①　ザリガニとのかかわりを深める

　自分の飼っているザリガニを毎日世話をしていくなかでいろいろな気付きが生まれる。それらの気付きを積み重ねることで児童とザリガニとの距離がより近いものとなる。「ぼくの〇〇ちゃんは逃げるときはいつも後ろに素早く動くんだよ」「わたしのザリちゃんはせまいところがすきでいつもおうちのなかに入っているよ」等々，自分が発見した気付きが増えていくことで，よりザリガニに対して愛着を増していく。

　しかし，観察記録のために毎日スケッチを描かされていたのでは児童にとって大きな負担となり長続きしない。そこで，図12-1のような発見カードを用意し手軽に記録できるようにした。その気付きの記録方法は文字でも簡易なスケッチでも可とする。この形式なら記録を短時間で終えることができ，むしろ児童の気付きが増える傾向にあった。このカードが複数枚に及ぶ児童も数多く見られた。

②　気付きを広げ，深める

　児童の気付きの質を高めるためには，個々の気付きを伝え合うことが重要である。そこで，それぞれの発見カードを掲示し，みんなの目に触れるようにしたり，朝の会，帰りの会を利用して「今日のザリガニ発見」という形で，新しい気付きを全体で共有するようにした。するとこれまで足の数にしか目がいっていなかった児童がそれぞれの足の形に違いがあること，あるいはザリガニがジャンプすると言っていた児童がそのジャンプの仕方にまで目がいくようになったことなど，多くの児童に気付きの質の高まりが見られた。

第12章　初等生活科教育の実践⑦

2 気付きの発表

① 紹介したいことをきめる

児童はこれまで自分の飼っているザリガニに多くの発見をしてきた（気付き）。しかし，すべてを発表するわけにはいかない。そこで発表したい内容をこれまでの気付きのなかから選び出す作業に入る。この選択場面にその児童の思いや願いが表出するのである。

以下に児童が選んだ内容例をあげる。

> 【児童が選んだ内容例】
> ・ザリガニの泳ぎ方　　　　　　・脱皮の仕方
> ・ザリガニの好きなエサ　　　　・ザリガニのジャンプの仕方
> ・ザリガニのハサミについて　　・体の掃除の仕方
> ・その他多数

② 表現方法の工夫

発表内容が決定したら次はいかにして相手にその内容を伝えるか，表現方法の工夫である。ここにもその児童らしさが大きく表出する。第2学年という発達段階を考えた時，いきなり発表資料を作らせたら，作文か1枚の絵を描いて終わりになるのは目に見えている。そこで，発表資料作りの際，事前に次のことを児童に伝える。

(1)他人が考えつかないような方法で発表すること（作文を読んだり，1枚の絵だけで表すのはNG）

(2)自分の伝えたい内容が相手によく伝わるにはどういう方法がよいかを考えること

児童ははじめは戸惑いを見せていたが，徐々に動き出す。もちろんなかなか思いつかない児童もいる。そういう場合は伝えたい内容をていねいに児童から聞き取り，そのことを伝えるにはどういう方法がいいのか自分なりに考えさせる。場合によっては教師側からいくつか選択肢を示し，そのなかで自分の考えに近いものを選ばせるような支援もした。何も情報がないところでは考えられないので，自宅で本などで調べたり，保護者からアドバイスをもらうことも可とした。その結果，実践例のところで述べたように多様な表現方法が出てきた。

③ 「バディ」を組み，実際の表現をチェック

資料ができたら発表の具体的な練習に入るが，自分一人でやっていたのではどこがいいのか悪いのかがよくわからない。そこで，二人組（バディ）を作り，お互いの発表についてチェックさせた。その際重要なのは，漠然としたアドバイスでは何の役にも立たない。具体的な事実に基づいてアドバイスをする

第Ⅱ部　初等生活科教育の実践

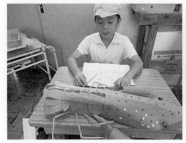

図12-5　お互いの表現チェック

出所：筆者撮影。

ということである。「2枚目の資料の上の図が見づらいのでもう少し大きくしたほうがよい」「ザリガニの模型で説明する時，説明している言葉と実際の模型がずれないほうがいい」というようなアドバイスが随所で聞こえてきた（図12-5）。

4　実践上の留意点と今後の課題

1　実践上の留意点

　解説によれば「どのような動物を飼育し，植物を栽培するかについては，各学校が地域や児童の実態に応じて適切なものを取り上げることが大切である」。飼育する動物については，「身近な環境に生息しているもの，児童が安心してかかわることができるもの，えさやりや清掃など児童の手で管理ができるもの，動物の成長の様子や特徴が捉えやすいもの，児童の夢が広がり多様な活動が生まれるもの」などがあげられている。また栽培する植物については，「種まき，発芽，開花，結実の時期が適切なもの，低学年の児童でも栽培が容易なもの，植物の成長の様子や特徴が捉えやすいもの，確かな実りを実感でき満足感や成就感を得られるもの」といった観点を考慮しながら選択することとされている。

　本単元をより充実させていくために，毎日の学校生活のさまざまな場面に飼育・栽培活動を位置づけるような工夫も紹介されている。例えば，「児童の生活場面での動きを考えて，登校してきた児童が朝一番にアサガオを見ることができるように，アサガオの鉢を児童の玄関に並べること」「休み時間に動植物の世話をするなど，生活科を中心に一日の学校生活を設計することによって，生活科の活動を日々の学校生活に取り入れること」などがあげられている。

　解説では，動物の飼育にあたり，管理や繁殖，施設や環境などの配慮についても述べられている。「専門的な知識をもった地域の専門家や獣医師など多くの支援者と連携して，よりよい体験を与える環境を整える」「休日や長期休業

▷4　飼育小屋が適切なつくりになっているかなど。

第12章 初等生活科教育の実践⑦

中の世話なども組織的に行い，児童や教師，保護者，地域の専門家などによる連携した取組」といったことのほか「地域の自然環境や生態系の破壊につながらないように，外来生物等の取扱いには十分配慮しなければならない」。また「活動の前後には，必ず手洗いをする習慣を付け，感染症などの病気の予防に努めることも大切である。児童のアレルギーなどについても，事前に保護者に尋ねるなどして十分な対応を考えておく必要がある」（文部科学省，2018，45〜46ページ）。

▷5　週末や長期休みに児童が順番にもち帰ったりするなど。

2　今後の課題

　植物栽培や動物飼育といった学習活動では児童自身の関与を強めることが，活動への意欲の持続につながると考えられる。また児童自身の関与が強ければ強いほど，対象に関する気付きの質は高まるであろう。今回はザリガニ，ダンゴムシを主教材として取り扱ったが，第2学年における飼育・栽培では，それぞれの思いや願いをさらに生かすために，一人一人が自己選択できるような学習材を用意し，細部にわたる観察などを行うことも大切になってくると考えられる。

Exercise

①　第1学年〜第2学年の児童がより多くの気付きを生み，かつ気付きの質が高まるような学習材を考え，単元を構成してみよう。
②　またその際，児童と「植物・動物」とのかかわりがだんだん深まっていくよう意識し，構想してみよう。

📖次への一冊

田村学編著，みらいの会『生活・総合アクティブ・ラーニング』東洋館出版社，2015年。
　　単元の構成を考えていくうえでのポイントが多く掲載されている。
原田信之・友田靖雄・須本良夫『気付きの質を高める生活科指導法』東洋館出版社，2011年。
　　気付きの質を高めるということについての説明と，実際に気付きの質を高める指導のあり方について具体的に述べられている。
愛知県獣医師会『わかる！　学校どうぶつ飼育ハンドブック』中日新聞社，2017年。
　　動物の飼育舎，動物飼育マニュアル（「計画繁殖」の必要性について，動物の健康チェックポイント，理想の食餌，役立つ！　飼育アイディア，動物を使った授業の取り組み），どうぶつ飼育Q＆A（飼育に関わるQ＆A，動物飼育における公衆衛

生上の注意点，鳥インフルエンザについて，動物が死んだ場合）など，動物を育てる際に必要な情報が満載である。

引用・参考文献

国立教育政策研究所教育課程研究センター「スタートカリキュラムスタートブック」
　　2017年。
白岩等「夏を楽しく（ザリガニってすごい）」『筑波大学附属小学校研究紀要』第72集，
　　2016年，174〜175ページ。
筑波大学附属小学校「子どもの思いや願いをどう表現させるか」『教育研究』1374，
　　2016年，74〜77ページ。
文部科学省『小学校学習指導要領解説生活編』日本文教出版，2010年。
文部科学省『小学校学習指導要領（平成29年告示）解説生活編』東洋館出版社，2018年。

第13章
初等生活科教育の実践⑧
──生活や出来事の伝え合い──

〈この章のポイント〉
　内容⑻「生活や出来事の伝え合い」はさまざまな単元にかかわってくるものである。しかし，さまざまに単元にかかわるといっても一つの単元として実践したほうがわかりやすい。そこで本章では，「思い出ベスト10」の実践を紹介しつつ，児童が「いかに伝える内容を決定していくのか」および「いかに伝え方を決定していくのか」を主体的・対話的で深い学びの視点で解説する。

1　生活科における単元の位置づけ

☐1　内容⑻「生活や出来事の伝え合い」の役割

　新学習指導要領の解説によれば「人との関わりが希薄化している現在，よりよいコミュニケーションを通して情報の交換をし，互いの交流を豊かにすることが求められている」。とくに生活科において「生活や出来事の伝え合い」は，「児童が，身近な幼児や高齢者，障害のある児童生徒などの多様な人々と触れ合うことを大切にしている。これからの社会では，言葉だけではない様々な方法によって情報を伝え合う活動を行うことにより，互いの関係を一層豊かにし，社会の一員として誰とでも仲良く生活できるようになることが期待されている」（文部科学省，2018）。授業のなかでは自分たちの生活や地域で起きた出来事から伝えたいことや伝え方を自ら選択し，それらの活動をとおし，身近な人々とかかわるよさや楽しさがわかり，進んで交流できる児童が育つと考えられる。

☐2　新学習指導要領に見る「生活や出来事の伝え合い」

① 目標との関連
　学習指導要領［平成20年改訂］では，生活科の目標は，全観点を含み一文で表記されていた。それに対し新学習指導要領およびその解説では，教科の目標が，資質・能力の三つの柱に対応するかたちで以下のように整理され示された。すなわち，「知識及び技能の基礎」「思考力，判断力，表現力等の基礎」

第Ⅱ部　初等生活科教育の実践

「学びに向かう力，人間性等」である。その三つの柱すべてに「身近な人々」に対する記述がある。生活や出来事において身近な人々と自分とのかかわりのなかで気付きが生まれ，それらを伝え合うなかでさらに新たな気付きが生まれる。

②　各学年の目標

「生活や出来事の伝え合い」は新学習指導要領において，三つの各学年の目標のうち主として二つ目の目標「身近な人々，社会及び自然と関わる活動に関する内容」として位置づけられている。

> (2)　身近な人々，社会及び自然と触れ合ったり関わったりすることを通して，それらを工夫したり楽しんだりすることができ，活動のよさや大切さに気付き，自分たちの遊びや生活をよりよくするようにする。

児童自身と関係の深い人々に親しくかかわり，それらを直接的，間接的に感じとる具体的な活動を行うことが大切である。そこで生まれた児童の気付きをもとに伝え合う活動をとおして，さらに新たな気付きが生まれたり，その気付きをもとに自己変容し，進んで触れ合い交流できるようにすることを目指している。

③　内容との関連

新学習指導要領の解説によると，生活科の内容は9項目あり，11の具体的な視点で構成されている（本書の第3章を参照）。本単元はそのなかで，主として以下の3項目がかかわっている。

> イ　身近な人々との接し方──家族や友達や先生をはじめ，地域の様々な人々と適切に接することができるようにする。
> ウ　地域への愛着──地域の人々や場所に親しみや愛着をもつことができるようにする。
> カ　情報と交流──様々な手段を適切に使って直接的間接的に情報を伝え合いながら，身近な人々と関わったり交流したりすることができるようにする。

解説ではさらに，具体的な学習対象が15あげられている。本単元の対象はそのなかの「②学校で働く人」「③友達」「⑤家族」「⑦地域で生活したり働いたりしている人」「⑩地域の行事・出来事」にあたり，上記の視点と組み合わせて展開できるようにする。

具体的な内容として，新学習指導要領に示された資質・能力を育成するために位置づけられた九つの内容のうち，本章で取り上げる「生活や出来事の伝え合い」は内容(8)と関連している。

> (8)　自分たちの生活や地域の出来事を身近な人々と伝え合う活動を通して，相手のことを想像したり伝えたいことや伝え方を選んだりすることができ，身近な人々と関わることのよさや楽しさが分かるとともに，進んで触れ合い交流しようとする。

解説にはこの内容について説明がなされているが，以下にそのポイントを示す（文部科学省，2018）。

(1)「人との関わりの中で，互いの立場や考えを尊重し，目的意識や相手意識をもって多様な方法で交流し合う」ということ。

(2)「学校や家庭，地域における児童の生活の様子と，そこで起きた児童一人一人の心に残る出来事……が一方向ではなく，双方向に行き来することが大切になる」ということ。

(3)「相手のことを思い浮かべたり，相手の立場を気にかけたりするとともに，伝えたいことが相手に伝わるかどうかを判断して伝える内容や伝える方法を決める」ということ。

(4)「自分のことや伝えたいことが相手に伝わることや，相手のことや相手が伝えたいと考えていることを理解できることのよさや楽しさが分かる」ということ。

(5)「言語によらない関わりを含め，多様な方法によって能動的に関わり合っていこうとする態度を期待するものである」ということ。

なお，この内容は，ほかのすべての内容との関連を図り，単元を構成していくことが考えられる。

▷1 相手が友達なのか地域の人々なのかあるいは幼児なのかを意識して，ということ。

2 単元の構成

1 単元の設定

ここでは，第1学年「思い出ベスト10」（8時間）の実践事例を取り上げる。この単元は，この1年間の自分たちの生活や地域の出来事を振り返り，身近な人々と伝え合う活動をとおして相手のことを想像したり，伝えたいことや伝え方を選んだりすることができ，身近な人々とかかわることのよさや楽しさがわかるとともに，進んで触れ合い交流できるようにするというねらいで設定した。

① 単元の目標

知識及び技能の基礎	思考力，判断力，表現力等の基礎	学びに向かう力，人間性等
身近な人々と関わることのよさや楽しさがわかる。	相手のことを想像したり伝えたいことや伝え方を選んだりする。	進んで触れ合い交流しようとする。

② 児童の実態

児童は，これまでに「学校探検」「わたしのアサガオ」「季節の遊び」などの

活動をとおして，いろいろな気付きをもてるようになってきた。そのために観察カードや振り返りカードなどを工夫したりして教師の支援を行ってきた。また，その気付きについてもみんなの前で表現する活動を取り入れてきたが，まだ自分の伝えたいことを選択することや，相手にうまく伝わるよう工夫することは不十分な状況である。しかし，相手に伝えたいという思いや願いは強くもっており，そのための支援を考えていくことで表現活動を充実させていきたいと考えている。

2　単元にかかわる内容

本単元は，前述したように単独の単元としてというよりは，他の内容と関連しながら展開していく内容である。そこで，「身近な生活や出来事」としてこれまでの生活科の学習での活動を中心にしながらも，その他の学校での活動なども振り返らせ，その活動のなかで得られた気付きや人とのかかわりなどを想起しつつ「思い出ベスト10」をピックアップさせる。そして，「相手のことを想像したり伝えたいことや伝え方を選んだりする」ことが活動の中心となる。

これまでの他の単元の活動のなかで，例えば，アサガオの成長の様子，学校探検での気付きなどをみんなの前で発表することがあったが，書いてあることをただ読み上げるだけで，伝え方を選んだり，工夫したりする姿はあまり見られなかった。また，伝える相手意識というものもほとんどない状態での表現活動だった。

そこで，本単元では自分が伝えたいことをどのような方法で表現すれば一番伝わりやすいのか，また，伝える相手を意識させることを単元のなかで重視していきたい。

3　資質・能力を育成するための指導法の工夫

① 知識及び技能の基礎に関するもの

解説では「双方向のやり取りを繰り返すなかで，互いの気持ちがつながり，心が豊かになることも大切である。そのためにも，単元計画のなかに継続的にかかわることのできる対象を設定することが大切である」とする。また児童が「伝え合う活動を通して，関わったり触れ合ったりすることの心地よさ，自分にも相手にも伝えたいことがあることなどに気付く。それが繰り返される中で，相手や目的に応じた伝え方があることなどに気付いていく」（文部科学省，2018，47～48ページ）。

② 思考力，判断力，表現力等の基礎に関するもの

児童が，「誰を対象とするのか，何を伝えるのか，どのような方法で伝えるのかについて考えていく」ことが大切である。このような活動をとおして，

「相互の違いを認めて理解し合うことや受け入れることの重要性に気付いていくとともに，そこでは，様々な立場や考え方があることを理解し，共感するとともに，身近な人々と関わることのよさや楽しさが分かるようになる」（文部科学省，2018，47ページ）。

③　学びに向かう力，人間性等に関するもの

　「児童にとって，関わることのよさや楽しさを味わえる身近な存在は，友達である。友達との学習活動を積み重ねながら，学校から地域へと少しずつ関わる対象を広げていくようにすることが大切である」。

　また，幼児との交流も，児童にとっては，かかわることのよさや楽しさを実感する有効な機会となる。これらの交流をとおして相手意識が生まれ，「わかりやすく伝えよう」「相手の気持ちを考えよう」といった気持ちが高まる。そうしたなかで成立した豊かなコミュニケーションは，児童にとって大きな達成感や成就感につながるものであり，さらなる交流の動機づけとなる（文部科学省，2018，48ページ）。

［4］　単元計画（9時間）

第1次　「1年を振り返り楽しかった『思い出ベスト10』を選び出す」（2時間）

　この1年間を振り返り，生活や出来事のなかから思い出に残ったものを選び出す。

　選び出したもののなかから，伝えたいものを選び出す。

第2次　「思い出の紹介の準備をする」（3時間）

　伝えたい内容をどうすればわかりやすく伝えられるかを考える。

　一番伝えたい人を決める。相手を想定しながら，伝えるための資料作りなどをする。

　個々でリハーサルを行う。

第3次　「友達同士で思い出を紹介し合う」（2時間）

　できあがった資料をもとに伝えたい相手を想定しながら友達どうしで思い出を伝え合う。

第4次　「伝えたい人に思い出を紹介しよう」（2時間）

　家族，幼児，地域の人などに思い出を紹介する。

　本単元の活動を振り返る。

第Ⅱ部　初等生活科教育の実践

5　授業の様子（第6，7時間目）

① ねらい

　　自分の楽しかった「思い出ベスト10」の伝え方を工夫し，友達にわかるように紹介することができるようになる。

② 準備

　　写真，紙芝居などそれぞれの資料。

③ 展開

主な学習活動と内容	指導上の留意点
1　自分の「思い出ベスト10」の一部を発表する。 ・6年生と公園で遊んだことが楽しかったです。 ・学校探検で校長先生にインタビューしたことが楽しかったです。 ・運動会で優勝できたことがとてもうれしかったです。 楽しかった「思い出ベスト10」を友達に紹介しよう 2　前後半に分かれて「思い出ベスト10」を紹介し合う。 ・縦割り掃除で6年生がていねいに掃除の仕方を教えてくれてうれしかったです。私も来年1年生に教えてあげたいです。 ・アサガオを育ててたくさんきれいな花が咲いたことがうれしかったです。一生懸命世話をしてよかったです。 3　振り返りカードを書く。 ・○○さんはとても気持ちをこめて発表していました。 ・○○くんは写真を使っていたので話していることがとてもよくわかりました。 4　本時の活動を振り返る。 ・今度は家族にこの話をしたいです。 ・お世話になった6年生に伝えたいです。 ・2年生になってもたくさんの楽しい思い出を作りたいです。	○何人かの思い出を発表させることで友達の思い出を聞いてみたいという意欲を高める。 ○自分の言いたいことが相手に伝わるように紹介方法を工夫させる。 ○思い出を紹介し合いながらいろいろな人とのかかわりがあったことに気付かせたい。 ○相手の発表に対して必ず簡単に感想を述べるようにさせる。[*] ○友達のよさを認めるとともにこれからも意欲的に生活していこうという気持ちをもたせるようにしたい。 ○一番かかわりのあった人にも伝えたいという気持ちをもたせたい。

＊漠然とした感想でなく，具体的な事実に基づいた感想を言うようにする。

第13章　初等生活科教育の実践⑧

④　授業の実際（抜粋）

○自分の「思い出ベスト10」の一部を発表する。
教師：それでは何人かの人に自分の発表を10秒程度でアピールしてもらいます。*

「ぼくは○○について……」　　　　　　　「私は模型を使って……」

児童は，自分が伝えたいことの内容や伝える方法の工夫について10秒程度でうまくまとめてアピールしていた。

○前後半に分かれて「思い出ベスト10」を紹介し合う。
　児童は伝える方法を各自工夫しながら相手に伝わるように発表をした。その際，前後半に分け，できるだけ多くの友達に伝えられるようにした。

指人形を使って6年生との思い出を表現　　　模型を使ってヤゴとりを疑似体験

プールの絵に切れ込みを入れ泳ぎを表現　　　くるくるパンの作り方を実演

＊時間を制限することで伝えたいことを焦点化する。

　単元名「季節の遊び」における6年生との思い出を指人形を使って再現している児童，ヤゴとりを模型によって再現している児童，プールで泳いでいる様

子を紙に切れ目を入れ表現している児童，くるくるパンを作った思い出を模型を使って実演しながら表現している児童などさまざまな表現方法が見られた。これはまさに伝えたいことを伝える方法を選択し工夫している姿であった。

○本時の活動を振り返る
教師：まず，お友達の発表についての感想を発表してください。
児童：○○さんはとても気持ちをこめて発表していました。
児童：○○くんは写真を使っていたので話していることがとてもよくわかりました。
児童：○○くんは6年生との思い出を指人形で実際に話している様子を表していました。すごいと思いました。

　児童はそれぞれ友達の表現のよさに気付いていった。そこで，実際に発表した時の感想を聞いてみた。

教師：今日友達の前で発表してみてどんな気持ちでしたか。
児童：今度は6年生に直接伝えたいと思いました。
児童：ヤゴとりのコツを幼稚園の子にも教えてあげたいです。
児童：水泳学校の時お世話になったコーチに，泳げるようになった今の自分の姿を伝えたいです。

　児童からは，本日発表した内容を実際にかかわりのあった人たちに伝えたいという感想が多く出された。まさに，交流することに意欲的になっている様子がうかがわれる。

3　児童の学びに見られる実践の意義

1　児童の「主体的・対話的で深い学び」の視点から

　新学習指導要領では，児童に目指す資質・能力を育むために「主体的な学び」「対話的な学び」「深い学び」の視点で，授業改善を進めることが求められている。本実践においても，この三つの視点からその意義について述べていく。

① 「主体的な学び」の視点から

　単元名「思い出ベスト10」からわかるように，児童にとって心に残る生活や出来事を取り上げて活動を設定したことで意欲的に取り組む姿が見られた。

　また，振り返る際にその思い出にかかわる人々を想起させながらできるだけ具体的な内容を取り上げさせることで，当時の様子がよみがえり，より活動を促進させることとなった。

　伝える内容を考える際にも漠然としたことでなく，ある場面を具体的に盛り込んだり，当時のやり取りなどを忠実に表現させることで児童の表現意欲が増

していった。また，表現方法についても自ら選択させることで「どうやって表現しようかな」「こうしたらうまく伝わるかな」というように想像力を掻き立てていった。また，最終的に伝えたい人をイメージすることで準備の道筋が明確になり，何をしたらよいか迷う児童がほとんど見られなかった。

② 「対話的な学び」の視点から

第3次の友達同士で思い出を紹介し合う場面において，相手の発表に対して必ず一言コメントを言う活動を取り入れた。そのなかでは質問をしてもよいし，とくに質問がない場合には相手の発表に対してよいところを具体的に伝えたり，あるいはもう少しここを工夫するとよいということを述べたりするようにした。

例えば，「画用紙に切れ込みを入れたのはなぜですか」という質問に対し，発表者は「切れ込みの間に泳いでいる人を入れて動かすと本当に泳いでいるように見えると思ったからです」と答えていた。つまり，質問によって自分が表現しようとしていることがより明確になっていったということである。

また，友達から「指人形を使って6年生と遊んでいる様子を表していたので何をしているかがとてもよくわかりました」と評価された発表者は，さらに表現したり，交流したりすることへの意欲を高めていった。

第4次では自分が一番伝えたい人を招待し，思い出を伝える活動を行った。その際，単に招待して表現活動を行うだけでなく，事前に招待状を作ったり，あるいは事後にお礼状を書くということも行った。そのことにより，招待者との交流がより深まり，さらにいろいろな人と交流してみたいという思いを強くしていった。

③ 「深い学び」の視点から

相手に伝える際，単に作文を読み上げたり，画用紙にまとめたりするだけの児童はほとんど見られなかった。それだけ表現方法に深まりが見られたということである。

指人形を使ったり，模型を使ったり，実演したり等々，まさに多様かつ工夫された表現方法が多く見られた。それが実現できたのは，伝えたいという児童の思いや願いがどこにあるのかを明確にしたことが大きかったと思う。第1学年であることを考えると，いろいろな方法が自ら出てくるのは難しいと考え，教師が個々とかかわり，一番伝えたいことは何なのか，今考えている方法でうまく伝わるのか，児童に考えさせながらていねいに授業を進めていった。そのような繰り返しにより，児童は自分の思いや願いを伝えるにはどういう方法がよいのかを試行錯誤しながら考えることができるようになった。例えば「プールで泳ぎが上達したことは絵だけでは伝わらない」「なんとか動きを入れられないだろうか」「そうだ。画用紙に切れ込みを入れ，そこに僕が泳いでいる絵

第Ⅱ部　初等生活科教育の実践

を差し込んで動かしていけば感じが出るぞ」というように自分の思いを表現するにはどうすればよいかを徐々に工夫していった。

　もう一例をあげると，くるくるパンの作り方を伝えたいという女子児童がいた。その女子児童の思いは，くるくるパンの作り方を「わかりやすく」伝えたいことであった。はじめは紙芝居を考えていた。そこで教師が「作り方でとくに伝えたいところは」と聞くと「くるくるまくところ」と答えた。そこで「くるくるまくところは紙芝居でうまく伝わるかな」と尋ねると，しばらく考え込んで「う〜ん，難しい」と答えてきた。「くるくるまくっていうのはどうやったらうまく伝わるかな」と教師がさらに尋ねた。すると，しばらく考え込んだうえで「そうだ。実際にやってみたらいいかな」という答えが返ったきた。そこで本当の食材を使うわけにはいかないので，最終的にはそれに似た模型を使って説明することになった。本時では，いきいきと説明しているその女子児童の姿があった。

2　他教科との関連

　他教科等との関連について，解説では，「生活科と他教科等との合科的・関連的な指導を行ったり，低学年の児童の生活とつながる学習活動を取り入れたりして，教科等横断的な視点で教育課程の編成，実施上の工夫を行うことが重要である」とする。それにより，「生活科における学習活動が他教科等での題材となったり，生活科で身につけた資質・能力を他の教科等で発揮したり，他教科等で身に付けた資質・能力が生活科において発揮されたりして確かに育成されるなど，一層の学習の効果が期待できる」のである。

▷2　各教科の枠を残しながら，特定のテーマに関する学習内容活動を関連づけて編成すること。

　「合科的な指導」とは，「各教科のねらいをより効果的に実現するための指導方法の一つで，単元又は1コマの時間の中で，複数の教科の目標や内容を組み合わせて，学習活動を展開するもの」と定義される。また，「関連的な指導」とは，「教科等別に指導するに当たって，各教科等の指導内容の関連を検討し，指導の時期や指導の方法などについて相互の関連を考慮して指導するもの」とされている。「一人の児童の学びは，個別の教科内で閉じるものではなく，それぞれの学びが相互に関連付き，つながり合っている。生活科と他教科等において，学んだことがどのように関連付いていくのかを意識し，児童の思いや願いを生かした学習活動を展開するために，1年間の全ての単元を配列し，それを俯瞰することができる単元配列表の作成が効果的である」（文部科学省，2018，58〜59ページ）。

▷3　一つの教科のなかで児童の学びが完結してしまうということ。

　本実践でも，国語科，図画工作科との関連的な指導があげられる。

　第一は，国語科との関連である。本実践では伝える活動が中心となる。それゆえ，自分の伝えたい内容を明確にするために「書く」活動，相手に伝えるた

めに「話す」活動を取り入れる。国語科で培われた「書くこと」「話すこと」と関連づけて指導することで，ある程度の効果が得られたと思う。

第二に図画工作科との関連である。本実践では伝える方法を選択しそれに必要なものを作った。生活科では作品作りそのものが目的ではなく，その作品をとおして相手にわかるように伝えることが重要である。しかし，伝えるためのツールとしての模型，絵，工作等にかかわる技能や能力は図画工作科で培われたものがベースとなる。また，素材についても然りである。

生活科においては，関連した教科の目標と生活科の目標をすり合わせながらカリキュラム・マネジメントを行うことが大切である。したがって，単元計画のなかにどのように位置づけ実現していくのかという考えを常に頭のなかに入れておきたいものである。

③ 第3学年以降の教育への接続

解説にもあるように「低学年の時期に，思いや願いを存分に発揮しながら体験を通して学ぶことで，中学年以降の学びを支える資質・能力を育成していくことにつながる」。第3学年〜第4学年は，「社会科や理科の学習が始まるなど，具体的な活動や体験を通じて低学年で身に付けたことを，より各教科の特質に応じた学びにつなげていく時期」で「指導事項も次第に抽象的になっていく段階」であり，「そうした学習に円滑に移行できるような指導上の配慮が必要である」。そこで，第1学年〜第2学年における，「児童の未分化で一体的な学びの特性を生かし，幼児期に育まれた資質・能力を発揮するとともに，体験と言葉を使って学ぶなどの特性を踏まえた生活科の学習の充実が，第3学年以降の社会科や理科などのより系統的な学習や，各教科等の『見方・考え方』を生かして探究的に学ぶ総合的な学習の時間に発展的につながっていくことを意識することが大切である」（文部科学省，2018，61ページ）。

本実践では，相手へのプレゼンテーション能力が重要となってくる。ここで培われた資質・能力は第3学年以降の総合的な学習に生きてくると考える。また，試行錯誤する過程は理科の問題解決学習への基礎となるものである。

▷4　学習者が自ら問題を発見し，それを主体的に解決していく学習方法。

生活において気付きの質を高めていくということは，理科における見方・考え方を働かせることにつながる。つまり，具体的な活動をとおした生活科の一連の学びそのものが第3学年以降への接続となると言っても過言ではないであろう。

第Ⅱ部　初等生活科教育の実践

4　実践上の留意点と今後の課題

1　実践上の留意点

　本単元は第1学年の終わりのほうに設けた単元である。児童は自分の思いや願いを強くもっている時期である。しかし相手に伝える方法については，話す，絵を描く，作文を読む程度の知識しかもち合わせていない。伝え方（表現方法）についてはさほど知識がない。そこで，当然教師の支援が必要となる。ただ，その方法について教師から児童に一方的に与えるのでは意味がない。個々の児童が相手に何を伝えたいのか，その思いや願いをくみ取ることが重要となってくる。とくに伝えたいことを明確にしながら児童と同じ目線で一緒に考えていくという姿勢が大切である。例えば，ヤゴとりの様子を伝えたいのであれば，ヤゴとりのどういうところを伝えたいのかを，まず児童から引き出すことである。「ぼくはヤゴをとる瞬間の様子を伝えたい」という願いをもっていた児童に対して，「絵や作文で伝わるかな」と問いかけると「とるところを見せたいから……」ということであった。そこで，「なぜ絵や作文ではだめなの？」と聞くと「動かせないから」という答えが返ってきた。そういうやり取りをしていくなかで，最終的には網を作り，模造紙にプールの絵を描いてそこにヤゴの模型を置き，疑似体験を行うことで納得していた。

　このように思いや願いをもっていてもそれをどう具現化していくかが第1学年の児童には難しいと感じた。そこで，児童の思いや願いをより具体的にくみ取り，寄り添いながら相談にのっていくことが重要であると考える。

　また，交流へ意欲をもたせるためには，児童の達成感，充実感を高めることが大切である。そこで，友達同士が「思い出ベスト10」を発表し合う場面で相互評価をし合いながらお互いのよさを認め合ったり，発表した後に自分なりの成就感をもたせる工夫も必要となってくる。

2　今後の課題

　本単元は単元内の活動だけで完結するものではなく，他の活動との関連を考慮に入れなければならない。そのため，日頃から生活や出来事についての記録をとっておく必要があろう。例えば，アサガオの観察記録，季節の遊びに関するもの，生き物の観察記録，その他生活のなかでも思い出に残ったことなどがあげられる。また，できるだけいろいろな人とのかかわりがもてるような学習活動を計画していくことが大切である。

Exercise

① 「生活や出来事の伝え合い」について，第1学年〜第2学年の児童が日頃からより多くの気付きを生み，かつ気付きの質が高まるような学習材を考えてみよう。ただし，人とのかかわりを組み入れた実践を常に意識して行うこと。

② その際，児童が伝えたいと思う生活や出来事を選択させ，思いや願いをくみ取りながらその伝え方とのかかわりがだんだん深まっていくことを意識し，構想してみよう。

次への一冊

田村学編著，みらいの会『生活・総合アクティブ・ラーニング』東洋館出版社，2015年。
　内容(8)の展開を考えていくうえで参考となる伝え合い，交流のポイントが多く掲載されている。

原田信之・友田靖雄・須本良夫『気付きの質を高める生活科指導法』東洋館出版社，2011年。
　児童が身近な人々とかかわるよさや楽しさに気付く指導のポイントが述べられている。

引用・参考文献

国立教育政策研究所教育課程研究センター「スタートカリキュラムスタートブック」2017年。

白岩等「冬を楽しく（ぼくのわたしの思い出ベスト10）」『学習公開・初等教育研修会：筑波大学附属小学校』2015年，42〜43ページ。

文部科学省『小学校学習指導要領解説生活編』日本文教出版，2010年。

文部科学省『小学校学習指導要領（平成29年告示）解説生活編』東洋館出版社，2018年。

第14章
初等生活科教育の実践⑨
——自分の成長——

〈この章のポイント〉

　生活科の「自分の成長を振り返る活動」は，自分自身の変容を自覚し，自分のよさや可能性への気付きを深め「自立」へとつなげる大切な活動である。各単元末で行うとともに，学年末に十分時間をかけて行うようにしなければならない。本章では，新学習指導要領の学年目標(3)「自分自身の生活や成長に関する内容」および内容(9)「自分の成長」について解説する。発達の段階に考慮し，第1学年は幼児教育とのかかわりから1年間の成長を振り返る活動，第2学年ではより長いスパンでの成長を振り返る活動の例を示し，内容(9)のキーワードである〈自分自身を見つめる〉〈よさや成長に気付く〉〈支えてくれた人の存在に気付く〉〈これからの生活や成長に期待をもつ〉などの実現を目指す実践の工夫を学ぶ。

1　生活科における単元の位置づけ

1　生活科における内容(9)「自分の成長」の意味

　生活科の教科目標は「自立し生活を豊かにしていく」ことにある。そのために，人，社会，自然といった身近な学習対象に自ら働きかけ，そのかかわりから得られた自分の変容の実感，自分自身のよさや可能性に気付くようにすることが，求める姿につながっていく。

　教科目標を具体的・構造的に示した学年目標の(3)は以下のとおりである。

> (3)　自分自身を見つめることを通して，自分の生活や成長，身近な人々の支えについて考えることができ，自分のよさや可能性に気付き，意欲と自信をもって生活するようにする。

　学年目標は，内容(1)から(9)まですべての内容と関連を図りながら実現を目指すものではあるが，とくに内容(9)「自分の成長」は，学習対象として，児童自身の成長を扱うため，この学年目標(3)の実現に寄与するところが大きい。

　内容(9)の単元を展開する際には，ここに示した学年目標，ひいては生活科の教科目標の実現を強く意識しながら行う必要がある。

▷1　自立

生活科は創設以来，自立への基礎を養うことを目標としてきた。新学習指導要領では，生活科の目標として「自立し生活を豊かにしていくこと」と改訂され，「自立し」とは一人一人の児童が幼児期の教育で育まれたことを基礎にしながら，将来に向けてその度合いを高めていくことをさしている，と示された。具体的には学習上の自立，生活上の自立，精神的な自立の三つの側面をもつ。

▷2　学年目標

教科目標を具体的・構造的に示したものであり，新学習指導要領では教科目標で育成が目指されている三つの資質・能力を受け，(1)学校，家庭及び地域の生活に関する内容，(2)身近な人々，社会及び自然と関わる活動に関する内容，(3)自

第Ⅱ部　初等生活科教育の実践

分自身の生活や成長に関する内容の三つで構成されており，九つの内容もそれぞれに位置づく。

▷3　具体的な活動や体験
生活科では，児童が自分とのかかわりで対象を捉え，思考し，気付きの質を高めていくことが重要である。「具体的な活動や体験」とは，見る，聞く，触れる，作る，探す，育てる，遊ぶなどして体全体を使い，対象に直接的に働きかける学習活動であり，活動の楽しさやそこで気付いたことなどを言葉，絵，動作，劇化などの多様な方法によって表現する学習活動である。

▷4　思考力，判断力，表現力等の基礎
「思考力，判断力，表現力等の基礎」は教科目標の(2)である。児童が，思いや願いの実現に向けて，「何をするか」「どのようにするのか」とさまざまな思考をめぐらせ，実際に行い，次の活動へ向かっていく。その過程において分析的に考えたり創造的に考えたりし，それが表現活動と往還的に行われることが重要である。その際に自分自身と対象との関係性が深まり，対象が児童自身にとっていっそう大切なものになるようにすることが重要である。

▷5　知識及び技能の基礎
新学習指導要領では，すべての教科等で，育成を目指す資質・能力の三つの柱と対応する形で目標が示されているが，生活科では「知識及び技能の基礎」「思考力，判断力，表現力の基礎」というように「基礎」と示されている。これは，幼児期の教育と小学校教育

2　内容(9)「自分の成長」の内容

> (9)　自分自身の生活や成長を振り返る<u>活動を通して</u>，<u>自分のことや支えてくれた人々について考えることができ</u>，自分が大きくなったこと，自分でできるようになったこと，役割が増えたことなどが分かるとともに，これまでの生活や成長を支えてくれた人々に感謝の気持ちをもち，これからの成長への願いをもって，意欲的に生活しようとする。
>
> （下線は筆者）

　ここでの目指す児童の姿は，自分を振り返る活動をとおして，具体的な成長の事実を見つめ，「自分は大きくなった」と実感する姿である。また，その過程に共感したり喜んでくれたりした家族や友達など周囲の人の支えがあったことに気付き，「嬉しいな」「ありがとう」などの感謝の気持ちをもち，いっそうかかわりを深めながら生活しようとする姿である。さらには，自分の成長を素直に喜び，「自分はもっといろいろなことができるようになる」と夢や希望をもち，意欲的に生活しようとする姿である。

　「具体的な活動や体験」にあたる，「自分自身の生活や成長を振り返る活動」とは，それまでの生活や出来事を思い浮かべ，今の自分と過去の自分を比較したり，つながりを見出したりし，自分自身のよさや可能性に気付いていくような活動である。新学習指導要領では，「活動を通して」という言葉が加わった。これは，学習指導要領［平成20年改訂］において「自分自身の成長を振り返り」という文言で示され，解説でも「成長を振り返る学習活動を，実際に行う」と明記されたことと変わらず，児童が自分自身で成長を振り返る活動を重視する，ということである（表14-1）。なぜ振り返るのか，どのように振り返るのか，といった点を意識しながら，具体的に振り返ることができる活動にしたい。

　「思考力，判断力，表現力等の基礎」にあたる，「<u>自分のことや支えてくれた人々について考える</u>」とは，自分を見つめ，成長を実感するとともに，それを支えてくれたさまざまな人の存在やかかわりについて考えることである。今回の改訂で，強調された「思考力，判断力，表現力等の基礎」の観点にあたるこの部分については，改訂前の「多くの人々の支えにより」の部分をいっそう明確にしたものである。

　「知識及び技能の基礎」にあたる「自分が大きくなったこと，自分でできるようになったこと，役割が増えたことなどが分かる」とは，体も心も成長したこと，技能が習熟しさまざまなことができるようになったこと，そのことと関連し，学校や家庭生活等，自分の生活のなかでの役割が増え役目を果たすことができるようになったことに気付き，わかるということである。身体・心，技能，社会的な存在という三つの側面を，児童の成長を捉える視点として示してある。

第14章　初等生活科教育の実践⑨

「学びに向かう力，人間性等[46]」にあたる，「これまでの生活や成長を支えてくれた人々に感謝の気持ちをもち，これからの成長への願いをもって，意欲的に生活しようとする」とは，自分の成長を支えてくれた多くの人に感謝するとともに，成長の喜びを，さらなる成長を願う心につなげ，意欲的に前向きに生活しながら成長しようとすることである。ここにはこれからの成長とは何かということの具体的な姿が示してある。

自分自身の成長を喜び，成長を支えてくれた多くの人々といっそうかかわりを深めながら，これからの成長に期待を寄せ，意欲的に生活することは，自立し生活を豊かにするうえで大きな意義をもつ。

このように内容(9)「自分の成長」は，生活科で育成したい資質・能力と大きく直接的なかかわりをもつ内容である。

表14-1　新旧学習指導要領の内容(9)「自分の成長」の比較

	学習対象・学習活動等	思考力，判断力，表現力等の基礎	知識及び技能の基礎	学びに向かう力，人間性等
平成29年版	自分自身の成長を振り返る活動を行う。	自分のことや支えてくれた人々について考える。	自分が大きくなったこと，自分でできるようになったこと，役割が増えたことなどが分かる	これまでの生活や成長を支えてくれた人々に感謝の気持ちをもち，これからの成長への願いをもって，意欲的に生活しようとする。
平成20年版	自分自身の成長を振り返り		多くの人々の支えにより，自分が大きくなったこと自分でできるようになったこと，役割が増えたことなどが分かり	これまでの生活や成長を支えてくれた人々に感謝の気持ちをもつととともに，これからの成長への願いをもって，意欲的に生活することができるようにする。

注：学習指導要領［平成20年改訂］と，新学習指導要領を比較すると，本内容に関しては，比較的変更点が少ないことがわかる。
出所：文部科学省（2008，2018）をもとに作成。

③　生活科の他の内容との関連

自分の成長への気付きは，この内容だけで重点化して単元とすることが多い。しかし，他の生活科の内容すべてと関連を図って行うことが重要である。各内容との関連を意識し，年間を見とおした計画的な学習を構想することが求められる。

例えば，内容(2)「家庭と生活」では，家庭のなかでの役割を積極的に果たすことの大切さと，本内容を重ねることができる。また，内容(7)「動植物の飼

を円滑に接続する機能を生活科がもつことを示している。「知識及び技能の基礎」は教科目標の(1)であり，活動や体験を通して対象への気付きが生まれ，それらが相互に関連づけられたり組み合わされたりして，実生活のなかで生きて働くものとなることを目指している。

▷6　学びに向かう力，人間性等
教科目標の(3)である。生活科では実生活や実社会とのかかわりを大切にしているが，それらにおける対象に児童が思いや願いのもとに働きかけ，意欲や自信をもって学び生活を豊かにしようとすることを繰り返し，それが安定的に行われるような態度を養い，自立し生活を豊かにしていくことを目指している。

第Ⅱ部　初等生活科教育の実践

育・栽培」では，動植物の世話を上手にできるようになったことと関連させ，世話を上手にできるようになった自分の成長に気付くように促すことも，本内容を意識しながら指導することにつながる。

　さまざまな場面で児童の成長を捉え，タイミングを逃さず，認め，励まし，考えるよう促すことを心がける必要がある。

2　単元の構成

1　第1学年「もうすぐ2ねんせい」の実践例（12時間，2〜3月）

① 単元の目標

　幼児とかかわったり，1年間の学校生活を振り返ったりする活動をとおして，自分が大きくなったこと，成長したことに気付くとともに，友達も自分とともに成長してきたことやそれを支えてくれた人がいることがわかり，これからの生活や成長していく自分に期待をもつ。

② 単元について

　本単元は，生活科の内容(9)「自分の成長」に基づき設定した単元である。

　第1学年としての生活もあと2か月余りとなるこの時期，入学してから10か月の間に，さまざまな学習や行事，友達とのかかわりを経験し，学校生活への自信をもち，落ち着いて生活をしている。ここで紹介する学校では，以前より幼稚園2園，保育所2園と交流活動をしており，秋の生活科単元「みんなであそぼうよ！　あき」では，年長児を招待し，「いいこといっぱいあきのもりへようこそ」の会を開き，ともに楽しんだ。その年長児が，この時期，学校見学に来るため，案内などをする準備や年長児とのかかわりを，自己の成長を考えるきっかけとさせたい。また，特別の教科「道徳」，国語科，図画工作科などと合科関連的な学習を行い，多面的に「成長」「進級」について考えられるようにしたい。本単元での学習をとおして，1年間の成長を自覚し，学校生活への自信を深め，第2学年の生活への意欲につなげてほしいと考え，設定した。

③ 単元の評価規準

生活への関心・意欲・態度	活動や体験についての思考・表現	身近な環境や自分についての気付き
・年長児に1年間の学校生活で得たことなどを伝え，楽しく交流しようとしている。 ・自分自身の成長や友達の成長に関心をもち，振り返ろう	・これまでの体験をもとに，年長児にとって，楽しく学校のことがわかる交流会の仕方を考え，準備したり交流したりしている。	・年長児との交流活動や1年間を振り返る活動を通じて，自分が大きくなったことやできるようになったことなどが増えたことに気付

第14章　初等生活科教育の実践⑨

としている。	・過去の自分自身や出来事	いている。
・自分の成長を支えてくれた	を振り返り，現在の自分自	・自分とともに友達も成長
人に感謝の気持ちをもち伝え	身と比較して考えている。	したことに気付いている。
るとともに，これからの成長	自分の成長を支えてくれた	・自分自身のよさがわか
への願いをもって，意欲的に	人に感謝の気持ちをもち伝	り，これからも成長できる
生活しようとしている。	えている。	ことに気付いている。

④　単元の概要

小単元名	時間数	主な活動
ようこそ小学校へ	6	年長さんの学校見学の機会を利用し，遊んだり案内したりする。
大きくなったね	4	入学以来できるようになったことや大きくなったことなどを振り返るとともに，友達ともに成長したことやそれを支えてくれた人がいることなどを考える。
もうすぐ２ねんせい	2	２年生になったらやりたいことを考えたり，成長を支えてくれた人に伝えたりする。

２　第２学年「あしたへジャンプ」の実践例（16時間，2〜3月）

① 単元の目標

　自分の幼い頃から現在までを振り返る活動をとおして，家の人や友達，先生や地域の人など多くの人とのかかわりのなかで自分が成長してきたことに気付き，喜びや感謝の気持ちをもつとともに，これからの自分の成長に意欲や希望をもつ。

② 単元について

　第２学年のまとめとなるこの時期は，児童一人一人が，これまでの成長を振り返るのに適している。しかし，自分の成長は当たり前のことと捉え，喜びや感謝の気持ちをもっていない児童もいる。

　そこで，身体の成長やできるようになったことなど，今の自分を見つめる活動を導入とし，児童が自分自身の成長を実感できるようにした。そして，次に，小さい頃のおもちゃや写真などを手にとって眺めたり，育んでくれた家族の話を聞いたりするような展開を計画した。自分の足跡を確かめ，いつも見守られ，大切にされて成長してきた「自分」を実感してほしいと思う。

　また，単元の後半には，町へ出かける活動を取り入れた。地域の人々からも，「この町の子ども」という視点で見守られてきたことに気付き，自分の成長がこれら多くの人々に支えられてきたことを実感してほしいと願っている。

　児童一人一人の成長の足跡はさまざまであるが，どの児童も，この単元をとおして得た成長の実感や喜び，多くの人に支えられてきたことへの感謝，成長

第Ⅱ部　初等生活科教育の実践

してきた自分を大切にする心を，第3学年での生活につなげていってほしいと願っている。

③　単元の評価規準

生活への関心・意欲・態度	活動や体験についての思考・表現	身近な環境や自分についての気付き
・成長の様子について関心をもち，家族や身近な人に聞いて，調べようとしている。 ・これからの生活に向かって意欲をもって取り組もうとしている。	・成長の様子について，家族や身近な人に聞いたことや資料をもとに，自分なりの方法でまとめることができる。 ・成長を支えてくれた人への感謝を自分なりの方法で表現し，伝えることができる。	・幼い頃から現在までを振り返り，自分の成長に気付いている。 ・自分と同じように，友達も成長してきたことに気付き，認めようとする。 ・自分の成長には多くの人の支えがあったことや，これからも多くの人に見守られて成長していくことに気付いている。

④　単元の概要

小単元名	時間数	主な活動
こんなにできるようになったよ	2	このごろできるようになったことや，第2学年になってできるようになったことを考えたり，友達と伝え合ったりする。
「自分たんけん」に行こう！	8	自分の小さかった頃のことに興味をもち，小さい頃大切にしていたものや，思い出の品物を紹介し合う。それぞれの興味や関心に応じて，家族や身近な人に成長に関する話を聞き，まとめる（「自分たんけんものがたり」）。
あしたへジャンプ！	6	第3学年の学習の様子を見せてもらい，これからの学校生活へのイメージをもつとともに，自分の成長を支えてくれた人（家族，友達，幼稚園や保育所の先生，町探検でお世話になった人など）に本単元をとおして考えたことや，感謝の気持ち，第3学年でがんばりたいことなどを手紙などで伝えたり，聞き合ったりし，第3学年での生活に期待をもつ。

3　児童の学びに見られる実践の意義

1　第1学年「もうすぐ2ねんせい」の実践例から考える

①　本時の概要（1／12）と児童の反応

本単元（全12時間）のうちの第1小単元「ようこそ小学校へ」（6時間）の導

入にあたる1時間目を例として、学習活動と児童の様子からその意義を考えたい。

本時（1／12）の目標は、「年長さんが来校することを知り、何をしたいのか、どんなことができるのか、考えたり話し合ったりする」である。

幼小接続期の重要性が語られるようになり、年長児の小学校見学は少なからず行われているが、内容を教師主導で決めたり、行事として取り扱ったりしている場合が多い。しかし、内容(9)「自分の成長」として行うにあたっては、幼児期の自分と比較し考えるという時間を設定することで、〈自分自身を見つめる〉〈よさや成長に気付く〉ことに迫れると考え、目標や本時の学習活動の流れを設定した。

以下に、本時の学習活動の大まかな流れを示す。

主な学習活動	活動の実際と児童の反応
○これからやりたいことやめあてをつかむ。 ○1年前（年長時）の自分を思い出す。 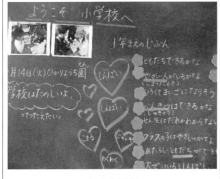 本時の板書	・幼児との交流活動（「ようこそ小学校へ」の会）があることを知らせ、1年前の自分が小学校入学に関してどう思っていたのかを思い出すよう促した。その後、1年たった現在の自分の学校生活についての心配などを考え話し合った。 教師：ちょうど1年前にみんなは、入学式を楽しみにしていた年長さんでしたね。どんなことを考えていたのかな。 児童：1年前はドキドキしていた。先生がだれかわからなかったから。 児童：心配だった。クラスの子が優しいかどうか。 児童：心配だった。授業が何かわからないから。 児童：楽しみだった。友達できるかなって思っていた。 　　　（中略） 教師：1年たって今はどうかな。心配はありますか。 児童：いやいや。 児童全員：心配ない……。 児童：給食も食べていたら好きになった。 児童：<u>頑張って食べていたら好きになっていた！</u>【考察1】

【考察1】
　この発言をした児童は、野菜が苦手で1学期の間は給食をなかなか食べられなかった。本単元を行った3学期にはかなり食べられるようになっていたが、「食べていたら好きになった」という友達の発言には、少し引っかかるものがあったのだと推察される。食べていたらいつの間にか好きになったのではなく、「頑張って食べたから」好きになったのだという、本児童の頑張った自分への誇りが感じられる。

○「ようこそ小学校へ」の会で年長児にしてあげたいことを考える。 ○年長児にしてあげることを決める。	児童：僕たちは学校に慣れたから、体育館はここだよって案内してあげる。 児童：たぶん全部行けないから地図を描いて見せてあげる。自分が一番楽しいところとか……。 児童：1年生の教科書を見せてあげる。

児童：困っていることや心配はみんな違うと思う。だから，一人一人違う方がいいと思う。【考察2】
児童全員：（一瞬の間ののち大声）賛成!!
児童：だからちゃんと聞いてあげて心配なことをなくしてあげたい。
【考察2】

【考察2】
　この発言をした児童は，積極的に発言する児童ではなく，本時でも，発言するより，じっと友達の話に耳を傾けていることのほうが多かった。年長児にやってあげたいことを考えていた時に，はっとした表情で初めて挙手をした。「困っていることは一人一人違う。だからそれぞれに寄り添ってやってあげたい」という発言は，その前に行った「家族にこにこ大作戦」（内容(2)「家庭と生活」）との関連からの発言であると考えられる。「家族にこにこ大作戦」の振り返りの学習で，それぞれの家族や家庭はみな違う，けれど皆素敵で皆大切，という学級でのまとめから想起し，年長児一人一人の困り感に沿った案内をしてあげたいと考えたのだと推察される。

② その後（単元）の児童の姿

　次の時間には，実際に来校した年長児を案内した（図14-1，14-2）。どの児童も，まず年長児に「心配なこと」「知りたいこと」を尋ね，それに沿って案内していた。答えられない年長児には「給食を見に行ってみようか」「遊具で遊んでもいいんだよ」などと自分で考えたことを提案し，案内することができた。

図14-1 「こんな給食があるんだよ」　　図14-2 「音楽室から音楽が聞こえるよ」
出所：筆者撮影。　　　　　　　　　　　　出所：筆者撮影。

活動（案内）終了後の児童の振り返り（ノート）から
　きょうは，ようちえんの子が来ました。わたしのペアの子に「どこに行きたい？」って聞いてみたら，いっぱいあってわたしもまよいました。さいごに聞いてみたら「もうしんぱいなことないよ」って言ってくれてとてもうれしかったです。わたしも，まえ，先生はだれかな？　ともだちはできるかな？　こんなことがしんぱいでした。でも，きょうのわたしの（ペアの）子は，わたしが「どう？」って聞いたら，「わくわくする」って言ってくれてとってもうれしかったです。

2 第２学年「あしたへジャンプ」の実践例から考える

①　本時の概要（2／16）と児童の反応

　本単元（全16時間）のうちの第１小単元「こんなにできるようになったよ」（２時間）のまとめにあたる２時間目を例として，学習活動と児童の様子からその意義を考えたい。

　本時（2／16）の目標は，「図工と関連させて作った〈もう一人の私〉を活用し，大きくなった自分がどのように成長しているのかを考える」である。

　「作る」「見る」「遊ぶ」「育てる」など生活科が重視している体験活動とは異なり，「振り返る」活動は，この時期の児童にとって抽象的な思考をともなうものであり，難しさを感じる児童も多い。「大きくなった」といっても，なかなか実感をともなった理解にならない。そこで，図画工作科の時間に「〈もう一人の私〉を大きな紙（ここでは色模造紙）に伸び伸びと描く」という活動を行った。生活科と図画工作科との関連を図ることで，具体的に〈自分自身を見つめる〉〈よさや成長に気付く〉ことができると考え，目標や本時の学習活動の流れを設定した。

　以下に，本時の学習活動の大まかな流れを示す。

▷7　他教科との関連については，解説第５章第２節の「生活科における年間指導計画の作成」の３に示されている。生活科と各教科等との合科的・関連的な指導を進めることによって，個別ばらばらだった知識や技能が具体的な生活のなかでつながりのあるものとして実感されたり，わかり直しにつながったりすることが期待できる。教育全体を視野に入れ，生活科の年間指導計画を作成することが重要である。

主な学習活動	活動の実際と児童の反応
○〈もう一人の私〉を見ながら，身体的な成長のほかにどこが変わったのか，何ができるようになったのか，を自分で考えたり，付箋に書いたりする。 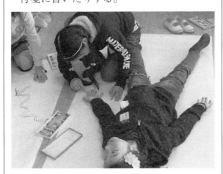 〈もう一人の私〉をペアで描く	児童：ずいぶん大きくなったんだね。 　　　125センチってこんなに大きいんだね。【考察3】 児童：２年生になって鬼ごっこでつかまらなくなってきたよ。かけあしも早くなったよ。 教師：できることもいっぱい増えたよね。 児童：音読が上手になった。漢字もすらすら書けるようになった。 児童：友達とけんかをすることが少なくなった。優しくなったのかな。 児童：洗濯たたみやお茶碗あらいがじょうずになったって，お母さんから褒められたよ。
【考察3】 　この発言をした児童は，第３学年が近くなり，周囲から「背が伸びたね」「大きくなったね」と声をかけられることも多いのであろう。しかし，実際に〈もう一人の私〉を壁に掲げ，生まれた時の身長（紙テープ）と比較したことから，「大きくなった」と実感したのだと推察できる。児童にとって，「成長」のような目に見えないことを学習として扱う際には，成長を実感できるような具体物が必要なことがわかる。	

○付箋に書いたことを〈もう一人の私〉に貼る。

児童：できるようになったことがいっぱいあるね。
児童：こんなにたくさんあるなんて思わなかった。
児童：自分のことを考えていたら，友達ができるようになったことも考えついたよ。次の時間は，友達の変わったことやできるようになったところを書いて交換したいな。

成長した点を書いた付箋を貼る

② その後（単元）の児童の姿

　自分も友達も成長してきたことを確かめ合ったのち，8年間の成長を振り返った。写真や思い出の品，幼稚園・保育所に通っていた頃の作品など，自分を振り返る材料を集め，まとめて友達と紹介しあった。第3学年の授業も見せてもらい，クラス替えや新しい教科の始まりなど，多少の不安感をもっていた第3学年からの生活を楽しみに思うようになった。最後にこれからの生活についての夢や決意を文章にまとめた。

> 単元最後の時間に書いた児童の振り返り（ノート）から
> もうすぐ3年生です。町たんけんでお手伝いをさせてもらった，やお屋さんのおじさんにも，おれいを言いに行きました。おじさんも「ありがとう。大きくなったんだね。」と言ってくれました。おじさんは，いつもにこにこしていてすごいです。わたしは，おこったりけんかをしたりすることがあるけれど，3年生になったら，おこらずにこにこしてやさしい人になりたいです。

4　実践上の留意点と今後の課題

1　実践上の留意点

　「成長」という個人的な内容を扱う本単元では，児童のプライバシーに十分配慮しなければならない。誕生や成育にかかわる事柄を扱ったり，家族にインタビューをしたりすることも少なくない。プライバシー保護に留意するとともに，とくに成育歴や家族構成などについては不用意に扱わないよう心がける。また，学年だよりや連絡帳などで，学習のねらいをきちんと伝え，保護者の協力を仰がなければならない。そのうえで以下に三つの留意点を示したい。

第14章　初等生活科教育の実践⑨

① 成長を実感させる工夫

　本章の第3節の実践例でも示したが，児童にとって，頭のなかだけで成長を振り返るのは難しい。具体的な手がかりが必要である。可能であれば，幼児との交流のみならず幼稚園・保育所などの施設・設備を見学したり，お話を聞いたりし，成長を振り返ることもできよう。また，それぞれの児童が成長を振り返る手がかりとしては，

　　・身近な人（家族や祖父母，親戚，幼稚園・保育所や習い事の先生，幼児ほか）

　　・写真

　　・自分の描いた絵や作品

　　・入学当初に書いた名前や絵

　　・思い出の品（おもちゃや衣服など）

などが考えられる。これらも無制限に集めたり示したりするのではなく，絞ることが重要であり，そのものにまつわる身近な人の思い出やエピソードを児童が聞いたり，そのものから得た感想を児童がもったりすることが大切である。また，身長や体重などは，紙テープで表したり，1リットルのペットボトル（1キロ）を活用したりして実感できるようにすることも必要である。

② 成長の順番にとらわれない

　どの時点までさかのぼって自分の成長を振り返るのかは，児童によって異なる。第1学年のことや行事などよく覚えていることから振り返る児童もいれば，誕生の頃のことなどを家族に尋ね，調べたいと考える児童もいるであろう。大切なのは，自分の成長への実感をもつことである。そこで，振り返りの時点については一律に決めてはならないし，時間などの順番にとらわれずに行う必要がある。

③ 「未来」へつなげる

　幼児とのかかわりを契機とし，自分の1年間の成長を実感することは，第2学年へ進級する児童にとって自信につながる。また，8年間の成長を俯瞰して考える経験は，第3学年を間近に控えた児童にとって，大切な学習の経験となる。

　しかし，本内容は，過去を振り返り愛おしむために行う単元ではない。多くの人が成長を支えてくれたことや，豊かなかかわりがあったことを確かめ，自分の確かな成長を手ごたえとしてつかみ，この先の新たな学年の生活でも意欲的に過ごすことができるようにする単元である。したがって，「振り返る」活動で終わってはならない。「未来」を考える活動にするためには，①で示したことと同様に，具体的なイメージがもてるようにしなければならない。とくに，第3学年という小学校での節目にあたる学年に進級する第2学年では，

　　・第3学年から始まる学習を見学する（習字，リコーダー，理科や社会科，総合

▷8 「俯瞰する」とは「全体を上から見る」（『広辞苑』）の意味がある。第3学年から始まる総合的な学習の時間では，「探究的な見方・考え方」を働かせることが重要であるが，「探究的な見方・考え方」として大切なのが「広範な事象を多様な角度から俯瞰して捉え」ることであると解説では示されている。生活科においても，第2学年最後の本単元では，「成長」という広範な事象について，多様な角度から見て，気付きの質を高めながら学習が展開されるようにすることが重要である。

173

第Ⅱ部　初等生活科教育の実践

的な学習の時間など）。

　　　・第３学年の児童や担任から話を聞く。

　　　・第３学年からかかわる専科教諭に依頼し体験の学習を行ってもらう。

など，具体的な活動が必要である。

2　今後の課題

▷9　主体的・対話的で深い学び
三つの資質・能力の実現のための授業改善の指針として示されているもの。
　生活科では従来より行われてきたが，児童が思いや願いを実現させそれを振り返り次の活動につなげるサイクルに生かすことや，身の回りの人々や学習対象と双方向性のある活動を行うこと，自分とのかかわりで対象を捉え「身近な生活に関わる見方・考え方」を生かした学習活動を行うことなどが示されている。

▷10　生活科で育った学力についての調査
2003年度および2013年度に，日本生活科・総合的な学習教育学会の協力を得て，生活科で育った児童生徒にどのような学力が身についたかを行った調査。2013年度は小学校の第５学年751人，中学校の第２学年863人の計1614人を対象に，質問紙法で調査し，生活科を学んだ児童生徒の現況や10年間の生活科への意識の経年変化を明らかにする目的で実施された。

　これから先の学習指導改善の要となる「主体的・対話的で深い学び[9]」を実現するうえでも，学習を「振り返る」ことは欠かせない。本単元は，その「振り返る」ことが学習活動の中核となる単元である。と同時に，とくに第２学年では，生活科の総括ともなる単元である。しかし，「生活科で育った学力についての調査[10]」（野田，2015）の結果から見ても，本内容は「心に残った活動」としては，第１位の「栽培活動」の半分にしかすぎない。つまり，プライバシーに配慮し，さまざまな人とかかわりながら活動を進めても「心に残る」内容にすることが難しいと言える。

　そこで，成長を振り返る価値を確実に教師が理解することが，本内容を充実させる鍵となり，「心に残らない」という課題への対応ともなるであろう。

　「振り返る」単元としての価値を考えるうえで「振り返りは学びの捉えなおし」（嶋野，2018）という言葉を手がかりにしたい。「振り返りは学びの捉えなおし」とは，

　　　・学んだことを整理・確認する。

　　　・この時間の学びが自分にとってもつ意味を自覚する。

　　　・満足感や充実感を味わい直す。

ということである。

　このことから考えると「自己の成長の振り返り」とは，児童にとって，

　　　・自己の成長について調べたり考えたりして整理・確認できるようにする。

　　　・自己の成長について調べたり考えたりすることが，自分にとって意味をもつことを自覚できるようにする。

　　　・自己の成長について満足感や充実感を味わい直す。

というような内容でなければならないと言えよう。

　これらを踏まえて指導者は，この３点すべてが確実に行えるよう，授業の工夫・改善に努めなければならない。

Exercise

① 内容⑼「自分の成長」と「振り返る」活動がどのように結びつくのかを考えてみよう。

② 第1学年，第2学年それぞれの発達段階に合わせた内容⑼「自分の成長」の単元の展開や活動について調べたり考えたりしてみよう。

📖次への一冊

森隆夫監修，嶋野道弘編著『生活科情報事典』ぎょうせい，1994年。
　　生活科の原理や特色など，創設された当時からの理念を項目別にわかりやすく示した一冊。「トライアンドエラー」「見方考え方のトレーニング」など，今も大切にしなければならない生活科の原点が示されている。
田村学編著『平成29年版 小学校新学習指導要領の展開　生活編』明治図書出版，2017年。
朝倉淳編著『小学校教育課程実践講座〈生活〉』ぎょうせい，2017年。
　　それぞれ2017年3月に告示された新学習指導要領（生活）を解説した一冊。改訂の趣旨から，それを授業に生かす単元の実際まで掲載されている。

引用・参考文献

嶋野道弘『学びの哲学』東洋館出版社，2018年。
野田敦教「生活科で育った学力についての調査」日本生活科・総合的な学習教育学会『せいかつか＆そうごう』22，2015年，32～43ページ。
文部科学省『小学校学習指導要領解説生活編』日本文教出版，2008年。
文部科学省『小学校学習指導要領（平成29年告示）解説生活編』東洋館出版社，2018年。
文部科学省『小学校学習指導要領（平成29年告示）解説総合的な学習の時間編』東洋館出版社，2018年。

終　章
初等生活科教育の課題と展望

〈この章のポイント〉

　生活科に求められる役割として，さまざまなつながりを意識することが重要である。本章では，学校種（幼児教育と初等教育）および学年間のつながりを意識する垂直軸と，第1学年〜第2学年における教科間のつながりを意識する水平軸の二つの軸に触れ，そのうえで，その二つの軸から成るつながりについて，詳細に説明を加える。そして，生活科における学びが，児童が大人になった時にも役立つものでなければならないということを述べ，初等生活科教育の課題と展望について解説する。

1　生活科に求められる役割

　生活科は，学習指導要領［平成元年改訂］で誕生する。第1学年〜第2学年の社会科と理科を廃止して設置されたため，この両者を統合して授業を行うものだと考えられがちだが，実際には両者とは異なる新しい教科が生活科である。したがって，その役割も，社会科と理科，そして，総合的な学習の時間との接続からのみ考えられるべきではない。初等教育における教育課程全体の枠組みより考えられるべきである。

　同様のことは，中央教育審議会（2016）による「幼稚園，小学校，高等学校及び特別支援学校の学習指導要領等の改善及び必要な方策等について（答申）」でも指摘されている。新学習指導要領作成に際しての課題として注目された次の四つの項目からも，そのことは明らかである。

> 1　活動や体験を行うことで低学年らしい思考や認識を確かに育成し，次の活動へつなげる学習活動を重視すること。（後略）
> 2　幼児教育において育成された資質・能力を存分に発揮し，各教科等で期待される資質・能力を育成する低学年教育として滑らかに連続，発展させること。（後略）
> 3　幼児教育との連携や接続を意識したスタートカリキュラムについて，生活科固有の課題としてではなく，教育課程全体を視野に入れた取組とすること。（後略）
> 4　社会科や理科，総合的な学習の時間をはじめとする中学年の各教科等への接続が明確ではないこと。（後略）

　1では，生活科固有の資質・能力の明確化を求めている。2では，幼児教育の資質・能力と生活科の資質・能力のつながりを求めている。3では，生活科

▷1　生活科誕生以前は，社会科に2時間，理科に2時間の時間配当があった。それが誕生後には，生活科で3時間となり，時間数が削減されたことなどから，当時は生活科に批判的な発言も見られた。具体的には，低学年社会科廃止論・理科廃止論といった論調が，当時は数多く見られた。

と他教科等との関連性を求めている。そして，4では，第3学年以降の各教科等との接続を求めている。つまり，1では，生活科の教科固有性を求めながらも，その一方で，2・3・4では，さまざまな「つながり」を求めているのである。

初等生活科教育の課題と展望は，この「つながり」の文脈において探究されるべきである。ここで，つながりを探究する手がかりとなるのは，学校種（幼児教育と初等教育）および学年間のつながりを意識した垂直軸と，第1学年〜第2学年における教科間のつながりを意識した水平軸という二つの軸である。

2 生活科教育の課題と解決の視点

1 垂直軸から探究される課題と解決の視点

① 幼児教育とのつながりから考える生活科教育

まず考えるべきは，幼児教育とのつながりである。

2008（平成20）年の学習指導要領改訂時から，「スタートカリキュラム」という言葉が使用されるようになった。それは，「小1プロブレム」と呼ばれる第1学年児童の不適応状況の発生に対応させて，第1学年〜第2学年の教育の重要性が叫ばれたことに端を発する。保幼小教育の連携を強化し，幼児期と児童期（初等教育段階）のつながりを意識したスタートカリキュラムという考え方は，当然のことながら，第1学年〜第2学年のみに設置された生活科でも大きな課題となる。生活科教育で児童の体験が重視される背景に，このような事実があることを踏まえておくことは重要であろう。

しかし，幼児教育とのつながりは，小1プロブレムとの関連からのみ理解されるべきではない。より積極的に，幼児教育で育成される資質・能力との関連からも，生活科教育のあり方が模索されなければならない。

生活科教育で育成すべき資質・能力は，その目標において，次のように捉えられている。改めて確認してみたい。

> (1) 活動や体験の過程において，自分自身，身近な人々，社会及び自然の特徴やよさ，それらの関わり等に気付くとともに，生活上必要な習慣や技能を身に付けるようにする。
> (2) 身近な人々，社会及び自然を自分との関わりで捉え，自分自身や自分の生活について考え，表現することができるようにする。
> (3) 身近な人々，社会及び自然に自ら働きかけ，意欲や自信をもって学んだり生活を豊かにしたりしようとする態度を養う。

(1)は知識及び技能の基礎，(2)は思考力，判断力，表現力等の基礎，(3)は学び

▷2 小1プロブレム
小学校に入学したばかりの児童が，例えば，集団行動を取ることができない，授業中に座っていられない，先生の話を聞けないといったように，学校生活に十分になじめない状態が続くことを，小1プロブレムと呼ぶ。この問題の解決には，学習習慣をしっかりと身につけさせるという解決策が考えられるが，そもそも，幼児教育と初等教育のギャップが大きすぎるということも指摘されてきた。

に向かう力，人間性等を示している。これら三つの資質・能力はバランスよく育成することが目指されるが，ここではこのうち(3)の目標に示された資質・能力に注目してみたい。

新学習指導要領の解説では，(1)および(2)の資質・能力に関する詳しい説明がある。しかし，(3)に関しては詳しい説明がない。その実体を説明することも，評価することも難しいがためにそのようになっていると思われるが，これは生活科に限ったことではない。すべての教科等に言えることである。

このような事実とは別に，生活科では「学びに向かう力，人間性等」に関する資質・能力がとりわけ重要となる。第1学年〜第2学年におけるその資質・能力の育成が，第3学年以降の学習の充実の必要条件になるからである。

「非認知能力」という考え方が近年，幼児教育の領域で注目されている。ノーベル経済学賞を受賞したヘックマンが，自身の研究で注目した考え方である。彼はまず，幼児期に非認知能力を身につけておくことが，大人になってからの幸福や経済的な安定につながると主張する。さらに，ヘックマンは，「最近の文献の一致した意見は，人生における成功は賢さ以上の要素に左右されるとしている。意欲や，長期的計画を実行する能力，他人との協働に必要な社会的・感情的制御といった，非認知能力もまた，賃金や就労，労働経験年数，大学進学，十代の妊娠，危険な活動への従事，健康管理，犯罪率などに大きく影響する」（ヘックマン，2015，17ページ）と述べ，この非認知能力は幼児教育の段階で身につけられるものだと主張する。そのうえで，子ども・若者の教育に政府が公共政策として予算を組む場合には，初等教育就学前の幼児教育に集中的に投資することが効果的であると提案する。それが，効率的な教育投資のあり方だとするのである。ここで，昨今の日本における教育改革を思い起こしていただきたい。このヘックマンの主張が，幼児教育の無償化をはじめとする幼児教育改革に生かされている現状を知ることができよう。

さて，ヘックマンの主張はとりわけ，就学前教育のあり方に向けられたものであった。しかし，幼児教育とのつながりの下で考えられる生活科教育においても，非認知能力の育成は重視されなければならない。見方を変えれば，生活科教育の内に，例えば，「身近な人々，社会及び自然を自分との関わりで捉え」ることを重視するといった発想がすでにあるように，その誕生期より，生活科では非認知能力の育成に継続的に挑戦し続けてきたと捉えることもできる。

重要でありながらも，必ずしも学習指導要領解説などで十分に説明されていない「学びに向かう力，人間性等」に対して，生活科教育はこれまでも貢献してきたし，そして，これからも十分に貢献できる可能性がある。非認知能力という考え方は，それに気付かせてくれる，一つの視点と言えるものである。

▷3　非認知能力
非認知能力は，経済学や心理学で用いられる言葉である。測定するのが難しいさまざまな能力をさしている。例えば，誠実さや忍耐力，コミュニケーション能力などが，これに含まれる。非認知能力に関する研究によれば，労働市場における成果に関しても，試験で測定可能な認知能力だけでなく，非認知能力も大きな影響を与えることが明らかにされている。

▷4　ヘックマン（J. J. Heckman, 1944〜）
アメリカ，シカゴ大学の経済学者。2000年に労働経済学の計量経済学的な分析を精緻化したことで，ノーベル経済学賞を受賞している。ヘックマンによる「就学後の教育の効率性を決めるのは，就学前の教育にある」という主張は，幼児教育のあり方を問うものとして，世界各国で注目されている。

② 第3学年以降の教育とのつながりから考える生活科教育

中央教育審議会の答申（2016）は，中学年（第3学年〜第4学年）の初等教育と生活科との関連性を，次のように述べている。

中学年は，生活科の学習が終わり理科や社会科の学習が始まるなど，具体的な活動や体験を通じて低学年で身に付けたことを，より各教科の特質に応じた学びにつなげていく時期である。指導事項も次第に抽象的な内容に近づいていく段階であり，そうした学習に円滑に移行できるような指導上の配慮が課題となる。生活科においては，低学年の未分化で一体的な学びの特性を生かし，幼児期に育成された資質・能力を発揮するとともに，学びを自覚し自ら学習に向かうこと，学級の友達と学び合うこと，体験と言葉を使って学ぶことなどを意識していくことが大切になる。

上記からわかることは，生活科で身につけたことが第3学年以降の教科の学習につなげられるべきであること，第1学年〜第2学年に比べて第3学年以降では抽象的な内容を取り扱うことになるのでさまざまな配慮が必要であること，そして，そのためにも生活科では第1学年〜第2学年の児童の特性を生かした体験的な学習の成立が望まれること，である。

第3学年以降の教育とのつながりは，生活科教育を考えるにあたり，これまでもさまざまに考慮されてきた。社会科，理科，総合的な学習の時間とのつながりに関して，その重要性が指摘されてきたのである。新学習指導要領の下でも，このつながりの重要性は変わることはない。とくに，資質・能力のあり方の関連から，生活科とそれら教科等とのつながりが強く意識されるべきである。

注目すべきは，「見方・考え方」である。「思考力，判断力，表現力等の基礎」の要の役割を果たす，この見方・考え方が，教科間のつながりを考えるうえでも重要な役割を果たす。

生活科と関連する教科等の見方・考え方は，以下に示すとおりである。

生活科：身近な生活に関わる見方・考え方
社会科：社会的な見方・考え方（社会的事象の見方・考え方）
理科：理科の見方・考え方
総合的な学習の時間：探究的な見方・考え方

生活科の見方・考え方は，「身近な生活に関わる見方・考え方」である。これに関して，新学習指導要領の解説では，「身近な生活に関わる見方」に対し「身近な生活を捉える視点であり，身近な生活における人々，社会及び自然などの対象と自分がどのように関わっているのかという視点」という説明があり，また，「身近な生活に関わる考え方」に対し「自分の生活において思いや願いを実現していくという学習過程にあり，自分自身や自分の生活について考えていくことである」という説明がある。

このような見方・考え方が，第3学年以降の社会科，理科，総合的な学習の

▷5 見方・考え方
見方・考え方は，新学習指導要領における最重要キーワードの一つである。それは，主体的・対話的で深い学びの「深い学び」の鍵として位置づけられており，また，「どのような視点で物事を捉え，どのような考え方で思考していくのか」というその教科等ならではの物事を捉える視点や方法であると説明されている。

▷6 社会的な見方・考え方
社会科の見方・考え方に関しては，補足説明が必要である。社会系教科では，小学校社会科・中学校社会科・高等学校地理歴史科／公民科をとおして「社会的な見方・考え方」で統一し，このうち小学校社会科に関しては，「社会的事象の見方・考え方」と特有な見方・考え方を提示している。このような示し方は，社会系教科特有のものである。

終　章　初等生活科教育の課題と展望

時間で生かされることを前提に，生活科授業は計画・実施されなければならない。身近な生活を取り扱うのは，生活科に限らず，社会科等も同様である。児童が身近な生活から課題を見つけ出し，その課題の解決を目指して学習活動を展開できるよう，社会科等の指導計画は立てられる必要がある。生活科の段階で，どれだけ「身近な生活に関わる見方・考え方」を育成できているかが，第3学年以降の社会科等の充実に大きな影響を及ぼすだろう。このように考えてみると，生活科の授業は，生活科だけで完結するのではなく，生活科終了後も形を変えて，継続されるものだと考えることもできる。

2　水平軸から探究される課題と解決の視点

　第1学年〜第2学年には，生活科のほかに，国語科，算数科，音楽科，図画工作科，体育科，特別の教科である道徳，特別活動の教科等がある[7]。生活科を実践するにあたっては，これらの教科等のつながりを意識することも重要である。もちろん，これは生活科に限ったことではなく，すべての教科等で言えることであろう。しかし，生活科には「活動や体験」という特徴があり，これを生かして他の教科等とのつながりが追究されるべきである。

　新学習指導要領の解説で年間指導計画に言及した部分に，次の記述がある。

> 　生活科の指導では，各教科等との関連を積極的に図り，両者の指導の効果を高めるため，その関連を意識した年間指導計画を作成することが重要である。各教科等でばらばらに身に付けた知識や技能を，具体的な活動や体験の中で活用し，つながりのあるものとして組織化し直すことが期待できるからである。一方で，生活科における活動や体験が，各教科等の学習の動機付けや分かり直しにつながることも考えられる。これらに加えて，単元または1単位時間の中で，複数の教科の目標や内容を組み合わせて学習活動を展開する，合科的な指導を行うことも考えられる。

　上記に示されているとおり，生活科教育の特徴とも言える「活動や体験」の観点は，他教科等とのつながりを可能にするうえで有効に機能する。機能の仕方は二つである。一つは，他教科等で身につけた知識や技能を，生活科における活動や体験において統合することである。例えば，国語科で身につけた言語に関する知識や技能，図画工作科で身につけた絵画に関する知識や技能が，生活科における「絵日記」といった表現活動において統合されることになる。また，もう一つは，生活科における活動や体験が，他教科等の動機づけやわかり直しに役立つことである。例えば，生活科で春や秋といった季節に関心をもった児童が，音楽科で季節と関連した音楽と接した時に，意欲的に音楽表現活動に取り組むといったことが考えられる。

　教科間のつながりを説明するにあたっては，これまでも「言語活動」や「道徳」がたびたび注目されてきた。言語活動や道徳は，すべての教科等のなかで

▷7　第1学年の総授業時数が850時間，第2学年の総授業時数が910時間である。また，各教科等の配当時間は，第1学年と第2学年がそれぞれ，国語が306時間と315時間，算数が136時間と175時間，生活が102時間と105時間，音楽が68時間と70時間，図画工作が68時間と70時間，体育が102時間と105時間，特別の教科である道徳が34時間と35時間，特別活動が34時間と35時間となっている。

取り上げられるべきであるという主張である。これと同様のことが，生活科では「活動や体験」に関して言える。第1学年〜第2学年の児童の発達段階を考慮すると，活動や体験に着目しておくことはきわめて重要であろう。活動や体験を中心に指導計画を作成するにあたり，生活科は要の役割を果たす。

3　生活科教育の展望

　第1学年〜第2学年の2年間という，非常に限られた期間だけに設定されているのが生活科である。しかし，たとえ限られた期間であっても，幼児教育や第3学年以降の初等教育とのつながり，さらには，他教科等とのつながりを意識できれば，生活科教育の大きな役割に気付くことができる。そのことについては，ここまでに述べてきたとおりである。

　「生活科教育の展望」と題した本節では，生活科の役割をさらに広げて考えてみたい。それは，児童が将来大人になって，未来社会を切り拓く立場になった時にも，生活科教育で得たものが重要な役割を果たすということである。

　生活科で大切にする「気付き」や，ひと・もの・こととの「関わり」は，その児童のその後の人生に大きな影響を及ぼす。例えば，第1学年における学校の施設の様子や学校生活を支えている人々の様子を観察する学習は，多くの人に支えられて日常的な生活を送っていられることを児童が知る学習であり，キャリア教育[8]の視点において重要である。学校探検を通じ，児童はさまざまな人々の仕事に目を向け，人とかかわる力を高めていく。こうして形成されたキャリア教育の素地がその後のキャリア教育につながり，将来の職業選択の折にも役立つのである。また，第2学年における自分たちの生活や地域の出来事を身近な人々と伝え合う活動では，地域の人々とのさまざまな交流活動が組織される。そうして醸成された地域に対する愛着は，主権者教育[9]の芽と考えることもできる。地域の人々にはさまざまな思いや願いがある。学習活動を通じ，児童はそのことに気付くだろう。この気付きは，自分の生活する地域に対する誇り，地域をもっとよいものにしていこうとする意欲へと発展するものである。このような誇りや意欲が将来的には，実際の社会づくりへとつながるのである。

　生活科教育の可能性を大きく広げて考えてみよう。そうすることが，生活科教育の目的を本当に実現するための方策となりそうである。

▷8　キャリア教育
今日，キャリア教育は，職業教育とあり方生き方教育という二つの教育の性格をあわせもった教育活動として理解されている。つまり，働くことをとおして，人や社会とかかわり，そのかかわり方の違いが自分らしい生き方につながると考えられているのである（中央教育審議会「今後の学校におけるキャリア教育・職業教育の在り方について（答申）」2011年）。

▷9　主権者教育
2016年7月の参議院議員選挙から新たに「18歳選挙権」が導入され，これを機に，主権者教育が注目された。主権者教育の目的は単に，若者を選挙に行かせることや，投票率を上げることだけではない。現代社会の社会的課題の解決を目指し，積極的に政治に参画できる市民を育成することが，その真なる目的である。その意味で，シティズンシップ教育や政治教育と重なるところが多い。

終　章　初等生活科教育の課題と展望

Exercise

①　生活科教育のあり方を，幼児教育とのつながりから考えてみよう。

②　生活科教育のあり方を，第3学年以降の初等教育とのつながりから考えて
　みよう。

③　生活科教育のあり方を，他教科等とのつながりから考えてみよう。

📖次への一冊

田村学『今日的学力をつくる新しい生活科授業づくり』明治図書出版，2009年。
　　生活科の教科調査官による，生活科の今日的役割に触れた書籍。新学習指導要領の
　　下地をなす，生活科教育の原理と構造が描かれている。
長谷川康男『生活科がうまくいく通常授業＆研究・参観授業』学事出版，2015年。
　　筑波大学附属小学校で長らく社会科・生活科・総合的な学習の時間に携わった著者
　　による，多くの実践を掲載した書籍。本書の特徴は，生活科の実践事例を，通常授
　　業・研究授業・参観授業の三つの運営法から紹介している点である。生活科授業の
　　作り方について，多くのヒントを得ることができる。
関西大学初等部『思考ツールを使う授業——関大初等部式思考力育成法〈教科活用編〉』
　　さくら社，2014年。
　　思考力，判断力，表現力等を育成するための具体的な方法として注目されている思
　　考ツール。その活用を全校で実施しているのが，関西大学初等部である。本書では
　　多くの実践が紹介されているが，このような思考ツールを活用することで，生活科
　　授業はさらに活性化する。

引用・参考文献

ジェームズ・J・ヘックマン，古草秀子訳『幼児教育の経済学』東洋経済新報社，2015年。

小学校学習指導要領　生活

第1　目　標
　　具体的な活動や体験を通して，身近な生活に関わる見方・考え方を生かし，自立し生活を豊かにしていくための資質・能力を次のとおり育成することを目指す。
(1)　活動や体験の過程において，自分自身，身近な人々，社会及び自然の特徴やよさ，それらの関わり等に気付くとともに，生活上必要な習慣や技能を身に付けるようにする。
(2)　身近な人々，社会及び自然を自分との関わりで捉え，自分自身や自分の生活について考え，表現することができるようにする。
(3)　身近な人々，社会及び自然に自ら働きかけ，意欲や自信をもって学んだり生活を豊かにしたりしようとする態度を養う。

第2　各学年の目標及び内容
〔第1学年及び第2学年〕
　1　目　標
(1)　学校，家庭及び地域の生活に関わることを通して，自分と身近な人々，社会及び自然との関わりについて考えることができ，それらのよさやすばらしさ，自分との関わりに気付き，地域に愛着をもち自然を大切にしたり，集団や社会の一員として安全で適切な行動をしたりするようにする。
(2)　身近な人々，社会及び自然と触れ合ったり関わったりすることを通して，それらを工夫したり楽しんだりすることができ，活動のよさや大切さに気付き，自分たちの遊びや生活をよりよくするようにする。
(3)　自分自身を見つめることを通して，自分の生活や成長，身近な人々の支えについて考えることができ，自分のよさや可能性に気付き，意欲と自信をもって生活するようにする。
　2　内　容
　　1の資質・能力を育成するため，次の内容を指導する。
〔学校，家庭及び地域の生活に関する内容〕
(1)　学校生活に関わる活動を通して，学校の施設の様子や学校生活を支えている人々や友達，通学路の

様子やその安全を守っている人々などについて考えることができ，学校での生活は様々な人や施設と関わっていることが分かり，楽しく安心して遊びや生活をしたり，安全な登下校をしたりしようとする。
(2)　家庭生活に関わる活動を通して，家庭における家族のことや自分でできることなどについて考えることができ，家庭での生活は互いに支え合っていることが分かり，自分の役割を積極的に果たしたり，規則正しく健康に気を付けて生活したりしようとする。
(3)　地域に関わる活動を通して，地域の場所やそこで生活したり働いたりしている人々について考えることができ，自分たちの生活は様々な人や場所と関わっていることが分かり，それらに親しみや愛着をもち，適切に接したり安全に生活したりしようとする。
〔身近な人々，社会及び自然と関わる活動に関する内容〕
(4)　公共物や公共施設を利用する活動を通して，それらのよさを感じたり働きを捉えたりすることができ，身の回りにはみんなで使うものがあることやそれらを支えている人々がいることなどが分かるとともに，それらを大切にし，安全に気を付けて正しく利用しようとする。
(5)　身近な自然を観察したり，季節や地域の行事に関わったりするなどの活動を通して，それらの違いや特徴を見付けることができ，自然の様子や四季の変化，季節によって生活の様子が変わることに気付くとともに，それらを取り入れ自分の生活を楽しくしようとする。
(6)　身近な自然を利用したり，身近にある物を使ったりするなどして遊ぶ活動を通して，遊びや遊びに使う物を工夫してつくることができ，その面白さや自然の不思議さに気付くとともに，みんなと楽しみながら遊びを創り出そうとする。
(7)　動物を飼ったり植物を育てたりする活動を通して，それらの育つ場所，変化や成長の様子に関心をもって働きかけることができ，それらは生命をもっていることや成長していることに気付くとともに，生き物への親しみをもち，大切にしようと

小学校学習指導要領　生活

する。

(8) 自分たちの生活や地域の出来事を身近な人々と伝え合う活動を通して，相手のことを想像したり伝えたいことや伝え方を選んだりすることができ，身近な人々と関わることのよさや楽しさが分かるとともに，進んで触れ合い交流しようとする。

〔自分自身の生活や成長に関する内容〕

(9) 自分自身の生活や成長を振り返る活動を通して，自分のことや支えてくれた人々について考えることができ，自分が大きくなったこと，自分でできるようになったこと，役割が増えたことなどが分かるとともに，これまでの生活や成長を支えてくれた人々に感謝の気持ちをもち，これからの成長への願いをもって，意欲的に生活しようとする。

第3　指導計画の作成と内容の取扱い

1　指導計画の作成に当たっては，次の事項に配慮するものとする。

(1) 年間や，単元など内容や時間のまとまりを見通して，その中で育む資質・能力の育成に向けて，児童の主体的・対話的で深い学びの実現を図るようにすること。その際，児童が具体的な活動や体験を通して，身近な生活に関わる見方・考え方を生かし，自分と地域の人々，社会及び自然との関わりが具体的に把握できるような学習活動の充実を図ることとし，校外での活動を積極的に取り入れること。

(2) 児童の発達の段階や特性を踏まえ，2学年間を見通して学習活動を設定すること。

(3) 第2の内容の(7)については，2学年間にわたって取り扱うものとし，動物や植物への関わり方が深まるよう継続的な飼育，栽培を行うようにすること。

(4) 他教科等との関連を積極的に図り，指導の効果を高め，低学年における教育全体の充実を図り，中学年以降の教育へ円滑に接続できるようにするとともに，幼稚園教育要領等に示す幼児期の終わりまでに育ってほしい姿との関連を考慮すること。特に，小学校入学当初においては，幼児期における遊びを通した総合的な学びから他教科等における

る学習に円滑に移行し，主体的に自己を発揮しながら，より自覚的な学びに向かうことが可能となるようにすること。その際，生活科を中心とした合科的・関連的な指導や，弾力的な時間割の設定を行うなどの工夫をすること。

(5) 障害のある児童などについては，学習活動を行う場合に生じる困難さに応じた指導内容や指導方法の工夫を計画的，組織的に行うこと。

(6) 第1章総則の第1の2の(2)に示す道徳教育の目標に基づき，道徳科などとの関連を考慮しながら，第3章特別の教科道徳の第2に示す内容について，生活科の特質に応じて適切な指導をすること。

2　第2の内容の取扱いについては，次の事項に配慮するものとする。

(1) 地域の人々，社会及び自然を生かすとともに，それらを一体的に扱うよう学習活動を工夫すること。

(2) 身近な人々，社会及び自然に関する活動の楽しさを味わうとともに，それらを通して気付いたことや楽しかったことなどについて，言葉，絵，動作，劇化などの多様な方法により表現し，考えることができるようにすること。また，このように表現し，考えることを通して，気付きを確かなものとしたり，気付いたことを関連付けたりすることができるよう工夫すること。

(3) 具体的な活動や体験を通して気付いたことを基に考えることができるようにするため，見付ける，比べる，たとえる，試す，見通す，工夫するなどの多様な学習活動を行うようにすること。

(4) 学習活動を行うに当たっては，コンピュータなどの情報機器について，その特質を踏まえ，児童の発達の段階や特性及び生活科の特質などに応じて適切に活用するようにすること。

(5) 具体的な活動や体験を行うに当たっては，身近な幼児や高齢者，障害のある児童生徒などの多様な人々と触れ合うことができるようにすること。

(6) 生活上必要な習慣や技能の指導については，人，社会，自然及び自分自身に関わる学習活動の展開に即して行うようにすること。

索　引

あ行

愛着　87
相手意識　151, 152
アクティブ・ラーニング　iii, 40, 60, 74, 123, 131
遊び　33, 47, 85, 123
遊びの工夫　124
新しい学力観　16, 45
安全教育　17
生きて働く力　86, 93
意見交換　100
意欲　ii, 85
インターネット　92
インタビュー　91
ウェビング図　24, 26
絵地図　95
往還的　164
オープンエンドな授業　75
お店屋さん方式　118
思い　87
おもちゃ作り　127
お礼状　157
音楽科　132

か行

回転ずし方式　118
外来生物　147
科学的な見方・考え方の基礎　29
かかわり　86
学習課題　92
学習活動　41
学習過程（学習プロセス）　40
『学習原論』　61
学習材　147
学習支援員　120
学習対象　150
学習の価値　85, 93
学習のサイクル　100
学習の本質　85, 93
学習の連続性　33
学習問題　74
学年だより　172
風とゴムの力の働き　133
風の力　128
課題解決　85
価値ある経験　42
学校，家庭及び地域の生活に関わること　9, 10

学校，家庭及び地域の生活に関する内容　18
学校公開　117
学校選択制　35
学校探検　68, 182
学校と生活　21, 57
活動あって学びなし　9, 39
活動場面　41
活動や体験　17, 98, 181
活動や体験についての思考・表現　15, 168
家庭と生活　21, 71, 165
カリキュラム・マネジメント　iv, 17, 35-38, 108, 133, 159
カリキュラム評価　53
観察　111, 112, 118, 147
観察カード　115
観察記録　144
感謝の気持ち　164
関心・意欲・態度　51
観点　129, 130
関連的な指導　158
疑似体験　160
季節　31
季節の変化　111, 112, 119
季節の変化と生活　21, 111
気付き　7, 32, 33, 37, 49, 68, 79, 85, 100, 108, 113, 115, 144, 150, 182
気付きの質　8, 28, 127, 164
技能　ii
疑問　95
キャリア教育　182
給食室　100
教育投資　179
教科等横断的な視点　158
教科目標　99
業間　75, 81
共感的な児童理解　47
協働　iii
協働学習　127
協働的な学習活動　127
協働的な指導体制　36
クイズ　67
具体的な活動や体験　3, 99
具体的な視点　21
具体物　171

グループ　88
グループ編成　88
経験　42
経験主義教育　4, 5
掲示板　103, 104
形成的な評価　47
系統的な学習　ii, 159
劇化　63
ゲストティーチャー　46
研究開発学校　14
けんきゅうメモ　128
言語活動　126, 133, 181
言語能力　41
検定教科書　15
公園探検　116
公園デザインシート　103
合科関連的な学習　166
合科的・関連的な指導　68
合科的な指導　14, 38, 158
公共施設　36, 86, 88, 90, 99, 101, 107
公共の交通機関　99
公共物　86, 87, 90, 99
公共物や公共施設の利用　21, 97
考察場面　133
交通指導員　120
行動観察　46
交流（交流会）　94, 153, 156
五官　4, 7
国語科　65, 132, 158, 166
個人内差異評価　47
言葉がけ　134
個別指導　61
コミュニケーション　66, 149, 153
ゴムの力　128

さ行

栽培　60, 138
材料　128
作文　108
ザリガニ　140, 144
飼育　60, 71, 138
飼育・栽培（活動）　iii, 21, 31, 32, 137, 138, 146, 165
支援　134, 160
自覚的な学び　33
四季の移り変わり　115
試行錯誤　23, 40, 41, 111, 127, 128,

索　引

131, 133, 157, 159
思考と表現　8
思考と表現の一体化　17
思考の可視化　26
思考力，判断力，表現力等の基礎
　　　6, 8, 39, 46, 48–50, 58, 62, 72, 90,
　　　99, 125, 139, 141, 149, 151, 152,
　　　164, 165
仕事（しごと）　72, 77
自己の成長　174
自己評価　51, 80
自己評価能力　53
自己変容　124
資質・能力　163
資質・能力の三つの柱　iii, 18
自信　ii
施設・設備カード　103
自然の観察　iii
自然の変化　119
自然や物を使った遊び　21, 123
実感　167
児童が直接関わる学習対象や実際
　　　に行われる学習活動等　58,
　　　72, 138
指導計画　31, 33
指導事項　159
指導資料「新しい学力観に立つ生
　　　活科の学習指導の創造」　16
指導と評価の一体化　45
児童の実態把握　34
指導要録　47
自分自身の生活や成長に関する内
　　　容　18
自分自身を見つめること　9, 10
自分との関わり　8
自分の心身の成長　7
自分の成長　21, 163
社会　86
社会科　13, 180
社会づくり　182
社会的な見方・考え方　180
週案簿　33
就学前教育　18, 179
習慣　ii
充実感　160
集団　86
授業改善　156
主権者教育　182
主体的・対話的で深い学び　6, 17,
　　　73, 85, 86, 131, 156, 174
主体的な学び　40, 60, 79, 131, 156

小1プロブレム　17, 178
情意的な気付き　61, 66, 68, 74, 78
「小学校指導書生活編」　15
「小学校生活指導資料指導計画の
　　　作成と学習指導」　16
成就感　153
招待状　157
情報を伝え合う力　117
書画カメラ　64
植物栽培　147
植物の栽培　iii
自立　163
自立への基礎　ii, 6, 15
人材マップ　35
診断的な評価　47
図画工作科　100, 132, 158, 166
スケッチ　144
スタートアッププログラム　36
スタートカリキュラム　ii, 6, 17,
　　　60, 68, 69, 177, 178
成育　172
生育環境　139
生育条件　139
成育歴　172
生活科暦　35
生活化する　68, 73
「生活科のための施設・環境づく
　　　り」　16
生活科の内容のまとまり　58, 98
生活科の目標　3
生活科マップ　35
生活圏　111
生活習慣　73
生活への関心・意欲・態度　15,
　　　168
生活や出来事の伝え合い　21, 149
生産と消費　124
総括的（な）評価　47, 52
総合活動　60, 73
総合的な学習の時間　159, 173, 180
総合的な学び　33
相互学習　61, 62, 65, 66, 68, 75, 82
相互評価　80
創造力　157
素材　128

た行

体験活動　iii, 22, 114, 115
ダイバーシティー　iv
対話　9, 41
対話的な学習　41
対話的な活動　34, 41

対話的な学び　iv, 41, 61, 66, 74, 79,
　　　131, 157
達成感　153, 160
タブレット端末　60, 61
多様性　iv, 115
多様な価値観　74
探究的な見方・考え方　173, 180
探究のプロセス　iv
「たんけんはっけんほっとけん」
　　　67
単元計画　47
単元設計　39
単元配列表　158
たんけんマップ　88
ダンゴムシ　137, 140, 144
誕生　172
地域行事　31
地域と生活　21, 86
知識及び技能の基礎　6, 39, 46, 48,
　　　58, 62, 72, 90, 99, 125, 138, 139,
　　　141, 149, 151, 152, 164
知識技能　5
知的興味関心　93
知的好奇心　17
知的な気付き　61, 66, 68, 74, 78
長期にわたる評価　46
直接体験　iii, 4, 111
追究　93
ツール　28
つながり　86
つぶやき　89
低学年社会科廃止論・理科廃止論
　　　177
定点観察　112, 119
ディベート　74
デジタルカメラ　60, 61, 63
動機づけ　181
道徳　181
独自学習　61, 62, 65, 66, 75, 80–82
特別の教科「道徳」　166
どんぐり　119

な行

内発的な動機　33
内容構成　39
内容の階層性　22
名札マグネット　74
ネイチャーリーダー　113
願い　87
年間指導計画　47

187

は行

配慮事項　61
発見カード　89, 91, 126, 128, 142
発想や工夫　128
発達段階　31, 32, 123, 132
板書計画　51
非認知能力　179
批判的思考力　40
評価基準　49
評価規準　27, 48, 49, 101, 115, 129, 130, 166
評価方法　27, 101, 115
表現　113, 145, 156, 157, 160
表現活動　iii, 4, 22, 114, 115, 164
表現方法　157
広く知る　87
深い学び　41, 132, 157
深くかかわる　87
舞台方式　118
二人組（バディ）　145
プライバシー　172, 174
振り返り　iv, 27, 91, 100, 113, 132, 171, 173, 174
振り返りカード　117, 142, 143
プレゼンテーション　113, 159
ペーパーテスト　46
ヘックマン，J. J.　179
保育所　34, 173
防災　iv
ポートフォリオ　52, 53
保健室　100
ボランティア　32, 36, 91, 134

ま行

まちたんけんマップ　88
マナー　107, 116
学びに向かう力，人間性等　6, 9, 39, 46, 48, 49, 58, 62, 72, 90, 99, 125, 138, 139, 141, 150, 151, 153, 165
学びの方向性　33
見えない学力　45, 46, 53
見方・考え方　159, 180
身近な環境や自分についての気付き　15, 168
身近な自然　125
身近な生活に関わる見方・考え方　5, 17, 180
身近な人々，社会及び自然と関わる活動に関する内容　18
身近な人々，社会及び自然と触れ合ったり関わったりすること　9, 10
身近にある物　125
見取り　134
目的意識　92, 151
目標に準拠した評価　45
模型　142, 155, 157, 158, 160
ものづくり　134
問題意識　74
問題解決（の）学習　18, 133, 159
問題解決型学習　127
問題追究　79

や行

役割　72
遊具　107
ゆさぶり発問　74
豊かな生活の実現　125
ゆとり　40
指人形　157
幼児期の終わりまでに育ってほしい姿（10の姿）　6, 47
幼児教育　34, 163, 177, 178
幼児教育の無償化　179
幼小接続期　169
幼稚園　34, 173
予想場面　133
四六答申　13

ら・わ行

理科　13, 133, 180
理科の見方・考え方　180
量的評価　51
ルーブリック　53
ルール　107, 116
連絡帳　172
ワークシート　49, 50

欧文

ICT　68
IT 機器　113
Learn 型教科　82
Living Environment Studies　82
PDCA サイクル　iv
Study 型教科　82

《監修者紹介》

吉田武男（筑波大学名誉教授，貞静学園短期大学学長）

《執筆者紹介》（所属，分担，執筆順，＊は編著者）

＊片平克弘（編著者紹介参照：はじめに）

宇佐見香代（埼玉大学教育学部教授：第1章）

藤井千惠子（元 国士舘大学体育学部教授：第2章）

人見久城（宇都宮大学大学院教育学研究科教授：第3章）

髙橋　修（前 東京都江東区立第五砂町小学校長：第4章）

松﨑康弘（鹿児島女子短期大学児童教育学科教授：第5章）

由井薗　健（筑波大学附属小学校教諭：第6章・第7章）

佐藤孔美（敬愛大学教育学部准教授：第8章）

若村健一（戸田市教育委員会主幹兼指導主事：第9章）

阿部圭子（前 東京都江東区立砂町小学校主任教諭：第10章）

大谷仁美（東京都葛飾区立上千葉小学校主任教諭：第11章）

白岩　等（昭和学院小学校教頭：第12章・第13章）

根本裕美（東京都練馬区立豊玉南小学校主任教諭：第14章）

＊唐木清志（編著者紹介参照：終章）

《編著者紹介》

片平克弘（かたひら・かつひろ／1956年生まれ）

筑波大学名誉教授・特命教授

『現代理科教育改革の特色とその具現化──世界の科学教育改革を視野に入れて』
　　（共著，東洋館出版社，2010年）

『新しい学びを拓く理科授業の理論と実践　小学校編』（共著，ミネルヴァ書房，
　　2011年）

『新教職教育講座第6巻　教科教育の理論と授業Ⅱ　理数編』（共著，協同出版，
　　2012年）

『粒子理論の教授学習過程の構造と展開に関する研究』（風間書房，2016年）

『平成29年度版　小学校新学習指導要領ポイント総整理　理科』（編著，東洋館出版
　　社，2017年）

唐木清志（からき・きよし／1967年生まれ）

筑波大学人間系教授

『子どもの社会参加と社会科教育──日本型サービス・ラーニングの構想』（東洋館
　　出版社，2008年）

『社会参画と社会科教育の創造』（共著，学文社，2010年）

『アメリカ公民教育におけるサービス・ラーニング』（東信堂，2010年）

『モビリティ・マネジメント教育』（共編著，東洋館出版社，2011年）

『シティズンシップ教育で創る学校の未来』（監修，東洋館出版社，2015年）

『防災まちづくり・くにづくり学習』（共編著，悠光堂，2015年）

『「公民的資質」とは何か──社会科の過去・現在・未来』（編著，東洋館出版社，
　　2016年）

MINERVA はじめて学ぶ教科教育⑩
初等生活科教育

2018年10月20日　初版第1刷発行　　　　　　　　〈検印省略〉
2023年3月20日　初版第3刷発行

定価はカバーに
表示しています

編 著 者	片　平	克	弘
	唐　木	清	志
発 行 者	杉　田	啓	三
印 刷 者	藤　森	英	夫

発行所　株式会社　ミネルヴァ書房

607-8494　京都市山科区日ノ岡堤谷町1
電話代表　（075）581-5191
振替口座　01020-0-8076

©片平克弘・唐木清志ほか，2018　　　　　　　亜細亜印刷

ISBN978-4-623-08414-2
Printed in Japan

MINERVA はじめて学ぶ教科教育

監修　吉田武男

新学習指導要領［平成29年改訂］に準拠　　全10巻＋別巻1

◆　B5判／美装カバー／各巻190〜260頁／各巻予価2200円（税別）　◆

① 初等国語科教育
塚田泰彦・甲斐雄一郎・長田友紀 編著

② 初等算数科教育
清水美憲 編著

③ 初等社会科教育
井田仁康・唐木清志 編著

④ 初等理科教育
大髙　泉 編著

⑤ 初等外国語教育
卯城祐司 編著

⑥ 初等図画工作科教育
石﨑和宏・直江俊雄 編著

⑦ 初等音楽科教育
笹野恵理子 編著

⑧ 初等家庭科教育
河村美穂 編著

⑨ 初等体育科教育
岡出美則 編著

⑩ 初等生活科教育
片平克弘・唐木清志 編著

別 現代の学力観と評価
樋口直宏・根津朋実・吉田武男 編著

【姉妹編】
MINERVA はじめて学ぶ教職　全20巻＋別巻1

監修 吉田武男　B5判／美装カバー／各巻予価2200円（税別）〜

① 教育学原論　　　　　　　滝沢和彦 編著
② 教職論　　　　　　　　　吉田武男 編著
③ 西洋教育史　　　　　　　尾上雅信 編著
④ 日本教育史　　　　　　　平田諭治 編著
⑤ 教育心理学　　　　　　　濱口佳和 編著
⑥ 教育社会学　　　　飯田浩之・岡本智周 編著
⑦ 社会教育・生涯学習　手打明敏・上田孝典 編著
⑧ 教育の法と制度　　　　　藤井穂高 編著
⑨ 学校経営　　　　　　　　浜田博文 編著
⑩ 教育課程　　　　　　　　根津朋実 編著
⑪ 教育の方法と技術　　　　樋口直宏 編著
⑫ 道徳教育　　　　　　　　田中マリア 編著

⑬ 総合的な学習の時間
　　　　　佐藤　真・安藤福光・緩利　誠 編著
⑭ 特別活動　　　　吉田武男・京免徹雄 編著
⑮ 生徒指導　　　　花屋哲郎・吉田武男 編著
⑯ 教育相談
　　高柳真人・前田基成・服部　環・吉田武男 編著
⑰ 教育実習　　　　三田部勇・吉田武男 編著
⑱ 特別支援教育
　　　　小林秀之・米田宏樹・安藤隆男 編著
⑲ キャリア教育　　　　　　藤田晃之 編著
⑳ 幼児教育　　　　　　　　小玉亮子 編著
㉑ 現代の教育改革　　　　　徳永　保 編著

ミネルヴァ書房

https://www.minervashobo.co.jp/